인성교육의
본질과 실천 방안

인성교육의
본질과
실천 방안

1판 1쇄 발행 2018년 3월 30일

지은이 김연철 김용웅

펴낸이 원하나
펴낸 곳 도서출판 호박

디자인 정미영
출력·인쇄 금강인쇄(주)

출판등록 2011년 11월 10일 제251-2011-68호
주소 서울시 관악구 남부순환로 1855 통일빌딩 308-1호
전화 070-7801-0317   팩스 02-6499-3873
홈페이지 www.theonebook.co.kr

ISBN 979-11-85987-05-7 03370

이 도서의 국립중앙도서관 출판예정도서목록(CIP)은 서지정보유통지원시스템 홈페이지(http://seoji.nl.go.
kr)와 국가자료공동목록시스템(http://www.nl.go.kr/kolisnet)에서 이용하실 수 있습니다.(CIP제어번호:
CIP2018008826)

인성교육의
본질과 실천 방안

김철웅
김연용 지음

호박

공자孔子가 자신이 꿈꾸던 이상사회를 만들기 위해 두루 세상을 떠돌던 주유천하周遊天下할 때 이야기입니다. 공자는 고국을 떠나 맨 처음에 위衛나라로 갔는데, 그곳 거리에 돌아다니는 사람들이 많은 것을 보고 감탄하며 말합니다.

"사람들이 참 많기도 하구나!"

공자가 살던 시대는 농업사회였습니다. 농업사회는 토지와 토지를 경작할 수 있는 노동력과 가축의 힘이 부富를 창출하는 사회이니, 그런 사회에서 사람이 많다는 것은 그 나라의 국력國力이 강하다는 겁니다. 공자가 꿈꾸던 이상理想을 실현할 수 있는 토대가 마련되었다는 이야기이기도 하고요. 그렇게 거리에 넘쳐나는 사람들을 보고 감탄을 하는 공자를 보고 제자인 염유冉有가 묻습니다.

"사람이 많으면, 그 다음에는 무엇을 해야 합니까?"

국력의 토대가 마련되었으면 무엇이 더 필요하냐는 것인데, 공자는 그렇게 묻는 염유한테 조금도 망설이지 않고 대답합니다.

"사람이 많으면, 그들을 부유하게 해 줘야지."

나라에 사람이 넘쳐나는 것으로 끝나서는 안 되고, 사람들이 걱정 없이 살 수 있도록 물질생활을 풍요롭게 해 주어야 한다는 겁니다. 우리 속담에 곳간에서 인심 난다고, 무엇보다 먹고사는 게 넉넉해야 사람구실을 할 수 있기 때문입니다. 사흘 굶어 담 아니 넘을 놈 없다고, 아무리 착한 사람이라도 생활에 쪼들리다 보면 못하는 짓이 없게 되는 게 세상인심입니다. 인구가 많은 것은 좋지만, 잘 사는 사람들보다 못 사는 사람들이 수두룩하다면, 오히려 국력을 약화시키는 일이 벌어집니다. 그런 까닭에 사람이 많으면 그들을 고루 잘 살게 해 줘야 한다고 대답한 겁니다. 참으로 멋진 말이지요. 그런데 염유는 또 묻습니다.

"사람들이 부유하게 되면 무엇을 더 해야 합니까?"

사람들의 살림이 넉넉해져서 먹고사는 게 걱정 없으면 무엇이 더 필요하냐고 묻는 것인데, 이번에도 공자는 조금도 망설이지 않고 대답합니다.

"사람들이 잘 살게 되면 그들을 가르쳐야지."

물질생활이 풍요로워졌으면 풍요로워진 만큼 가르쳐야 한다는 겁니다. 물질생활도 중요하지만 정신생활이 뒷받침해 줘야 제대로 된 사람이 될 수 있다는 것이지요. 참으로 위대한 스승다운 말씀입니다.

정신생활이 뒷받침해 주지 않는 물질생활의 풍요는 나태와 타락으로 이끌어주기 십상입니다. 오늘날 우리 사회가 보여주는 것처럼, 물질생활만의 풍요가 얼마나 많은 문제를 일으키고 있습니까? 다른 것은 몰라도 전직 대통령과 그를 모시던 고위 공직자들이 돈에 눈이 멀어 죄를 짓다 잡혀 줄줄이 감옥에 갇힌 것 하나만 보아야 알 수 있는 일 아닙니까?

나라가 제대로 되려면, 먼저 인구가 많아야 하고, 그들의 생활을 풍요롭게 해 준 다음에는 반드시 가르쳐야 한다는 공자의 말씀은 2500년이 지난 지금까지도 여전히 적용되고 있습니다. 아니 어쩌면 그때보다 지금 우리 사회가 더 절실하게 받아들여야 하는 가르침이라는 생각에 다시 한 번 공자의 위대한 가르침에 가슴이 숙연해집니다. 그런데 공자는 무엇을 가르치라고 했을까요? 도대체 무엇을 가르쳐야 나라다운 나라를 만들 수 있다고 했을까요?

'행복연구소 와우산방'을 운영하면서 사람답게 사는 길을 함께 배우기도 하고 가르치기도 하는 우리 두 사람은 공자가 가르치라고 한 것이 무엇인가에 대해 많은 이야기를 나눴습니다. 그리고 많은 생각과 이야기를 나누면서 공자가 가르치라고 한 것은 바로 사람이 사람답게 살 수 있는 길, 사람을 사람답게 만드는 인성교육人性教育이라는 결론을 내렸습니다.

이 책은 이런 결론에 따른 작은 결실입니다. 공자가 가르치라고 강조했던 게 사람구실을 제대로 하는 인성교육이라는 결론에 따라 공자와 그의 사상을 계승한 맹자孟子가 가르쳤던 인성교육을 오늘의 세대에 맞게끔 풀어보자는 겁니다. 다시 말하자면, 우리 사회의 전통으로 내려오는 인성교육이 무엇인가를 자세하게 밝혀보자는 겁니다. 그리고 전통으로 내려온 인성교육의 내용을 현행 인성교육진흥법에 맞춰 재구성해 보자는 것입니다.

인성교육에 대한 책이 없는 것은 아니지만 썩 만족할 만한 책이 나와 있는 것도 아닌 현실에서 이 책은 현행 인성교육진흥법에 따라 인성교육에 종사하는 분은 물론이고 인성교육에 관심을 갖고 있는 사람들에게 친절한 길라잡이가 될 것입니다. 아무쪼록 많은 분들에게 도움이 되는 책이 되기를 바랍니다.

끝으로, 아무리 하찮은 결실이라도, 이런 결실을 맺게 된 데는 음으로 양으로 많은 분들의 도움이 있었습니다. 우리 두 사람이 이런 작업을 할 수 있는 토대를 마련해 준 가족들과 우리 두 사람의 글을 멋진 책으로 만들어 준 출판사 여러분들, 그리고 '행복연구소 와우산방'의 멘토로 우리를 이끌어 주시는 원한식 교수님을 비롯한 많은 분들의 도움이 없었으면 이 책은 세상의 빛을 보지 못했을 겁니다. 이 모든 분들에게 진심으로 고맙다는 인사를 드립니다. 그리고 앞으로 더욱 노력해서 좋은 결실을 내겠다고 다짐하면서 다시 한 번 고개를 숙입니다.

2018년 봄을 맞이해
행복연구소 와우산방에서
김연철과 김용웅

차례

1장 교육의 본질

세상에 인성교육만큼 중요한 일도 없습니다. 다른 건 몰라도 인성교육은 반드시 필요합니다. 시급한 것은 인성교육이 무엇인지를 인식해서 실천하는 것입니다. 무엇을 어떻게 배우고 실천해야 제대로 된 인성교육일까요? 지금부터 이에 대한 대답을 제시해 보겠습니다.

교육의
본질

/ 1 /

인성교육,
무엇이 문제인가

어쩌다가 이런 지경이 되었을까

요즘 우리 사회에 인성교육人性教育이라는 말이 유행처럼 떠돌고 있습니다. 인성교육을 의무로 규정한 인성교육진흥법이 세계 최초로 등장하더니, 여기저기서 인성교육 지도자 자격증을 주는 강좌까지 생겨났습니다. 다른 것도 아닌 인성을 교육시키겠다니, 그것도 국가가 나서서 의무로 시키겠다니, 눈살이 찌푸려지는 일인데 오히려 많은 사람들이 나서서 인성교육의 필요성을 외치고 있습니다. 과연 이런 현상이 정상일까요?

인성교육진흥법에 따르면, 인성교육은 유치원에서 고등학교에 이르기까지 학생들에게 안으로는 저마다 자신의 내면을 바르게 가꾸고, 밖으로는 타인과 공동체 그리고 자연과 더불어 조화롭게 살아갈 수 있는 성품과 역량을 길러 주는 것입니다. 그렇게 건전하고 올바른 인성을 갖춘 국민으로 교육시켜 아이들을 국가와 사회 발전에 이바지하게 만들자는 것입니다. 그들이 갖는 인간의 존엄과 가치를 보장하면서 말입니다. 그럼 어떻게 해야 할까요? 우선 급한 대로 예와 효, 정직과 책임, 존중과 배려, 소통과 협동이라는 여덟 가지 덕목에 초점을 맞춰 인간을 인간답게 해 주는 성품을 적극 개발하는 데 필요한 지식과 능력을 길러 주는 것입니다.

한마디로 말해서, 어릴 때부터 인간을 인간답게 만들어 주는 성품을 길러서 훌륭한 대한민국 국민으로 키우자는 것이 인성교육입니다. 참으로 좋은 말입니다. 세 살 적 버릇이 여든까지 간다고, 어릴 때부터 인성을 올바르게 길러 주는 것이 얼마나 좋은 일입니까? 첫 단추를 잘 꿰어야 한다고, 처음에 일이 잘못되면 호미로 막을 것을 가래로 막는다는 속담처럼, 적은 힘으로 충분히 처리할 수 있는 일에 쓸데없이 많은 힘을 들이는 것만큼 어리석은 일은 없습니다. 무엇이든 커지기 전에 처리하면 쉽게 해결되었을 것을 내버려 두었다가 나중에 큰 힘을 들이게 되는 것만큼 바보 같은 일도 없습니다.

어릴 때 몸에 밴 버릇은 늙어 죽을 때까지 고치기 힘든 법입니다. 어릴 때부터 나쁜 버릇이 들지 않도록 잘 가르치는 것이 최고입니다. 그래서 어릴 때부터 올바른 인성을 길러 주겠다는 것만큼 좋은 일은 없습니다. 세상에 사람을 사람답게 만드는 것만큼 좋은 일이 또 어디에 있겠습니까? 이렇게 좋은 것을 왜 이제야 하느냐고 따지고 싶을 정도입니다. 그런데 한 가지 이상한 점이 있습니다. 이렇게 국가가 인성교육진흥법까지 만드는 것은 참 좋은 일인데, 그것이 과연 가능한 일일까요? 만약 가능한 일이라면 그동안 이 나라 교육은 도대체 뭘 했을까요? 과연 이 나라에는 인성을 교육시키라는 법이 없었던 것일까요?

대한민국 국민이라면 누구나 반드시 지켜야 하는 헌법 제31조 1항은 '모든 국민은 능력에 따라 균등하게 교육받을 권리를 갖는다'라고 선언하고 있고, 6항은 교육에 관한 모든 사항은 법률로 정한다는 교육 법치주의를 선언하고 있는데, 헌법에서 말한 법률이 바로 교육기본법입니다. 교육기본법은 교육에 관한 국민의 권리와 의무, 국가와 지방자치단체의 책임, 그리고 교육제도와 그 운영에 대한 기본사항을 규정하고 있는데, 교육이념을 밝히는 교육기본법 제2조는 다음과 같이 선언합니다.

교육은 홍익인간弘益人間의 이념 아래 모든 국민이 인격을 도야陶冶하고 자주적 생활능력과 민주시민으로서 필요한 자질을 갖추게 함으로써 인간다운 삶을 영위하고 민주국가의 발전과 인류공영人類共榮의 이상을 실현하는 데에 이바지하는 것을 목적으로 한다.

홍익인간이라는 이념을 실현하기 위한 수단으로 인격의 도야라는 말을 가장 앞세우고 있습니다. 교육기본법은 홍익인간이라는 이념에 따라 모든 국민이 인격을 도야해서 인간다운 삶을 누리게 하겠다는 것인데, 여기서 인격을 도야한다는 것은 무슨 말입니까? 인성교육진흥법에서 말하는 건전하고 올바른 인성을 기른다는 말 아닙니까?

국어사전을 찾아보면, 인격人格은 '사람의 됨됨이'이고, 인성人性은 '사람의 성품性品'이라고 나와 있습니다. 그리고 성품은 '사람의 성질과 됨됨이'라고 나와 있습니다. 인격과 인성이 글자 하나만 다르지 뜻은 똑같다는 것입니다. 도야陶冶는 '갈고닦다'는 뜻으로 기른다는 말의 뜻과 다를 것이 없습니다.

인격을 도야한다는 말이나 올바른 인성을 기른다는 말은 글자만 다르지 뜻은 똑같습니다. 모두 훌륭한 사람이 되도록 몸과 마음을 다스려서 바르게 한다는 점에서 조금도 틀리지 않고 똑같은 뜻입니다. 그렇다면 교육기본법에 따라 인격을 도야하면 되지, 왜 인성교육진흥법까지 만들어 올바른 인성을 기르겠다는 것일까요? 국가가 할 일이 없어 더 나은 서비스를 제공하겠다는 것일까요? 아니면 국가 스스로 교육기본법에 따른 교육이 부족하거나 잘못되었다고 인정하는 것일까요? 만약 잘못되었다면 뭐가 잘못된 것일까요? 도대체 세상이 어떻게 돌아가기에 교육기본법도 부족해서 인성교육진흥법까지 만들었을까요? 도대체 왜 이런 지경이 되었을까요? 한 번쯤 곰곰이 생각해 볼 일이 아닐 수 없습니다.

얼마 전 일본의 경제전문지 「비즈니스 저널」이 보도한 기사 내용이 충격을 준 일이 있습니다. 한국인은 숨 쉬는 것처럼 거짓말을 일삼는다는 것입니다.[1]

2000년 한국에서 위증죄로 기소된 사람이 1,198명이고 무고죄는 2,956명이며 사기죄는 50,386명이었는데, 2013년에는 위증죄가 3,420명이고 무고죄가 6,244명이며 사기죄는 291,128명으로 늘어났다는 것입니다. 13년 만에 위증죄는 2.8배 늘었고 무고죄는 2.1배 늘었으며 사기죄는 5.7배나 늘어났습니다. 일본과 비교하면 66배나 많은 수치이고, 인구 규모로 따지면 무려 165배 많은 것입니다. 한마디로 말해서, 한국이 세계 제일의 사기 대국이자 부패 대국이라는 주장입니다. 한국은 세계 제일의 사기 대국이자 부패 대국이라고 불릴 정도로 정치인이나 공무원들이 많은 뇌물을 받고 있으며, 전두환(재임 1980~88년) 때부터는 대통령 본인이나 친족의 뇌물, 부정축재 혐의가 발각됐다는 것입니다. 게다가 나라 전체가 거짓말 학습장으로, 대통령을 비롯해 영향력이 큰 사회 지도층들이 대담하게 거짓말을 한다는 것입니다.

어쩌다 이런 지경에 이르렀을까요? 어쩌다가 한국이 세계 제일의 사기 대국이자 부패 대국이라는 불명예를 얻게 되었을까요? 「비즈니스 저널」은 한국 행정연구원이 작성한 '정부 부문 부패 실태에 관한 연구 보고서'를 인용해서 세 가지 이유를 들었습니다.

첫째는 박정희 전 대통령이 지적한 것처럼, 한국인은 명예 관념이 박약하고 책임 관념이 희박해서 신념을 관철한다는 생각 대신 자신의 체면을 중요하게 여겨 책임감이 떨어지고, 다른 사람을 밀어내고서라도 자신의 자존심을 지키려다 보니 거짓말과 부정이 만연한다는 것입니다.

둘째는 한국이 세계에서도 보기 드문 학력사회로, 어릴 때부터 치열한 경쟁을 강요당하고 늘 주위와 비교당하는 상황이 갈수록 악화되다 보니 주위 사람을 밀어내고서라도 자신이 위로 가야 한다는 풍조가 정착하고 있고, 압박을 견디지 못한 젊은이들이 자살하는 비극이 되풀이되고 있다는 것입니다. 이런 경향은 외교 분야에서도 잘 나타납니다. 한국이 일본을 맹비난하는 것은 한국이 일본보다 나은 나라라고 세계에 과시하기 위한 일인데, 한국 스스로 평가를 높이기 위한 노력 대신 일본만 맹비난하는 행동은 오히려 스스로를 깎아내리는 일이라는 것을 인식하지 못하는 행위라는 것입니다.

셋째는 한국이 결과 지상주의 사회로, 과정에서 어떤 수단을 선택해서 얼마나 노력했는지는 중요하게 여기지 않고, 비리가 있어도 결국 부와 지위를 손에 넣은 사람은 존경받는다는 것입니다. 모든 수단을 강구해서라도 치열한 경쟁을 이겨 낸 사람은 칭송받고, 패배한 사람은 승자에게 굴복하는 사회가 한국이라는 것입니다.

요컨대 한국인이 숨 쉬는 것처럼 거짓말을 한다는 사실은 한국인도 부정할 수 없는 사실이라면서, 예전부터 사회 전반에 거짓말과 사기 행위가 만연했는데 경제 불황으로 더욱 심해졌다는 것입니다. 내용의 진위 여부를 떠나 일본 저널이 한국 사회를 깎아내리는 보도라는 것이 기분 나쁜 일이지만, 보도 내용으로만 보면 고개를 끄덕이지 않을 수 없는 기사입니다. 멀리 갈 것도 없이 우리 주변에 그런 사람들이 널려 있다고 해도 지나친 말이 아니기 때문입니다. 참으로 부끄럽고 수치스런 일이 아닐 수 없습니다. 도대체 우리 한국인은 어떤 사람들이기에 이렇게 부끄럽고 수치스런 일들 때문에 손가락질받는 걸까요? 인성교육이라는 주제에 더욱 크게 관심을 가질 수밖에 없게 하는 기사입니다.

물질적 풍요가 넘치는 나라

나이가 제법 드신 분들이라면 누구나 기억하고 있는 노래가 있습니다. 바로 '새마을 노래'입니다. 군사 쿠데타로 집권한 정권이 숙명처럼 내세웠던 조국 근대화 정책에 따른 새마을 운동이 온 나라를 휩쓸면서 귀가 따갑게 들었던 노래입니다.

새벽종이 울렸네, 새 아침이 밝았네.
너도 나도 일어나 새마을을 가꾸세.
살기 좋은 내 마을 우리 힘으로 만드세.

민족중흥의 기수를 자처하던 박정희 대통령이 직접 작사·작곡했다는 새마을 노래의 가사처럼, 우리 사회는 지난 몇십 년 동안 열심히 일했습니다. 새벽종이 울리기가 무섭게 너도 나도 일어나 새마을을 가꾸는 일에 나섰습니다. 새 아침이 밝기가 무섭게 일어나 밤늦도록 일했습니다. 우리나라 사람들의 과로사過勞死가 세계 일등이라고 쑤군대는 소리를 들을 정도로 말입니다.

우리는 그렇게 살기 좋은 내 마을을 우리 힘으로 만들기 위해 달리고 또 달렸으며, 그 결과 놀라운 일이 벌어졌습니다. 외국 매스컴에서 '한강의 기적'이라고 칭송하는 물질생활의 풍요를 이룩한 것입니다. 불과 몇십 년 전만 해도 남의 나라 도움을 받아야만 했는데 지금은 남의 나라를 도와주고 있습니다. 해마다 4, 5월이 되면 식량이 떨어져 풀뿌리와 나무껍질 같은 것으로 끼니를 잇지 않으면 굶어 죽었는데, 지금은 어떻습니까? 쌀이 남아돌아 걱정이라고 하지 않습니까? 참으로 놀라운 일입니다. 조선시대의 최고 성군聖君이라는 세종대왕世宗大王도 보지 못했던 텔레비전을 보고 스마트폰을 가지고 노는 세상이 되었으니 얼마나 좋은 세상입니까? 그런데 노자老子는 사람들의 미혹함을 다음과 같이 한탄합니다.

禍福之所倚 福禍之所伏 孰知其極 其無正也 正復爲奇 善復爲妖
人之迷也 其日固久矣

화禍에는 복福이 기대 있고, 복에는 화가 숨어 있으니, 누가 그 끝을 알겠는가? 정해진 올바름이란 없다. 올바른 것이 다시 이상한

것이 되고, 선한 것이 다시 요망한 것이 된다. 사람들의 미혹됨은
날로 따진다면 참으로 오래되었다.[2]

화라고 생각되는 데서 복이 나오고, 복이라고 생각되는 데에 화가
숨어 있으니, 누가 그 끝을 알겠느냐는 것입니다. 이것이 무슨 말입니
까?

중국 전국시대戰國時代 말기 법가法家 사상가로 이름을 날린 한비자
(韓非子, 서기전 280~233)에 따르면, 사람이 화를 당하면 마음이 두렵고
무서워지게 되어 행동이 곧고 바르게 됩니다. 행동이 곧고 바르게 되면
재앙과 재해를 당하는 일이 없고, 재앙과 재해를 당하지 않으면 몸이
온전하게 오래 사는 천수天壽를 누릴 수 있습니다. 게다가 행동이 곧고
바르면 생각이 깊어지고, 생각이 깊어지면 사물의 이치를 알게 되어 부
富하고 귀貴하게 되는 일을 할 수 있습니다.

복이라는 것이 무엇입니까? 몸이 온전하게 오래 사는 것이 복 아닙
니까? 부자 되는 것과 귀하게 되는 것이 복이 아니라면 어떤 것이 복이
겠습니까? 부자 되는 것과 귀하게 되는 것 그리고 몸이 건강하게 오래
사는 것만큼 좋은 복은 없는데, 그런 복이 화에서 나온다는 것입니다.
화를 당해도 너무 위축되거나 기죽지 말라는 것입니다. 그렇다면 화에
서 나온 복은 어떤 것일까요? 한비자는 말합니다.

사람은 복福이 있으면 부귀富貴하게 되고, 부귀하게 되면 먹고 입

는 것이 호화로워지고 교만한 마음이 생긴다. 마음이 교만해지면 도리에 어긋나는 짓을 저질러 안으로는 일찍 죽을 재난이 들고, 밖으로는 공을 세워 이름을 얻지 못하는 화를 당하는데, 그런 화는 모두 복이 있는 데서 생겨난다. 복이란 화가 숨어 있는 것이다.[3]

사람이 복을 받아 부귀하게 되면 교만한 마음이 생겨 온갖 못된 짓을 저지르다 커다란 화를 당하게 되니, 잘살게 되었다고 결코 우쭐거리거나 으스대지 말라는 것입니다. 복에는 언제나 화가 숨어 있는 법이니, 이로운 것을 얻었을 때는 반드시 해롭게 될 것을 생각하고, 성공을 즐거워하게 될 때는 반드시 실패하게 될 것을 돌아보라는 것입니다. 한 비자만 그렇게 말한 것이 아닙니다. 공자(孔子, 서기전 551~479)의 뒤를 이었다는 맹자(孟子, 서기전 372?~289?)도 똑같이 말했습니다.

生於憂患而死於安樂
근심과 걱정 속에서는 살고, 편안함과 즐거움 속에서는 죽는다.[4]

우환 속에서는 오히려 살아남을 수 있고, 안락 속에서는 오히려 망하게 된다는 것입니다. 즐거움과 위험은 언제나 함께하는 법이니, 즐거울 때일수록 위험이 닥쳐올 수 있으므로 늘 조심하라는 말입니다.[5]

『맹자』라는 책을 보면, 양梁나라 혜왕惠王이 맹자를 초대해 자신의 원림園林을 보여 줍니다. 원림은 오늘날의 사파리 공원처럼 넓고 화려한 동물원 같은 곳인데, 양梁이 대국大國인 만큼 혜왕의 원림에는 온갖 새와 짐승들이 마음껏 뛰어놀고 있었습니다. 참으로 멋진 광경이 아닐 수 없는데, 그런 원림을 보여 주면서 혜왕이 "현자賢者도 이런 것을 즐깁니까?"라고 묻자, 맹자는 거침없이 대답합니다.

"현자라야 비로소 이런 것을 즐길 수 있지요. 현자가 아니면 이런 것을 가지고 있어도 즐거움을 누릴 수 없습니다."

당신처럼 현자로 행세하는 학자도 이런 걸 즐거움으로 삼느냐는 혜왕의 물음에, 맹자는 현자도 즐기는 것이 아니라 현자가 되어야만 즐길 수 있다고 대답하는 것입니다. 당신처럼 권력만 휘두르려는 멍청이는 즐길 자격이 없다고 쏘아붙이는 것입니다. 그렇게 밀 하고 맹자는 하夏나라의 마지막 왕인 걸桀 이야기를 합니다. 포악하고 사납기로 유명했던 걸은 천하를 소유한 자신이 곧 하늘의 태양이라고 말했습니다. 태양은 사라지지 않으니 자신의 권력도 사라질 일이 없다고 큰소리치면서 온갖 못된 짓을 저질렀습니다. 백성들은 "해야, 네가 언제 사라지든 나는 너와 함께 망해도 좋다"는 저주를 퍼부었고, 마침내 하는 걸의 죽음과 함께 역사의 무대에서 영원히 사라지는 비운을 맞이하게 됩니다.

맹자가 걸왕을 본보기로 들어 말하고자 하는 것은 분명하고 간단합니다. 즐거움을 왕 혼자서만 독차지해선 안 된다는 것입니다. 백성이 고통받고 있으면 왕의 즐거움도 오래가지 못하기 때문에 즐거움과 위험은 늘 함께한다는 것입니다. 맹자는 걸왕 말고도 여러 가지 역사 사례를 들어 천하가 태평해지면 있는 자들이 태만하고 오만해져서 스스로 재앙을 부르게 된다고 경고합니다.

지금 당장의 편안함에 빠져 앞날을 대비하지 않다가 나중에 뜻밖의 재앙에 부닥치는 것은 모두가 스스로 불러들인 결과이니, 그때 가서 행여나 남을 원망하지 말라는 것입니다. 소 잃고 외양간 고치는 것만큼 어리석은 일은 없다는 말일 것입니다.

어떻습니까? 요즘 우리 사회를 보면 고개가 절로 끄덕여지는 말이 아닐까요? 사람들이 미혹하게 사는 것은 참으로 오래되었다는 노자의 한탄과 재앙과 복은 스스로 부르는 법이라는 맹자의 경고가 절실하게 와닿지 않습니까? 어쩌면 노자의 한탄과 맹자의 경고가 소용없을 정도로 우리 사회가 너무 심각해진 것은 아닐까요?

빛과 그림자

그동안 우리 사회는 잘 살아 보자는 구호 아래 앞만 보고 달린 결과 물질생활은 엄청나게 풍요로워졌습니다. 하지만 빛이 있으면 그림자가 있다고, 그런 풍요 속에 얼마나 끔찍한 일들이 벌어지고 있습니까?

다른 것은 집어치우고, 자식이 유산을 탐내 부모를 죽이는 일을 어떻게 봐야 할까요? 부모가 살아가기 힘들다며 자식을 죽이는 일은 어떻게 말해야 할까요? 얼마 전 온 나라를 떠들썩하게 만들었던 이영학 사건에 대해서는 또 어떻게 말해야 하는 것일까요?

이렇게 끔찍한 일들이 줄줄이 사탕처럼 계속 이어지는 까닭은 무엇일까요? 도대체 무엇이 잘못된 것일까요? 간단합니다. 그동안 우리가 잘못 달려온 것입니다. 그것도 한참 잘못 달려왔습니다. 어떻게 잘못 달려왔을까요? 어떻게 사는 것이 정말 잘 사는 것인지는 생각하지 않은 채 오로지 돈 버는 일에만 매달렸던 것입니다. 돈만 있으면 모든 것이 해결된다는 그릇된 환상에 빠져서 말입니다.

그동안 우리는 잘 사는 것은 물질생활이 풍요로워지는 것이고, 물질생활이 풍요로워지기 위해서는 돈을 많이 벌어야 한다는 신앙 아닌 신앙에 매달렸습니다. 돈을 많이 벌기 위해서는 좋은 직업을 가져야 하고, 좋은 일자리를 잡으려면 일류 학교를 들어가야 하고, 일류 학교를 들어가려면 일등을 해야 한다며 초등학교 때부터 시험공부만 파고들었습니다. 요즈음은 유치원 때도 늦는다며 어린이집에 다닐 때부터 부모는 아이들을 들들 볶고 있습니다. 일류로 살려면 영어를 잘해야 된다며 어린아이의 혓바닥 수술을 해 줄 정도로 말입니다. 참으로 기가 막힌 노릇입니다.

교사들은 입만 열면 학교 교육이 더 이상 이대로 가서는 안 된다고 말합니다. 시험 성적 올리는 교육보다는 참된 사람을 만드는 참교육을 해야 한다며 싸우는 교사들도 적지 않습니다. 하지만 물질 만능주의에 따른 일등주의一等主義가 지배하는 세상에서 참교육은 공허한 염불처럼 들립니다. 틈만 나면 앵무새처럼 인성人性을 앞세우는 전인교육全人教育을 강조하는 교장이 있는 학교일수록 오로지 시험 성적 올리는 일에만 몰두하는 것이 현실입니다. 교사들과 학부모들이 똘똘 뭉쳐서 돈을 펑펑 써 가며 학교 성적을 높이는 교육만을 시키는 학교가 좋은 학교라는 소리를 듣습니다. 일등이라야 큰소리치는 세상이니 어쩔 수 없다고 하지만 참으로 슬픈 노릇입니다. 상위 1%만 큰소리칠 수 있는 사회가 좋은 세상일까요? 아니면 나머지 99%도 저마다 사람대접받아 가며 당당하게 사는 세상이 제대로 된 사회일까요?

우리에게 『걸리버 여행기』로 유명한 조너선 스위프트(J. Swift, 1667~1745)는 1729년 절대 빈곤에 시달리던 아일랜드 사회의 끔찍한 참상을 보고, '겸손한 제안A Modest Proposal'이라는 수필을 써서 아일랜드의 빈곤한 아이들이 나라와 부모들의 짐이 되는 것을 막고, 그 아이들을 아일랜드의 이득으로 만들기 위해 이렇게 제안했다고 합니다.

아직 살이 부드러운 어린아이들을 부자 식탁을 장식하는 고급 요리의 원료로 팔면 가난한 사람은 양육비도 덜고 돈도 벌 수 있어서 이득을 갑절로 얻을 수 있다. 영국 부자들은 식료품 수입에 따른 막대한 지출을 덜 수 있고, 또 골치 아픈 식민지의 빈곤 문제도 해결할 수 있어서 이득이 이만저만 아니다.[7]

스위프트의 풍자 가운데 가장 뼈저리고 소름 끼치는 글입니다. 대충 보면 아일랜드의 빈곤 문제를 해결하기 위한 겸손한 제안 같지만, 굶주리는 어린아이들을 돈벌이로 삼으면 이득이 이만저만 아니라는 투의 비정한 풍자가 들어 있습니다. 인간의 이기심과 우매함에서 나오는 가장 잔인한 결과를 심각하게 논의함으로써 읽는 이가 숙연하게 반성하도록 만들자는 것입니다.

스위프트는 이런 극단의 주장을 통해 당시의 비참한 현실을 해결하기 위한 어떠한 해결책도 제시하지 않는 아일랜드 정부의 태연한 태도를 신랄하게 비난하는 것인데, 이것이 과연 그 당시 아일랜드에만 적용될 수 있는 이야기일까요? 부녀父女가 '거대 배아종'이라는 희귀병을 앓고 있어 '어금니 아빠'라고 불리는 이가 사람들이 모아 준 돈으로 호화생활을 하고 퇴폐업소를 운영하고, 그것도 모자라 자기 아내를 매춘부로 내세워 성매매를 시킨 뒤 몰래 촬영하고, 끝내는 14세 밖에 안 된 자기 딸의 친구인 여학생을 성추행하고 살해한 사건이 매스컴을 떠들썩하게 장식하고 있는 우리 사회하고는 거리가 먼 나라의 옛날이야기일까요?

돈만 있으면 모든 것을 할 수 있다며 오로지 돈 버는 일에만 매달려서 물질생활은 상당히 풍요로운 사회가 되었습니다. 지금 우리는 18세기의 아일랜드와 달리 배는 어느 정도 부른 세상이 되었습니다. 하지만 정신은 절대 빈곤에 시달리고 있습니다. 이 나라의 최고 엘리트로 칭송받는 판검사들과 대학교수들이 돈 때문에 감옥 가는 일이 상징하는 것처럼, 돈 때문에 인간다운 삶이 완전히 무너진 세상이 되었습니다. 잘 먹고 잘 살자며 덤벼들어 만든 세상이 도덕적 측면에서 보면 오히려 옛날보다 못한 세상이 되어 버린 것입니다. 행복하게 살려고 돈을 벌었는데 정작 돈 때문에 행복을 내팽개쳐 버린 꼴이 되어 버린 것입니다. 참으로 기가 막히고 한심한 노릇입니다. 오죽하면 나라에서 인성교육을 위한 교육을 따로 시키겠다고 나섰겠습니까? 더 이상 두고 볼 수 없을 정도로 세상이 망가졌다는 것 아니겠습니까?

걱정되는 것들

지금 여기저기서 인성교육 지도자를 기르는 과정이 등장하고 있습니다. 인성교육진흥법에 따라 인성교육을 맡을 지도자 자격증을 준다는 것인데 크게 나무라거나 탓할 일은 아닙니다. 오히려 늦은 감이 있다며 환영할 일입니다. 다만 한 가지 선뜻 반길 수 없는 것은 그렇게 짧은 기간의 교육을 통해 얻은 지도자 자격증으로 인성교육이 제대로 되겠느냐는 것입니다. 게다가 알량한 필기시험을 봐서 합격한 사람한테 인성교육 지도자 자격증을 준다는 것이 말이 되느냐는 것입니다.

지금 이 사회의 아이들 인성을 망가뜨린 것이 무엇입니까? 여러 가지 이유가 있겠지만, 가장 커다란 원인이 시험 아닙니까? 실력에 따른 공정한 경쟁이라는 그럴듯한 구실로 치르는 시험이 일등주의를 위한 경쟁으로 바뀌고, 오로지 일등을 해야 한다는 경쟁심리가 가까운 친구들까지 적으로 만들어 버리게 하는 세상이 어린이의 인성을 어렸을 때부터 망가뜨린 것 아닙니까? 그런데 시험 때문에 망가진 인성을 교육시킬 지도자의 자격증을 다시 시험을 봐서 주겠다는 것입니다. 참으로 기가 막힐 노릇입니다. 혹시 인성교육 지도자 자격증 과정조차 돈벌이 수단으로 전락하는 것은 아닐까요? 그리고 젊은이들이 취업을 하지 못하는 것은 순전히 인성교육이 부족한 탓이라며 우리 시대의 가장 골칫거리인 일자리 빈곤에 대한 책임을 슬그머니 떠밀려는 이 나라 어른들의 잔재주가 아닐까요? 인성교육 지도자 자격증 과정에 열심인 분들한테는 아주 미안한 소리지만 말입니다.

子曰 古之學者爲己 今之學者爲人
선생님께서 말씀하셨다. 옛날에 배우는 이들은 자기를 위했는데, 지금 배우는 이들은 남을 위한다.[8]

공자가 옛날 사람들은 자기를 위해 배웠는데, 지금 사람들은 남을 위해 배운다고 한탄하는 말입니다. 자기를 위한다爲己는 것은 무엇일까요? 배운 것을 자기 몸에 체득해서 자신의 덕德을 기르고, 자신의 덕을 길러서 끝내는 남까지 완성시켜 주는 것입니다. 남을 위한다爲人는 것은 무엇일까요? 남에게 알려지기를 바라는 것이고, 남에게 알려지는 것만 찾아다니다가 끝내는 자신까지 망치게 되는 것입니다.[9] 이것은 무슨 말일까요? 중국 전국시대戰國時代 말기에 사상가로 이름을 날렸던 순자(荀子, 서기전 298~238)는 이렇게 말합니다.

古之學者 爲己 今之學者 爲人 君子之學也以美其身 小人之學也以
爲禽犢 故不問而告謂之傲 問一而告二謂之噆 傲非也 噆非也 君子
如嚮矣

옛날 학자들은 자기 자신을 위해 학문하였고, 지금 학자들은 남한테 보이기 위해 학문한다. 군자가 학문하는 것은 그 자신을 아름답게 만들자는 것이고, 소인이 학문하는 것은 금독禽犢을 위한 것이다. 그러므로 묻지도 않았는데 일러 주는 것을 건방짐傲이라 하고, 하나를 물었는데 둘을 일러 주는 것을 뽐냄噆이라 한다. 시끄러운 것도 그르고 뽐내는 것도 그른 것이니, 군자는 메아리치듯 일에 따라 적절히 행동한다.[10]

지식과 행동은 일치되어야 하는 법, 학문이 행동과 일치하는 사람은 군자이고, 그렇지 못한 사람이 소인이라는 것입니다. 군자는 자기완성을 위해 학문을 해서 주어진 일에 따라 적절한 행동으로 실천합니다. 하지만 소인은 다릅니다. 소인은 순전히 금독禽犢을 위한 학문을 합니다. 금독은 무엇일까요? 『예기禮記』 곡례曲禮를 보면, 사람들이 처음 만날 때는 인사치례贄로 선물을 가져가야 하는데, 경卿은 염소를 가져가고, 대부大夫는 기러기를 가져가며, 사士는 꿩을 가져가고, 서민들은 집

오리를 썼다고 하는데, 금독은 이런 폐백들을 통틀어 가리키는 말입니다. 소인이 금독을 위한 학문을 한다는 것은 남에게 갖다 바치는 선물처럼 남한테 잘 보여 출세 수단으로 삼는다는 것입니다.[11] 다른 누구보다도 인성교육에 관심 있는 분들이 한 번쯤 새겨들었으면 하는 말씀입니다.

사실 세상에 인성교육만큼 중요한 일도 없습니다. 다른 건 몰라도 인성교육만큼은 반드시 필요합니다. 사람을 사람답게 만들어 주는 인성을 길러 주는 것만큼 필요하고 중요한 일이 또 어디 있겠습니까? 우리가 말하려는 것은 인성교육이 좀 더 제대로 이루어질 수 있는 방법을 찾자는 것입니다. 자격시험을 봐서 인성교육 지도사를 배출하는 것도 중요하지만 그것보다는 좀 더 효과적인 방안 말입니다. 그것이 무엇일까요? 이것저것 여러 가지가 있겠지만, 가장 시급한 것은 그리고 가장 빠르게 할 수 있는 방안은 인성교육 지도자들이 인성교육에 대해 제대로 인식하는 것입니다. 다시 말해서 제대로 된 인성교육이 무엇인지를 인식해서 실천하는 것입니다. 무엇을 어떻게 배우고 실천해야 제대로 된 인성교육일까요? 지금부터 우리는 이 문제에 대한 대답을 제시해 보기로 하겠습니다.

/ 2 /

무엇을 위한
인성교육인가

인성교육은 장거리 여행

어떻게 해야 제대로 된 인성교육을 할 수 있을까요? 무엇보다 먼저 인성교육이 무엇인지를 제대로 알아야 합니다. 그러나 제대로 안다고 해서 반드시 아는 대로 실천하는 것은 아닙니다. 아는 것이 힘이라고 하지만, 사실 알고만 있는 것은 그리 큰 힘이 되지 못합니다. 머리로는 잘 알고 있으면서도 몸소 실천하지 못하는 경우가 얼마나 많습니까?

어디에 가도 설교를 잘하는 사람들은 많아.

듣는 사람들이 감탄을 해.

글도 잘 써.

그런데 행동으로 연결되지 않는 경우가 너무 많아.

자기가 두 발을 디딘 현장에서

말한 것을 실천하지 않는 사람이 쌔고 쌨지.

그런 사람은 입만 천당을 가야지.

쉬운 일은 아냐.

나도 내 가슴을 치는 때가 많아.

채찍질하고 후회하고

스스로를 죽여 가면서 그 길을 가고 싶어.[1]

아는 것도 중요하지만 아는 대로 실천하는 것이 더 중요합니다. 알고
만 있는 것이 아니라 아는 대로 실천할 수 있어야 진정한 힘이 되는 것
입니다. 앎知과 함行이 하나로 이어질 때合에야 비로소 참된 앎이 되
는 것입니다. 그동안 숱하게 많은 사람들이 오랜 세월 동안 인성교육에
대해 말하고 가르쳤지만 무엇 하나 제대로 되지 못한 것은 무슨 까닭
일까요? 순자荀子는 이렇게 말합니다.

君子之學也 入乎耳 著乎心 布乎四體 形乎動靜 端而言 蝡而動 一
可以爲法則 小人之學也 入乎耳 出乎口 口耳之間則四寸耳 曷足以
美七尺之軀哉

군자의 학문은 귀로 들어와 마음에 붙어서 온몸으로 펴져 행동거
지로 나타난다. 단정하게 말하고 점잖게 움직여 모두가 본받을 만
한 것이 된다. 소인의 학문은 귀로 들어와 입으로 나온다. 입과 귀

사이는 네 치밖에 안 되니, 어찌 일곱 자나 되는 몸을 아름답게 할 수 있겠는가?[2]

앞에서 보았지만, 군자는 자기 자신을 완성시키는 학문을 하는 사람입니다. 인성교육을 두고 말하면 군자는 자신의 인성부터 기른 뒤에 남들의 인성까지 완성시켜 줍니다. 하지만 소인은 다릅니다. 소인은 출세 도구로 학문을 하고, 돈벌이 수단으로 학문을 하는 사람입니다. 돈벌이 수단으로 하는 인성교육을 통해 남들을 망치고 자기 자신까지 망치는 것이 소인입니다. 순자의 말대로 소인의 인성교육은 귀로 들어와 입으로 나오기 때문입니다. 입과 귀 사이의 거리라고 해 봐야 네 치밖에 안 되지 않습니까? 그러니 귀로 들어와 입으로 나오는 인성교육이 어떻게 일곱 자나 되는 몸을 아름답게 만들 수 있겠습니까?

여행의 목적지는 지행합일知行合一

인성교육은 머리로만 하는 것이 아닙니다. 귀로 듣고 배운 지식을 입으로 가르치는 것으로 끝내서는 참된 인성교육이 될 수 없습니다. 귀로 듣고 눈으로 본 것을 가슴으로 받아들여서 발끝까지 내려보내야 하는 것입니다. 삶의 현장을 딛고 있는 발끝까지 내려보내서 온몸으로 실현해야 하는 것입니다. 단순히 머릿속에 집어넣는 지식을 가르치는 것이 아니라 우리 삶을 통해 자기를 바꾸고 세상을 변화시켜야 하는 것이 제대로 된 인성교육입니다.[3] 자기를 변화시키고 세계를 변화시키지 못하면 제대로 된 인성교육이 아닙니다. 머리에서 시작해 가슴을 거쳐 발끝으로 옮겨 가는 기나긴 여행이 제대로 된 인성교육입니다.

인성교육은 머리로 시작합니다. 어디로 가는지, 그리고 무엇을 향해 가는지를 알지 못하면 길을 나설 수 없기에 우리 삶을 통해 자기를 바꾸고 세상을 변화시킬 수 있는 인성교육이 도대체 무엇인지를 머리로 아는 일로 기나긴 여행을 시작합니다. 머리로 안다는 것은 무엇일까요? 자기를 바꾸고 세계를 변화시키기 위한 준비 작업을 하는 것입니다. 이미 신행되고 있는 인성교육을 꼼꼼히 살펴서 버릴 것은 버리고 바꿀 것은 바꾸자는 것입니다. 이어받을 것은 계속 이어받고 말입니다.

니체가 말했습니다. "철학은 망치로 하는 것이다."[4] 이제까지 당연하다고 받아들여진 것들을 부정하고, 새로운 관점에서 세상을 바라보는 것이 철학이고 학문이라는 것입니다. 우리를 가두고 있는 완고한 인식 틀을 깨뜨려서 새로운 세상을 열자는 것입니다. 인성교육도 똑같습니다. 인성교육도 우리를 가두고 있는 완고한 인식 틀을 깨뜨리는 일로 시작됩니다. 머리로 말입니다.

앞에서 말했지만, 앎知이 함行으로 이어지지습 않으면 쓸모없는 앎이 될 수도 있습니다. 아는 것이 중요하지만 그것만으로 끝나서는 안 됩니다. 독일의 철학자 마르크스(K. Marx, 1818~1883)가 말했습니다. 지금까지 철학자들은 세상을 이리저리 해석해 왔지만 문제는 세상을 변혁

시키는 것이라고 말입니다. 아는 것 못지않게 실천하는 것이 중요합니다. 실천이 뒷받침되지 않는 이론은 알맹이 없는 껍데기처럼 생명력이 없습니다. 그렇다고 해서, 아는 것을 소홀히 해서는 결코 안 됩니다. 실천 없는 이론은 생명력이 없지만 이론 없는 실천은 혼이 없는 것이기 때문입니다. 알아야 면장을 한다고 하지 않았습니까? 아무리 사소한 일이라도 정확하게 알아야 제대로 할 수 있는 법입니다.

인성교육은 더욱 그렇습니다. 무슨 일이든 다 그렇지만, 사람의 성품과 됨됨이를 다루는 인성교육만큼 중요한 일도 없기 때문입니다. 제대로 된 인성교육을 위해서는 무엇보다 먼저 인성교육이 무엇이고 어떻게 해야 되는가를 정확하게 아는 일이 중요한데, 이를 위해서 우리는 먼저 맹자에 대해 알아보기로 하겠습니다. 우리가 오늘날 쓰고 있는 교육教育이란 말은 그의 언행言行을 기록한 『맹자』라는 책에 처음 나올 정도로 교육에 관심이 많은 인물이고,[5] 무엇보다 그의 어머니가 인성교육의 본보기를 보여 준 인물이기 때문입니다.

맹자는 누구일까요? 동양 최고의 역사서로 인정받는 사마천司馬遷의 『사기史記』에 실려 있는 맹자순경열전孟子荀卿列傳을 보면, 맹자는 추鄒나라 사람입니다.[6] 성姓은 맹孟이고 이름은 가軻인데 이름에 얽힌 사연이 재미있습니다. 맹자가 이름으로 쓰고 있는 가는 수레 굴대를 가리키는 말로, 주로 감가坎軻나 감가坎坷라는 글자로 쓰입니다. 감坎은 길에 나 있는 웅덩이나 구덩이를 뜻하고, 가坷는 '평탄하지 않다', '고생하다'는 뜻이니, 감가坎軻는 웅덩이에 빠진 수레라는 뜻이고, 감가坎坷는 길이 험해서 수레의 통행이 불편하다는 뜻입니다. 한마디로 말해서, 수레가 커다란 웅덩이에 빠져서 앞으로 나아가지 못한다는 뜻이니, 때를 만나지 못해 괴로워하는 맹자의 모습을 나타낸 것이라 하겠습니다.[7]

맹자가 별 볼 일 없는 집안의 인물이었던 것은 틀림없는 사실인 것 같습니다. 그것은 『맹자』의 주석註釋을 처음으로 달았던 조기(趙岐, 108?~201)가 맹자의 자字를 들어 본 적이 없다고 말했던 것으로도 알 수 있습니다.[8] 맹자가 살았던 시대는 웬만한 집안 사람의 자식이라면 누구나 오늘날 성인식이라고 할 수 있는 관례冠禮를 올리면서 자字를 받았습니다. 그런데 맹자가 죽고 나서도 거의 200여 년 뒤에 태어난 조기조차 맹자의 자를 들어 본 적이 없다고 말한 것입니다.

조기는 누구일까요? 『논어』와 『맹자』를 대수롭지 않게 여기던 후한後漢시대의 학풍과 달리 『맹자』의 가치를 매우 높게 평가해서 『맹자』의 주석을 처음 달았던 학자입니다. 그런 학자조차 맹자의 자를 들어보지 못했다는 것은 그때까지 맹자의 자가 없었다는 것 아니겠습니까? 자가 없었다는 것은 별 볼 일 없는 인물이라는 것입니다. 맹자의 자를 자거子車라고도 하고 자여子輿라고도 하며 자거子居라고도 하는 것은 모두 맹자가 죽고 난 뒤에, 그것도 훨씬 뒤에 붙여진 것이라고 합니다. 그의 이름이 수레의 굴대를 뜻하는 가軻라는 것에 초점을 맞춰서 말입니다.[9]

맹자는 분명 별 볼 일 없는 집안의 자식 맹가孟軻였을 것인데, 오늘날까지도 맹孟 선생님子이라고 불리며 존경받는 인물이 되었습니다. 학문과 사상으로 쌓아 놓은 그의 커다란 업적 때문인데, 그런 업적은 맹모삼천孟母三遷과 단기지교斷機之敎 또는 단직지교斷織之敎라는 이야기를 남긴 맹자 어머니의 교육 덕분이었을 것입니다. 맹모삼천은 맹자 어머니가 집을 세 번 옮겼다는 말이고, 단기지교는 베틀에 걸려 있는 베를 끊어 버리는 가르침이라는 말입니다. 맹모삼천은 자식 교육을 위해 환경이 좋은 곳을 찾아다니는 억척스런 모성母性을 보여 주는 이야기이고, 단기지교는 배움을 중간에 그만두는 것은 짜고 있던 베를 잘라 버리는 것과 같이 아무 소용이 없다는 것입니다.

한漢나라 때 학자인 유향(劉向, 서기전 77?~서기 6)이 고대古代부터 한대漢代에 이르기까지 활약했던 100명이 넘는 여성들의 다양한 이야기를 담은 『열녀전列女傳』에 따르면, 맹자가 어렸을 때 처음에는 공동묘지 근처에 살았습니다. 공동묘지 근처에 살다 보니, 어린 맹자가 보고 배우는 것은 온통 장례 지내는 일들을 흉내 내는 것이 전부였습니다. '이곳은 아이를 기를 만한 곳이 못 된다'고 생각한 맹자 어머니는 시장 근처로 이사를 했습니다. 그랬더니 이번에는 맹자가 장사꾼 흉내만 내는 것입니다. 맹자 어머니는 '이곳도 아이를 교육할 만한 곳이 못 된다'고 생각하고는 서당書堂 옆으로 이사를 합니다. 그러자 이번에는 맹자가 제기祭器를 차려 놓고 예禮를 갖추는 의식을 흉내 내며 노는 것입니다. 공자가 어렸을 때 놀던 것과 똑같이 말입니다. 비로소 맹자 어머니는 "이곳이야말로 자식을 키우기에 좋은 곳이로구나" 하며 기뻐했습니다. 아마 공자가 그런 모습을 보았다면 이렇게 말했을 겁니다.

里仁爲美 擇不處仁 焉得知

어진 이仁가 있는 곳에 사는 게 아름다운 일이니, 어진 이가 살지 않는 곳을 선택한다면, 어찌 지혜롭다고 할 수 있겠는가?[10]

한편 그렇게 자리 잡은 맹자가 제대로 된 학문을 배울 나이가 되자, 맹자 어머니는 맹자를 먼 곳으로 보냅니다. 요샛말로 하면 멀리 유학을 보낸 것인데, 처음으로 엄마와 멀리 떨어져 외롭게 된 맹자는 얼마 되지 않아 집으로 돌아옵니다. 그때 마침 맹자 어머니는 베를 짜고 있다가 베틀에서 일어나지도 않은 채 물었습니다.

"벌써 글을 다 배웠느냐?"

"아닙니다. 별로 배우지 못했습니다."

공부를 다 마치지 못한 채 돌아왔다는 맹자의 말에 어머니는 짜고 있던 베를 칼로 싹둑 잘라 버립니다. 맹자가 당황해서 왜 그러시냐고 묻자 맹자 어머니는 이렇게 말합니다.

子之廢學 若吾斷斯織也 夫君子 學以立名 問則廣知 是以居則安寧 動則遠害 今而廢之 是不免於廝役而無以離於禍患也 何以異於織 積而食 中道廢而不爲 寧能安其夫子而長不乏糧食哉 女則廢其所 食 男則墮于修德 不爲竊盜則爲虜役矣

네가 배움을 그만둔 것은 내가 이 베를 잘라 버리는 것과 같다. 군자君子란 배워서 이름을 세우고, 물어서 지식을 넓혀야 한다. 그렇게 하면 가만히 있어도 편안하고, 움직여도 해害를 멀리할 수 있다. 지금 배움을 그만둔다면 노예 상태에서 벗어날 수 없고 환란에서 벗어날 수 없으니, 베를 짜서 쌓았다가 먹여 살리는 일과 무엇이 다르겠느냐? 베 짜는 일을 중간에서 그만둔다면 어떻게 남편과 자식을 편안하게 하고 오래도록 양식이 떨어지지 않게 할 수 있겠느냐? 여자가 생업을 포기하고 남자가 덕 닦기를 게을리 한다면, 도둑이 되지 않으면 남의 노예가 될 뿐이다."

어머니의 꾸지람이 어찌나 신랄한지 맹자는 그 길로 되돌아가 더욱 열심히 공부했고, 그 결과 공자 다음가는 아성亞聖이 되었다는 것입니다. 모두가 맹자 어머니의 억척스런 가르침 덕분이라고 하겠는데, 그것만이 아닙니다. 맹자 어머니에 대한 이야기는 또 있습니다.

사덕四德의 씨앗을 뿌리며

중국 남송南宋 때 유학자 주희(朱熹, 1130~1200)와 유청지(劉淸之, 1134~1190)가 8세 안팎의 어린이들한테 유학을 가르치기 위한 수신서修身書로 만든 『소학小學』을 보면 맹자의 어렸을 때 이야기가 나옵니다. 맹자가 밖에서 놀다 집에 들어와 엄마한테 불쑥 묻습니다.

"엄마, 이웃집에서 돼지를 잡는데 무엇 하려고 그래요?"

"으응, 너 먹이려고 잡는 거란다."

엄마 말을 들을 맹자는 신난다고 다시 뛰어나갔고, 그런 아들의 모습을 본 순간 맹자 어머니는 크게 후회하며 이렇게 말합니다.

吾聞 古有胎敎 今適有知而欺之 是敎之不信

내가 듣기에 옛날에는 태교胎敎라는 게 있어서 배 속에 있는 아이한테도 올바른 것을 가르쳤다는데, 이제 막 철이 나려고 하는 아이를 속인다면, 이것은 아이에게 불신不信을 가르치는 것이다.[12]

말할 것도 없이, 맹자 어머니는 곧바로 시정에 기서 돼지고기를 사다가 맹자한테 먹였습니다. 남편 없이 홀로 아이를 키우는 가난한 살림에는 꽤나 비쌌을 돼지고기를 말입니다. 자신이 말한 대로 행동함으로써 자신이 한 말에 책임지는 본보기를 보여 준 것입니다. 맹자 어머니는 진정한 교육이 무엇인지 알았던 것입니다. 그런 어머니 밑에서 자랐으니 맹자가 훌륭한 사람이 된 것은 당연한 일이었습니다. 다음과 같은 말을 할 수 있을 정도로 말입니다.

孟子曰 君子有三樂而王天下不與存焉 父母俱存 兄弟無故 一樂也

仰不愧於天 俯不怍於人 二樂也 得天下英才而敎育之 三樂也 君子

有三樂而王天下不與存焉

맹자께서 말씀하셨다. 군자한테는 세 가지 즐거움이 있으니 천하에 왕王 노릇 하는 것은 여기에 함께하지 못한다. 부모가 모두 살아 계시고, 형제가 아무 탈 없는 것이 첫 번째 즐거움이다. 우러러보아 하늘에 부끄럽지 않고, 굽어보아 남한테 부끄럽지 않는 것이 두 번째 즐거움이다. 천하의 영재英才를 얻어 교육하는 것이 세 번째 즐거움이다. 군자한테는 세 가지 즐거움이 있는데 천하에 왕 노릇 하는 것은 여기에 끼지도 못한다.[13]

군자한테는 천하에 왕 노릇 하는 이조차 함께할 수 없는 즐거움이 세 가지 있는데, 그 가운데 하나가 교육이라는 것입니다. 맹자는 짧은 문장 안에서 군자한테는 천하의 왕도 함께할 수 없는 즐거움이 세 가지 있다는 말을 두 번씩이나 합니다. 그만큼 중요해서 강조하고 또 강조하는 것으로 볼 수 있는 대목입니다.

군자는 맹자가 제시하는 가장 완전하고 바람직한 인간상입니다. 군자는 타고난 본성을 손상시키지 않고 구현해서 인의예지仁義禮智라는 내면의 덕에 따라 사는 사람입니다. 군자가 현실에서 추구하는 일의 방향은 분명합니다. 요샛말로 하면 진정한 의미의 리더십을 발휘하는 것입니다.

군자는 먼저 나라를 부강하게 해서 백성들의 삶이 풍요로워지기를 바랍니다. 먹고사는 일만큼 중요한 것은 없기 때문입니다. 하지만 나라를 부강하게 하는 것은 분명 군자가 바라는 일이지만 즐기는 일은 아닙니다. 군자가 즐기는 것은 내 나라 백성이 아니라 온 세상 한가운데 당당하게 서서 세상 사람들의 삶을 안정되게 해 주는 것입니다. 온 세계를 평화롭게 만들어서 모두가 인간다운 삶을 누리게 하는 것이 군자가 즐기는 것입니다. 하지만 그것도 군자가 본분性으로 삼는 것은 아닙니다. 온 세상을 평화롭게 만드는 것만큼 즐거운 일도 없지만, 그것만으로는 안 됩니다. 군자의 가치는 천하를 평화롭게 만드는 것만으로 얻어지는 것이 아닙니다. 자신의 정치 이상이 실현되든 실현되지 못하든, 군자가 본분으로 삼는 것은 따로 있습니다. 자신의 정치 이상이 크게 실현되었다고 해도 더 이상 더해질 것이 없고, 비참하게 되어 힘들게 산다 해도 더 이상 덜어질 것도 없는 군자의 본분은 따로 있습니다. 도대체 그것이 무엇일까요? 맹자는 이렇게 대답합니다.

君子所性 仁義禮智根於心 其生色也 睟然見於面 盎於背 施於四體 四體不言而喩
군자가 본성으로 여기는 것은 인의예지仁義禮智를 마음心에 뿌리내려 그것에서 드러나는 기색이 얼굴에 함치르르하고 등에 넘쳐흐르며 온몸으로 퍼져 나가 온몸으로 말을 하지 않아도 남들이 깨닫게 되는 것이다.[14]

군자가 본분으로 삼는 것은 오로지 하나 있습니다. 인의예지仁義禮智라는 네 가지 덕四德을 내면心에 뿌리내려서 온몸에 퍼지게 하는 것입니다. 단지 머리로 아는 것이 아니라 내면에 뿌리내린 네 가지 덕이 온

몸으로 퍼져 행동으로 드러나게 하는 것입니다. 네 가지 덕이 행동으로 드러나 굳이 말을 하지 않아도 남들이 저절로 깨닫고, 저절로 깨달아서 모두가 인간다운 삶을 살도록 해 주는 것입니다. 도대체 어떻게 해야 내면의 덕이 온몸에 퍼져 남들도 깨닫게 할 수 있을까요? 인仁으로 마음을 보존하고 예禮로 마음을 보존하는 것입니다.[15] 인은 무엇이고 예는 무엇일까요? 남을 내 몸같이 사랑하는 것이 인이고 남을 지극하게 공경하는 것이 예입니다. 좀 더 자세하게 말하면, 남을 사랑해서 남도 나를 사랑하게 하고, 남을 공경해서 남도 나를 공경하게 만드는 것이 인이고 예입니다. 그런데 내가 남을 사랑하고 공경하는데도 남이 나한테 무례하게 제멋대로 대하면 어떻게 해야 할까요? 맹자는 말합니다.

孟子曰 愛人不親反其仁 治人不治反其智 禮人不答反其敬 行有不得者皆反求諸己 其身正而天下歸之
맹자께서 말씀하셨다. 남을 사랑했는데도 친해지지 않으면 자신의 인을 돌아보고, 남을 다스려도 다스려지지 않으면 자신의 지혜를 돌아보며, 남에게 예를 베풀어도 그에 상응하는 답례가 없으면 자신의 공경을 돌아보라. 어떤 일을 하고서 바라는 것을 얻지 못할 때는 언제나 자신을 돌아보고, 그 원인을 모두 자신에게서 찾아야 한다. 자기 자신이 바르게 되면 세상 사람들이 모두 돌아온다.[16]

한마디로 말해서 반구저기反求諸己하라는 것입니다. 어떤 일이 잘못되었을 때 남을 탓하지 않고 잘못된 원인을 자기 자신한테서 찾아 고쳐 나간다는 반구저기 말입니다. 맹자는 내가 남을 사랑했는데도 남이 나와 가까워지지 않으면, 남을 탓하기 전에 먼저 자신의 사랑[이 아직 지극하지 못한 것을 두려워하라고 말합니다. 남을 다스리거나 예로 대하는 것도 마찬가지 입니다.[17] 무슨 일이건, 자기 뜻대로 되지 않을 때는 남을 원망하거나 탓하기 전에 먼저 자신의 사랑을 돌아보고 자신의 지혜를 돌아보며 자신의 공경을 돌아보아 자신의 잘못부터 고치라는 것입니다. 자신을 다스리는 것이 더욱 치밀해져서 몸이 바르지 않은 것이 없게 되어 세상 사람들이 모두 본받지 않을 수 없도록 말입니다. 그렇게 하는 것이 진정한 의미의 세상 평화를 이룰 수 있는 길이라는 것이 맹자의 한결같은 주장입니다.[18] 그런데 우리의 지도자들은 어떻습니까? 어떤 이는 이렇게 한탄합니다.

요즈음 지도자라 하는 사람들은 어떤가? 국고 털어먹을 생각만 하고, 순결한 대중을 등쳐 먹을 생각만 하고, 혈세를 악용할 생각만 하고, 검찰과 정보력을 사사로이 이용할 생각만 하면서 얼굴에 보톡스만 맞고 성형수술을 자행하니, 그 뒷모습만 보아도 역력한 서생원이요, 구차스럽고 졸렬한 군상만 어른거린다. 참으로 부끄러운 일이로다! 인물은 그 몸이 말해 준다는 것을 잊지 말자! 지나간 대통령들, 그 초라한 독재자들의 얼굴을 한번 생각해 보라!

군자는 인간의 삶에서 가장 고귀한 내면의 덕이 실현되는 것에 가치를 두는 존재입니다. 현실 사회에서 어떤 일을 이루었느냐 하는 것도 중요하지만, 그것은 군자가 본분性으로 삼는 것이 아닙니다. 맹자가 말하는 군자는 외부의 것에 따라 가치가 결정되는 존재가 아닙니다. 외부의 어떤 것도 그의 가치를 바꿀 수 없습니다. 오로지 자신의 본성이 이끄는 내면의 원리에 따라 움직이는 존재가 군자입니다. 자기 자신의 본성을 손상 없이 실현하는 것을 자신의 본분으로 삼는 존재 말입니다. 맹자는 그런 군자야말로 천하를 무대로 삼아 올바름을 실천하는 대장부大丈夫라고 말합니다.

居天下之廣居 立天下之正位 行天下之大道 得志 與民由之 不得志
獨行其道 富貴不能淫 貧賤不能移 威武不能屈 此之謂大丈夫
천하의 넓은 집에 머물고, 천하의 올바른 자리에 서며, 천하의 대도大道를 펼친다. 뜻을 얻으면 백성과 함께 그 도를 따르고, 뜻을 얻지 못하면 홀로 그 도道를 실행한다. 부귀富貴도 그를 방탕하게 할 수 없고, 빈천貧賤도 그의 지조를 바꿀 수 없으며, 무력과 위세도 그를 굴복시킬 수 없는 것, 그것을 일러 대장부大丈夫라 한다.[20]

대장부는 원래 성인 남자를 가리키는 장부丈夫에 '훌륭하다'는 뜻의 대人를 붙여서 만든 말입니다. '남자다운 남자', '기개 있는 남자'를 가리키는 말입니다.[21] 그런 대장부는 세상에 나아가 자신의 도를 실천할 수 있으면 백성들을 이끌고 함께 올바름을 실천합니다. 그렇지 못할 상황이라면 홀로 그 도를 실천할 뿐입니다. 구태여 세상 사람들의 인정을 받으려고 하지 않습니다. 벼슬에 나아가는 일은 있지만, 그것은 자신의 도를 실현해서 백성들을 올바르게 이끌기 위한 것이지, 일개 제후를 섬기기 위한 것은 결코 아닙니다. 자신의 영달을 위해 제후에게 복종하거나 세상에 아부하는 일은 대장부가 할 일이 아닙니다. 그런 대장부가 바로 맹자가 말하는 군자입니다.

삶의 의미 찾기

육신의 삶에 집착하는 사람한테는 부귀富貴만큼 큰 기쁨이 없을 것입니다. 그런 부귀를 얻으면 기쁨을 주체하지 못하고 끝내는 방탕하게 됩니다. 빈천貧賤하게 되는 것만큼 큰 슬픔은 없기에 빈천하게 되면 거기에서 벗어나기 위해 못 할 짓이 없게 됩니다. 못 할 짓이 없게 되어 끝내는 남도 망치고 자신도 망치게 됩니다. 하지만 맹자가 말하는 군자와 대장부는 그렇지 않습니다. 오로지 올바름을 위해 움직일 뿐이지 부귀나 빈천 따위에 흔들리지 않습니다. 군자한테는 천하의 왕 노릇 하는 사람도 감히 누릴 수 없는 세 가지 즐거움이 있기 때문입니다. 그것이 무엇일까요? 앞서 간단히 소개한 세 가지의 즐거움은 다음과 같습니다.

첫째는 부모구존父母俱存하고 형제무고兄弟無故하는 것으로, 부모가 모두 살아 계시고 형제가 아무 탈 없이 지내는 즐거움입니다. 자신의 삶을 가능하게 해 준 근원이자 근거인 부모 형제와 삶을 함께하는 즐거움입니다. 부모 자식의 수직질서와 형제자매의 수평질서라는 세상 이치와 관계를 알 수 있는 즐거움이라고도 할 수 있습니다. 건전한 사람이라면 누구나 바라는 즐거움이지만 아무나 즐길 수 있는 것이 아닙니다. 인간의 생사生死와 관련된 것으로 우리 의지와 관계없이 하늘에 달린 일이기 때문입니다.

둘째는 앙불괴어천仰不愧於天하고 부불작어인俯不怍於人하는 것으로, 우러러보아 하늘에 부끄럽지 않고 굽어보아 남들한테 부끄럽지 않게 사는 것입니다. 얼마나 진실하게 살았는가를 살피고, 자신의 책임과 임무를 얼마나 성실하게 수행하고 있는가를 돌아볼 때 조금도 부끄럽지 않다는 것을 확인하는 즐거움입니다. 이는 자신의 존재 이유와 삶의 가치를 확인하는 즐거움으로, 사람들이 저마다 노력해서 얻을 수 있는 즐거움이라 하겠습니다. 자기 노력에 달린 문제로 인간 각자의 몫이라는 것입니다.

셋째는 득천하영재이교육지得天下英才而敎育之로, 세상 사람들 가운데 재주가 뛰어난 영재英才를 얻어 교육하는 것입니다. 자기 개인의 노력을 통해 얻은 인덕人德과 학덕學德을 후세에 전하는 즐거움입니다. 좀 더 나아가서는 세상의 영재를 얻어 사람다운 사람, 사람 구실을 다 할 수 있는 인간으로 가르치고 기르는 교육을 통해 아름다운 사회를 만드는 즐거움이라고 하겠습니다. 이런 즐거움은 자기 노력과 함께 영재를 얻어야 가능하다는 점에서 개인의 노력이 타인과 관계하는 사회 공동체로 확장되는 것이라 할 수 있습니다.

정리하자면 부모 형제와 함께 사는 즐거움과 조금도 부끄럽지 않게 살아가는 즐거움, 그리고 영재를 얻어 교육하는 즐거움, 이렇게 세 가지야말로 천하의 왕 노릇 하는 사람도 감히 얻을 수 없는 지극한 즐거움인데, 이 세 가지 즐거움 가운데 하나로 맹자가 교육을 꼽은 것이 우리의 눈길을 끕니다. 확실한 것은 아니지만, 맹자는 서기전 372년경에 태어나 289년경에 숙었다고 하니, 그는 이미 2300년도 훨씬 더 되기 전에 교육이야말로 지극한 즐거움이라고 말한 셈입니다. 참으로 놀라운 일입니다.

맹자는 왜 세 가지 즐거움 가운데 하나로 교육을 꼽았을까요? 그리고 오늘날 많은 사람들은 교육에 대해 어떻게 생각할까요? 교육은 즐겁기보다 괴로운 것으로 여기지 않을까요? 다른 것은 몰라도 학생들은 학교를 지옥이라 하지 않습니까? 그런데 왜 맹자는 교육을 즐거운 일이라고 했을까요? 도대체 교육이 무엇이기에 우리 모두가 괴로워하는 교육을 맹자는 즐겁다고 했을까요? 이제 우리는 이런 물음에 대답하기 위해 과연 교육이라는 것이 무엇인지를 살펴보기로 하겠습니다.

/ 3 /

교육이란
무엇인가

맹자가 말한 교육하는 즐거움

앞서 소개했듯 맹자는 천하의 왕도 누릴 수 없는 즐거움이 세 가지 있다고 주장했습니다.

첫째는 부모 형제가 모두 아무 탈 없이 잘 살아가는 것인데, 이런 즐거움은 사람이 노력해서 얻을 수 있는 것이 아닙니다. 사람이 살고 죽는 것이나 오래 살고 못 사는 것은 모두 하늘에 달려 있는 것으로 사람의 의지와 노력으로 어찌할 수 없는 일이기 때문입니다. 인명재천人命在天이라고 사람의 목숨은 하늘에 달려 있다고 하지 않습니까?

둘째는 하늘을 우러러보나 땅을 굽어보나 조금도 부끄럽지 않게 살아가는 즐거움입니다. 사람다운 사람으로 살아가는 즐거움이라고 하겠는데, 이런 즐거움은 순전히 개인의 의지와 노력에 따라 얻을 수 있는 즐거움입니다. 선한 일을 선택해서 꽉 잡고 놓치지 않으면 얼마든지 가능한 일입니다.

셋째는 천하의 뛰어난 인재를 얻어 교육시키는 것입니다. 첫 번째 즐거움이 순전히 하늘의 뜻에 달린 것이고, 두 번째 즐거움이 순전히 개인의 의지와 노력에 따른 것이라면, 세 번째 교육하는 즐거움은 어느 한 개인의 노력만으로는 얻을 수 없습니다.

雖有嘉肴 弗食不知其旨也 雖有至道 弗學不知其善也 是故學然後知不足 教然後知困 知不足然後能自反也 知困然後能自强也 故曰教學相長也 兌命曰 斅學半 其此之謂乎

비록 맛있는 음식이 있을지라도 먹어 보지 않으면 그 맛을 알지 못하고, 비록 지극한 도가 있다 해도 배우지 않으면 그것이 좋다는 것을 알지 못한다. 이런 까닭에 배운 뒤에야 부족한 것을 알고 가르친 뒤에야 힘든 것을 안다. 부족함을 안 뒤에야 스스로 반성할 수 있고 곤란함을 안 뒤에야 스스로 강해질 수 있다. 그러므로 가르침과 배움은 서로를 키운다. 열명兌命에 이르기를 가르침이 배움의 반이라고 했는데, 아마도 이것을 두고 한 말인가?[1]

교학상장敎學相長은 교육현장에서 가르치는 사람과 배우는 사람이 함께 크는 과정입니다. 가르침은 배움이 반이라는 말처럼 가르쳐 봐야 참다운 배움을 얻을 수 있습니다. 배우지 않으면 가르칠 수 없고, 가르쳐 보지 않으면 배움을 심화시킬 수 없습니다. 교육은 가르치는 스승과 배우는 제자가 함께 노력해야 결실을 맺을 수 있는 것인데, 맹자는 그런 제자로 영재英才를 꼽았습니다. 아무리 훌륭한 스승이라도 영재를 만나지 않으면 교육이 제대로 이루어지지 못한다는 것입니다.

영재의 조건

맹자가 말하는 영재는 누구일까요? 사전을 보면, 영재는 '빼어난 재주' 또는 '빼어난 재주를 가진 사람'을 가리키는 말로 나와 있습니다. 좀 더 자세하게 말하면, '전문가적인 능력이 뛰어나 탁월한 성취를 보일 가능성이 있는 사람'이 영재라는 것입니다.[2] 요즘에는 영재교육英才教育이라는 말이 유행입니다. 탁월한 재능과 소질을 가진 아동이나 청소년을 조기 판별하여 그들이 가진 우수한 능력과 잠재력이 최대한 계발되도록 돕는다는 특수교육 말입니다. 심신 장애인에 대한 교육이 그런 것처럼 영재교육도 일반 아동하고는 다른 특수한 방법의 교육을 통해 교육의 효율성을 높일 수 있다는 것입니다.

영재들은 보통 학생보다 학습속도가 빠르고 지식수준이 높습니다. 흥미를 갖는 영역도 매우 다양합니다. 혼자 힘으로 학습해 나가려는 특성도 강합니다. 영재교육은 바로 이런 특성에 맞는 내용의 학습이 제공되어야 한다는 것입니다. 교사 혼자서만 가르치는 것보다는 학생들이 스스로 개인의 능력에 따라 탐구하고 연구하도록 안내하고 도와주는 식으로 말입니다. 참으로 좋은 일입니다. 그런데 과연 이렇게 탁월한 재능과 소질을 가진 아동이나 청소년이 맹자가 말하는 영재일까요? 요샛말로 하면 학교에서 성적이 좋은 학생이 맹자가 말하는 영재일까요? 공자는 말합니다.

子曰 唯上知與下愚不移
선생님께서 말씀하셨다. 오로지 상지上智와 하우下愚만은 바꿀 수 없다.[3]

이는 상지와 하우는 쉽게 바뀌는 사람들이 아니기 때문에 교육시키기가 힘들다는 말입니다. 그렇다면 상지는 누구이고, 하우는 누구일까요? 도대체 왜 상지와 하우를 교육시키기 힘들다는 것일까요? "나는 태어나면서부터 아는 사람이 아니다"라고 했던[4] 공자는 이렇게 말합니다.

孔子曰 生而知之者上也 學而知之者次也 困而學之又其次也 困而不學 民斯爲下矣
선생님께서 말씀하셨다. 태어나면서부터 아는 사람이 상급이고, 배워서 아는 사람이 그 다음이고, 곤경에 처해서 배우는 사람은 또 그 다음이며, 곤경에 처해도 배우지 않으면 사람으로서 하급이다.[5]

공자는 지력이 높고 낮음을 기준으로 사람을 네 등급으로 나눕니다. 가장 똑똑한 사람인 1등급은 태어나면서부터 알기 때문에 구태여 따로 배울 필요가 없는 사람입니다. 2등급은 배워서 아는 사람으로, 태어난 뒤에 받은 학습을 통해 알게 되는 사람이고, 3등급은 곤란을 겪은 뒤에 배워 아는 사람입니다. 미리미리 배우는 것이 아니라 어떤 것을 알지 못해 곤란을 겪은 다음에야 비로소 배우는 사람 말입니다. 그리고 4등급은 곤란을 겪고서도 배우지 않는 사람입니다. 알지 못해서 곤란한 일을 겪으면서도 배우기는커녕 배 째라는 식으로 아무렇게나 막 살아가는 사람입니다. 어떻게 해 볼 도리가 없는 사람 말입니다.

이렇게 사람을 네 등급으로 나눌 경우, 공자가 말하는 상지는 태어나면서부터 아는 1등급 사람이고, 하우는 곤란을 겪고도 배우지 않는 4등급 사람이라 하겠습니다. 그렇다면 요즘 교육계에서 말하는 영재는 누구를 가리키는 말일까요? 말할 것도 없이 1등급 사람인 상지를 가리킬 것인데, 문제는 공자가 상지와 하우는 바꿀 수 없다고 말한 것입니다. 교육시키기 힘든 사람이라는 것이지요. 왜 그럴까요? 상지는 태어나면서부터 아는 영재이니 따로 가르칠 필요가 없고, 하우는 곤란을 겪고도 배우질 않는 막무가내니 가르쳐 봐야 소용없다는 것입니다.[6]

상지와 하우가 바뀔 수 없는 존재라는 것은 무슨 말일까요? 교육을 통해 바뀔 수 있는 사람은 중인中人밖에 없다는 말 아닐까요? 상지와 하우 사이에 있는 2등급과 3등급 사람 말입니다. 그렇다면 교육을 이야기한 맹자는 바뀔 수 없는 존재인 영재를 교육의 대상으로 삼겠다는 걸까요? 아니면 맹자는 상지가 아닌 다른 존재를 영재라고 하는 걸까요? 결론부터 말하면, 맹자가 교육의 대상으로 여기는 영재는 상지가 아닙니다. 물론 하우도 아닙니다. 그럼 누구일까요? 배워서 아는 2등급 사람과 곤란을 겪은 뒤에 배워 아는 3등급 사람입니다. 맹자가 교육 대상으로 삼은 사람은 우리가 흔히 보통 사람이라고 부르는 2등급과 3등급 사람들이고, 맹자가 영재라고 말하는 사람은 2등급과 3등급 가운데 공자가 언급한 다음과 같은 사람이라고 하겠습니다.

> 子曰 學如不及 猶恐失之
> 선생님께서 말씀하셨다. 배움은 마치 미치지 못하는 것처럼 하고도 오히려 배운 것을 잃어버릴까 봐 두려워해야 한다.[7]

사람이 배울 때는 따라가지 못하는 것처럼 애를 태우고, 이미 배운 것은 잃어버릴까 봐 벌벌 떨라는 공자의 말입니다. 행여나 재주 있다고 우쭐거리며 잠깐이라도 교만하게 굴지 말라는 이야기입니다. 중국 위진魏晉시대의 현학玄學인 노장학老莊學의 시조로 받들어지는 사상가 하안(何晏, 193?~249)의 말처럼, 배움은 밖에서 안으로 들어오는 것으로 완전히 내 것으로 만들어야 오래갈 수 있는 법인데,[8] 완전히 내 것으로 만드는 방법은 하나밖에 없습니다. 배울 때는 아무리 열심히 노력해도 늘 부족한 것처럼 조바심을 내고, 배운 것은 혹시라도 잃어버릴까 봐 늘 걱정하는 자세를 갖는 것입니다. 마치 길을 걸어갈 때 저만치 있는 아주 귀한 보배를 보고 딴 사람이 먼저 가져가면 어쩌나 하는 마음으로 달려들라는 것입니다. 다른 것은 몰라도 배움만큼은 절대 양보하지 않겠다고 달려드는 사람이 바로 공자가 말하는 학인學人이고 맹자가 말하는 영재입니다. 공자는 또 말합니다.

> 子曰 不憤不啓 不悱不發 擧一隅不以三隅反則不復也
> 선생님께서 말씀하셨다. 분발하지 않으면 열어 주지 않고, 표현하려고 애쓰지 않으면 말문을 트이어 주지 않는다. 한 모퉁이를 들어 보일 때 나머지 세 모퉁이로 반응하지 않으면 더 이상 일러 주지 않는다.[9]

배울 때는 따라가지 못하는 것처럼 애를 태우고, 이미 배운 것은 잃어버릴까 봐 벌벌 떠는 것은 무슨 말일까요? 공자는 제자를 교육하는 세 가지 방법으로 이에 대답합니다. 공자는 제자의 재능이나 정신을 깨우쳐 주고 열어 주는 방법으로 세 가지를 강조합니다. 첫째는 불분불계不憤不啓입니다. 알고 싶은데 그렇게 되지 않아 애를 태우다 못해 화를 버럭 내는 정도憤가 되지 않으면 결코 깨우쳐 주지啓 않는다는 것입니다. 둘째는 불비불발不悱不發입니다. 알고 있는 것을 말하고 싶은데 제대로 표현하지 못해 애를 태우지悱 않으면 결코 말문을 틔어 주지發 않는 것입니다. 그리고 셋째는 거일우불이삼우반즉불부야擧一隅不以三隅反則不復也입니다. 탁자의 한 귀퉁이를 들어서 알려 주었는데 나머지 세

귀퉁이로 반응하지 못하면 다시는 일러 주지 않는 것입니다. 탁자에 네 귀퉁이가 있다는 것은 누구나 아는 사실인데, 자질이 둔하고 어리석어서 그런 것조차 알지 못하면 비록 배우고 싶어 애를 태우더라도 굳이 되풀이해서 일러 줄 것이 없다는 것입니다. 참으로 무서운 말입니다.

공자는 제자가 진정으로 배우고 싶어 하는 마음이 지극해지기를 기다린 뒤에야 일러 주었고, 알려 준 뒤에도 스스로 터득하기自得를 기다린 뒤에야 다시 일러 주었습니다. 그렇게 지극한 마음과 자세를 기다리지 않고 일러 주면 아는 것이 확고할 수 없고, 충분히 기다린 뒤에 일러 주어야 제대로 그리고 왕성하게 깨달을 수 있기 때문이라고 하였습니다.[10] 쉽게 얻으면 쉽게 잃어버린다고 하지 않습니까? 그리고 아무리 진실한 마음과 지극한 태도를 보여도 자질이 둔하고 어리석어서 앞뒤가 꽉 막힌 사람한테는 되풀이해서 일러 주지 않았습니다. 어차피 소용없는 짓이라는 것입니다.

공자는 암기식 공부를 반대했습니다.[11] 무턱대고 기계처럼 외울 뿐 물을 줄 모르는 제자는 가르칠 가치가 없다고 보았습니다. 반드시 배우고 말겠다는 열의와 스승이 괴로울 정도로 물어서 스스로 깨우치려는 열정이 있어야만 비로소 이끌어 주고 깨우쳐 주었습니다. 아무리 열의가 강하고 열정이 넘쳐도 앞뒤가 꽉 막혀 깨닫지 못하는 사람한테는 가르쳐 주지 않았습니다. 공자는 배울 자격이 있는 사람한테만 가르쳐 주었습니다.[12] 알고 싶어서 발을 동동 구르며 애를 태우는 사람과 아는 것을 제대로 표현하지 못해 가슴을 두드리며 슬퍼하는 사람, 그리고 앞뒤가 꽉 막히지 않아 제대로 알아듣는 사람만 가르쳤습니다. 그런 사람이 바로 공자가 말하는 학인이고 맹자가 말하는 영재가 아닐까요?

영재교육의 의미

맹자가 말하는 영재는 상지가 아닙니다. 요샛말로 하면, 재주가 빼어나거나 학교 성적이 좋은 학생은 맹자가 말하는 영재가 아닙니다. 맹자가 말하는 영재는 공자가 말하는 1등급인 상지와 4등급인 하우 사이에 있는 2등급과 3등급 사람들 가운데 배움에 목말라하는 사람입니다. 처음부터 똑똑하거나 훌륭한 사람이 아니라 교육을 받아 훌륭하고 똑똑해지는 사람이 바로 맹자가 말하는 영재입니다.

다산茶山 정약용(丁若鏞, 1762~1836)에 따르면, 2등급은 태어나면서부터 알지는 못하지만 어릴 때부터 교육받아 알게 된 사람입니다. 3등급은 어릴 때부터 배우지 않다가 중년에 떨치고 일어나 배워서 아는 사람입니다.[13] 구태여 구분하자면, 스스로 배워서 아는 사람이 2등급이고, 억지로 배워서 아는 사람이 3등급인데, 중요한 점은 어떻게 배워서 알게 되든 결과는 모두 똑같다는 사실입니다.

> 或生而知之 或學而知之 或困而知之 及其知之 一也
>
> 어떤 이는 태어날 때부터 알고, 어떤 이는 배워서 알며, 어떤 이는

곤란을 겪은 뒤에 아는데, 그들이 아는 데 이르러서는 모두 똑같다.[14]

사람들은 저마다 다르게 태어나서 자라기 때문에 앎에 이르는 길도 다를 수밖에 없습니다. 태어나면서부터 아는 사람生而知之이 있는가 하면, 태어나면서부터는 알지 못하지만 미리미리 배워서 아는 사람學而知之도 있습니다. 그리고 소 잃고 외양간 고치는 격으로 꼭 어떤 일을 당해서 곤란을 겪고 난 뒤에야 어렵사리 배워 아는 사람困而知之도 있습니다. 이렇게 사람은 저마다 다른 길을 통해 앎에 이릅니다. 하지만 어떤 길을 통하든 결국 안다고 하는 결과는 모두 똑같습니다. 남보다 빠르게 알 수도 있고, 답답할 정도로 더디게 알기도 하지만, 안다고 하는 점에서는 아무런 차이가 없습니다. 그러니 남보다 빨리 알았다고 으스대거나 뽐낼 것도 없고, 남보다 더디게 안다고 해서 기죽을 것도 없습니다. 순자(荀子, 서기전 298~238)가 말하는 것처럼 목표를 분명하게 세워서 열심히 노력하는 것이 중요합니다.

夫驥一日而千里 駑馬十駕則亦及之矣 將以窮無窮逐無極與 其折骨絕筋終身不可以相及也 將有所止之則千里雖遠 亦或遲或速或先或後 胡爲乎其不可以相及也

천리마驥는 하루에 천 리를 달린다지만, 둔한 말駑馬도 열흘 걸리면 또한 닿을 수 있다. 어찌 끝이 없는 목표를 추구하고 끝이 없는 길을 달려가려 하는가? 그러면 뼈가 부러지고 근육이 끊어지도록 애써도 평생토록 미치지 못하고 말 것이다. 장차 도달할 수 있는 곳으로 목표를 세운다면 천 리가 비록 멀다고는 하더라도, 혹은 늦기도 하고 혹은 빠르기도 하며, 혹은 앞서기도 하고 혹은 뒤지기도 하겠지만, 어찌 그곳에 이르지 못하겠는가?[15]

천리마는 하루에 천 리를 간다고 뽐냅니다. 그러나 조랑말이라도 열심히 달리기만 하면 열흘 걸려서 똑같은 목적지에 도달할 수 있습니다. 비록 천 리가 멀다 하더라도, 쉬지 않고 달리기만 한다면 기어이 목적지에 이르게 됩니다. 반걸음씩이라도 쉬지 않고 가면 절름발이 말이라도 천 리를 갈 수 있고, 흙 한 줌씩 쌓더라도 그치지 않고 계속한다면 높은 언덕이나 산도 만들 수 있습니다. 갈 길이 비록 가깝다 하더라도 가지 않으면 목적지에 도착하지 못하고, 일이 비록 사소한 것이라도 하지 않으면 이룩되지 않는 법입니다.

맹자가 말하는 영재는 하루에 천 리를 가는 천리마가 아닙니다. 반걸음씩이라도 쉬지 않고 달려서 천 리를 가겠다고 노력하는 조랑말이 맹자가 말하는 영재입니다. 갈 길이 아무리 가깝다 하더라도 가지 않으면 목적지에 도착하지 못하고, 일이 아무리 사소한 것이라도 하지 않으면 이룩되지 않는다는 것을 알고, 열심히 노력해서 기어이 목적하는 것을 이루는 사람이 영재입니다.

요샛말로 하면, 맹자가 말하는 영재는 보통 사람中人들 가운데 진실한 마음과 열정을 가지고 노력하는 사람입니다. 열심히 노력해서 기어이 자신의 잠재력을 마음껏 발휘하는 사람입니다. 처음부터 똑똑하거나 훌륭한 사람이 아니라 교육을 받아 훌륭해지고 똑똑해지는 사람이 바로 맹자가 말하는 영재이고, 어리석은 사람을 지혜로운 사람으로 만드는 예술이 맹자가 말하는 교육입니다. 그러니 얼마나 신나는 일입니까? 어리석은 사람을 지혜로운 사람으로 바꾸는 일만큼 가슴 설레는 일이 또 어디에 있겠습니까? 얼마나 신나는 일이었으면, 맹자가 천하의 영재를 얻어 교육하는 즐거움은 왕 노릇 하는 이도 감히 맛볼 수 없다고 큰소리를 했겠습니까?

진정한 가르침

맹자가 말한 천하의 왕 노릇 하는 이도 맛볼 수 없는 즐거움을 준다는 교육은 무엇일까요? 도대체 교육이 무엇이기에 천하의 왕 노릇 하는 이도 맛볼 수 없는 즐거움을 준다는 것일까요? 이런 물음에 대답하기 위해 우리는 먼저 교육이라는 말을 구성하고 있는 교敎와 육育이라는 한자가 무엇을 가리키는지를 살펴보기로 하겠습니다. 한국과 중국 그리고 일본을 비롯한 고대 동아시아 지역은 한자漢字를 공통어로 하는 한자 문화권으로, 한자가 고대 동아시아인의 사유를 표현하는 핵심 도구로 작용했던 까닭에 교육이라는 한자를 검토하면 교육의 원형에 대

한 이미지를 파악할 수 있을 것이기 때문입니다.[16]

　교육은 글자 그대로 '가르칠' 교敎와 '기를' 육育이 합쳐진 한자입니다. 가르치고 기르는 것이 교육이라는 것입니다. 먼저 가르치다는 말은 무슨 뜻일까요? 국어사전을 보면, 가르치다는 말은 대개 두 가지 뜻으로 쓰이고 있습니다. 첫째는 지식이나 기능 따위를 깨우치게 하거나 익히게 하는 것이고, 둘째는 그릇된 버릇 따위를 고쳐 바로잡는다는 뜻입니다. 첫째는 교사가 학생한테 지식이나 기술을 알려 주는 모습이 떠오르고, 둘째는 어른이 아이를 또는 윗사람이 아랫사람을 이끄는 모습을 연상하게 되는데, 어떤 모습이든 모두 위에서 아래로 전하거나 명령한다는 이미지를 갖게 됩니다. 그런데 과연 그럴까요?

　교敎는 '본받다'는 뜻을 갖는 효爻와 '채찍질하다'는 뜻을 갖는 복攵이 합쳐진 글자입니다. 글자 그대로 풀이하면 채찍질해서 본받게 한다는 뜻입니다. 그런데 효라는 글자는 다시 효爻와 자子가 합쳐진 글자입니다. 효는 '본받다'는 뜻이고 자는 '어린아이'를 가리키는 글자이니, 효는 조금 더 자세하게 말해서 어린아이가 본받는다는 뜻이라 하겠습니다. 여기서 어린아이는 누구를 말하는 것일까요? 일차로는 이제 막 태어나서 자라고 있는 아이를 가리킵니다. 나이가 어린 아이 말입니다. 그런데 1443년에 세종대왕世宗大王이 창제한 훈민정음訓民正音에 대한 한글 해설서인 「훈민정음 언해본諺解本」을 보면 다음과 같은 말로 시작합니다.

　나라의 말이 중국과 달라 문자와 서로 통하지 않으므로 어린 백성이 이르고자 할 게 있어도 마침내 제 뜻을 실어 펴지 못할 사람이 많다.

우리나라의 고유한 글자가 없다 보니 어린 백성은 말할 것이 있어도 표현할 수가 없다는 말인데, 여기서 '어린 백성'이란 누구를 가리키는 말일까요? 아마도 여기서 '어리다'는 말은 단순히 나이가 어리다는 뜻이 아니라 어리석다는 뜻으로 쓰였을 것입니다. 나이가 아무리 많은 어른이라도 어리석다면 어린아이와 똑같이 취급된다는 뜻입니다. 실제로 국어사전을 찾아보면 '어리다'는 '어리석다'의 옛말이라고 나와 있습니다. 이렇게 볼 때, 어린아이 子가 본받는다 爻는 뜻의 효 爻는 좁게는 나이가 어린 아이가 본받는다는 뜻이고, 넓게는 나이에 관계없이 어리석은 사람이 본받는다는 뜻이라 하겠습니다.

한편 교 敎의 오른쪽 부분인 복 攵은 복 卜과 우 又가 합쳐진 복 攴과 똑같은 글자인데, 복 卜은 폭 소리를 나타내는 의성어이고, 우 又는 오른손을 뜻하니, 복 攴은 '때리다', '채찍질하다'는 뜻으로 쓰입니다. 그렇다면 교 敎의 왼쪽 부분인 효 爻가 어린아이나 어리석은 사람이 본받는다는 뜻이고, 오른쪽 부분인 복 攵은 손으로 때리거나 채찍질한다는 뜻이니, 가르침인 교는 어린아이나 어리석은 사람이 본받게 하기 위해 때리거나 채찍질한다는 뜻일까요? 아니면 어린아이나 어리석은 사람을 때리거나 채찍질해서 본받게 한다는 뜻일까요? 실제로 얼마 전까지 우리 사회는 교육이라는 이름으로 학생들을 두들겨 패는 체벌이 성행했지 않았습니까? 교라는 글자의 뜻을 아주 자세하게 분석한 어떤 이는 이렇게 결론 내립니다.

> 결론으로 말하면, 교敎라는 글자 모양은 세상의 사물을 마주하고 있는 어리석은 인간에 대해, 스승이 한 손에 회초리를 들고 공부하라고 재촉하는 모습이다. 이런 차원에서, 고대 동아시아인들이 추구한 교敎는 세상을 살아가려는 어리석은 제자爻한테 스승이 회초리로 깨우침을 주는 일련의 상호작용이다.[17]

정말 그럴까요? 정말로 고대 동아시아인들이 추구한 교는 어리석은 제자한테 스승이 회초리로 깨우침을 주는 것일까요? 허신許慎은 『설문해자說文解字』에서 교敎라는 글자를 다음과 같이 풀이합니다.

> 敎 上所施下所效也
> 교敎는 윗사람이 실제로 하는 것을 아랫사람이 본받는 것이다.[18]

스승이 어리석은 제자를 회초리로 깨우치는 것이 아니라 윗사람의 행위를 아랫사람이 본받게 하는 것이 교라는 것입니다. 윗사람은 단순히 학교 교사만을 가리키는 말이 아닙니다. 집안에서 손아랫사람을 가르치는 손윗사람도 윗사람이고, 직장에서 부하를 이끌어 주는 상관도 윗사람입니다. 그리고 사회에서 젊은이에게 삶의 방향을 잡아 주는 어른들도 윗사람입니다. 교는 이런 윗사람들이 본보기를 보여 아랫사람들이 그대로 따라하게 하는 것입니다.

채찍질이 몸에 고통을 주는 것이라면, 채찍질해서 본받게 하는 것은 참된 가르침이 아닙니다. 몸에 고통을 주는 체벌과 본받는 행위는 결코 함께할 수 없는 것입니다. 본받는다는 말이 무슨 뜻입니까? 윗사람이 하는 행동을 본보기 삼아 그대로 따라하는 것 아닙니까? 실제로 사전을 보면, '채찍질하다'는 말은 다른 사람의 잘못을 말로 꾸짖는다는 뜻과 함께 남을 일깨워 힘차게 북돋아 주는 것을 비유하는 말이라고 나와 있습니다. 채찍을 휘두르는 것이 아니라 본보기를 보여 올바른 길로 이끄는 것이 참된 가르침입니다. 포리스트 카터(F. Carter, 1925~1979)가 『내 영혼이 따뜻했던 날들』에서 전해 주는 인디언 할아버지의 가르침처럼 말입니다.

칠면조 사냥의 교훈

포리스트 카터가 쓴 『내 영혼이 따뜻했던 날들』은 '작은 나무Little Tree'라는 인디언 꼬마가 겨우 다섯 살 때 고아가 되는 바람에 할아버지와 할머니 집에서 살면서 겪었던 일들을 회상하는 글입니다. 좀 더 자세하게 말하면, 저자가 어렸을 때 동부 체로키족 거주지에 있던 할아버지 할머니 집에서 살았던 이야기를 통해 인디언들의 지혜로운 삶의 방식들을 전해 주는 책인데, 그 가운데 하나가 할아버지가 칠면조 사냥을 통해 인디언 꼬마한테 '자연의 이치'를 가르치는 방식입니다.

어느 날, 꼬마 인디언은 할아버지를 따라 칠면조 사냥을 나섭니다. 아침 일찍 집을 나선 할아버지는 산길을 오르더니, 길섶 쪽을 가리키며 말합니다.

"여기가 야생 칠면조들이 다니는 길이니 덫을 놓아 볼까."

길을 따라가던 할아버지는 그루터기 아래에서 구덩이를 찾아냅니다. 먼저 구덩이 위에 수북이 쌓인 나뭇잎부터 치우고 나서 긴 칼로 눅눅한 땅을 파냅니다. 파낸 흙은 낙엽들 사이에 뿌립니다.

마침내 구덩이의 가장자리가 보이지 않을 정도로 깊어지자, 두 사람은 나뭇가지들을 끌어다가 구덩이에 걸쳐 놓은 뒤에 나뭇잎 한 아름을 뿌려 놓습니다. 그런 다음에 할아버지는 긴 칼로 야생 칠면조가 다니는 길에서 구덩이까지 비스듬히 이어지는 작은 도랑을 파고는, 주머니에서 붉은 인디언 옥수수 알갱이들을 꺼내 도랑을 따라 쭉 뿌려 나갑니다. 구덩이 속에도 옥수수 한 움큼을 던져 넣습니다.

"자, 이제 가자."

칠면조 함정을 다 만든 할아버지는 꼬마 인디언을 데리고 다시 숲길을 오릅니다. 한참을 걷던 두 사람은 길에서 벗어나 낙엽 위에 앉습니다. 그렇게 주저앉아서는 때마침 계곡 건너편 산꼭대기로 머리를 내밀기 시작하는 첫 햇살을 맞으며, 할아버지가 싸 온 건빵과 사슴고기로 아침 식사를 합니다. 아름답게 바뀌어 가는 산의 모습을 바라보면서 말입니다.

산꼭대기에 폭발이라도 일어난 것처럼, 번쩍이는 빛줄기들이 하늘 위로 솟구쳤다. 얼음에 덮인 나뭇가지들은 햇빛을 받아 눈이 부실 정도로 반짝거렸다. 아침 햇살은 물결처럼 아래로 내려가면서 밤의 그림자들을 천천히 벗겨 가고 있었다. 정찰을 맡은 까마귀 한 마리가 하늘을 날면서 날카롭게 깍깍 세 번 울었다. 아마 우리가 여기 있다는 걸 알리는 신호였으리라. 이제 산은 기지개를 켜며 일어나 천천히 하품을 하고 있었다. 하품으로 토해 낸 미세한 수증기들이 공중으로 흩어졌다. 해가 나무에서 죽음의 갑옷인 얼음을 서서히 벗겨 감에 따라, 산 전체에서 살랑거리고 소곤거리는 소리들이 되살아났다.[19]

해가 머리 위에 높이 뜰 때까지 아름답게 바뀌는 풍경에 눈을 모으고 귀를 기울이던 두 사람은 일어서서 왔던 길을 도로 내려갑니다. 야생 칠면조 함정에 도착했을 때쯤에는 아직 함정이 보이지도 않는데 칠면조 소리부터 들립니다. 칠면조들이 구덩이에 빠진 것입니다. 제 놈들도 어지간히 놀랐던지 연신 꽥꽥거리며 소리를 질러 대고 있었습니다.

"할아버지, 입구가 꽉 막힌 것도 아니잖아요? 그냥 머리를 숙이기만 하면 나올 텐데 왜 안 나오죠?"

할아버지는 배를 깔고 엎드린 채 구덩이 속으로 손을 집어넣어 커다란 칠면조 한 마리를 끄집어내서, 끈으로 발을 묶고 난 뒤에 인디언 꼬마를 보며 말합니다.

"칠면조란 놈들도 사람하고 닮은 데가 있어. 지가 뭐든지 다 알고 있는 것처럼 행세하는 것이지. 자기 주위에 뭐가 있는지 내려다보려고 하질 않아. 언제나 머리를 꼿꼿하게 쳐들고 있는 바람에 아무것도 배우질 못하는 거지."

할아버지는 다시 구덩이 속에 머리를 넣고는 다른 칠면조들을 모두 꺼내 땅바닥에 늘어놓았는데 모두 여섯 마리입니다. 할아버지는 그놈들을 손가락으로 가리키면서 말합니다.

"나이는 대충 다 비슷한 것 같다. (중략) 볏 두께를 보면 나이를 알 수 있거든. 우리는 세 마리만 있으면 충분하니까, 네가 골라 보렴."

인디언 꼬마는 그놈들 주위를 빙 돌기도 하고, 땅바닥에 털썩 주저앉아서 한 놈 한 놈 자세히 관찰하고 비교한 끝에 가장 작은 놈 세 마리를 집어냅니다. 할아버지는 커다란 세 마리를 풀어 줍니다. 가장 크고 좋은 놈이 아니라 가장 작고 못난 놈을 잡아 가자는 것입니다. 할아버지는 풀려난 놈들이 날개를 파닥거리며 신나게 달아나는 모습을 보며 말합니다.

이게 자연의 이치란다. 누구나 자기가 필요한 만큼만 가져야 하는 거지. 사슴을 잡을 때도 제일 좋은 놈을 잡으려 하면 안 돼. 작고 느린 놈을 골라야 남은 사슴들이 더 강해지고, 그렇게 해야 우리도 두고두고 사슴고기를 먹을 수 있는 거야. 흑표범인 파코들은 이런 이치를 잘 알고 있지. 너도 꼭 알아 두어야 하고.[20]

사냥할 때는 제일 좋은 놈은 놔두고 작고 느린 놈을 골라야 하고, 그것도 꼭 필요한 만큼만 가져야 한다는 것입니다. 그래야 제일 좋은 놈들이 잘 자라서 두고두고 사냥거리를 제공한다는 것입니다. 요샛말로 하면 지속가능한 성장이라는 것입니다. 그런데 꿀벌인 티비들은 그렇지 않다면서 할아버지는 웃음을 터뜨리며 말합니다.

꿀벌인 티비들만 자기늘이 쓸 것보다 많은 꿀을 저장해 둔단다. 그러니 곰한테도 빼앗기고, 너구리한테도 빼앗기고, 우리 인간들한테도 빼앗기지. 그놈들은 언제나 자기가 필요한 것보다 더 많이 쌓아 두려고 하는 사람들하고 똑같지. 뒤룩뒤룩 살찐 사람들 말이야. 그런 사람들은 그러고도 또 남의 걸 빼앗으려고 하지. 그래서 전쟁이 벌어지고, 전쟁이 벌어진 뒤에는 길고 긴 협상이 시작되고. 조금이라도 자기 몫을 더 차지하려고 말이야. 그들은 자기가 먼저 깃발을 꽂았기 때문에 그럴 권리가 있다는 거지. 사람들은 그놈의 말과 깃발 때문에 서서히 죽어 가는 셈이야. 하지만 그들도 자연의 이치를 바꿀 수는 없는 법이란다.[21]

말씀을 마친 할아버지는 남은 세 마리 가운데 두 마리를 어깨에 짊어지며 말합니다.

"나머지 한 마리는 네가 가져갈 수 있지?"

"예, 할아버지."

칠면조 한 마리를 짊어진 꼬마 인디언은 할아버지를 따라 산길을 내려옵니다. 칠면조가 무거웠지만 어깨를 누르는 무게조차 기분 좋게 느껴졌습니다. 누구나 자기가 필요한 만큼만 가져야 한다는 자연의 이치를 배웠기 때문입니다. 할아버지가 자신의 몸으로 몸소 보여 주신 본보기를 통해서 말입니다. 이런 것이 참된 의미의 가르침 아닐까요?

교육의 진짜 의미

교육敎育에서의 육育 자는 '아이 낳을' 돌ㅊ과 '살덩어리' 육肉이 합쳐진 글자입니다. 돌ㅊ은 본래 아기子를 거꾸로 한 모양으로 아기가 어머니 태내胎內에서 나오는 모양을 본뜬 글자라고 합니다. 육肉은 '살'을 뜻하기도 하고 '크게 저민 고기'를 뜻하기도 하는 글자입니다. 육肉의 바깥은 커다란 덩어리로 된 고기 모양이고, 가운데 두 획은 고기의 살결을 본뜬 글자인데, 육肉을 여자의 몸으로 풀이하기도 합니다. 그래서 육育은 아기를 밴 엄마의 몸을 가리키기도 하고, 어머니 몸에서 아기가 태어난다는 뜻이기도 합니다.

육育이라는 글자의 윗부분인 돌ㅊ이 본래 아기子를 거꾸로 한 모양이라는 풀이에 착안해서 육育을 아이가 엄마 배 속에서 순탄하게 출산하지 못할 정도로 구부려있거나 뒤집어져 있는 것을 바로잡아 출산하는 것이라고 풀이하기도 합니다. 이럴 경우, 육育은 '아이를 낳다'는 뜻과 함께 '배 속에서 제자리를 잡지 못하고 뒤집어져 있는 아기가 순탄하게 출산하도록 아이 자세를 바로잡아 준다'는 뜻이라고도 하겠습니다.

옛날에는 '기르다'는 뜻으로 육毓이라는 글자를 썼다고 합니다. 이때의 육毓은 매每와 류㐬가 합쳐진 글자로, 매每는 아기人가 어머니母 젖을 매번 먹는다는 뜻이고, 류㐬는 아기子를 거꾸로 한 모양인 돌厶과 양쪽 언덕 사이로 물이 흐르고 있는 모양을 본뜬 천川 글자로 갓 태어난 아기를 물로 씻어 내리는 의식儀式을 뜻하는 글사라고 힙니다.[22] 육育이든 육毓이든 모두 어머니 몸에서 아기가 태어난다는 뜻이었는데, 세월이 흐르면서 '기르다', '자라다'는 뜻으로 발전했다고 하겠습니다. 허신은 『설문해자』에서 육育을 다음과 같이 풀이합니다.

育 養子使作善也 从厶 肉聲

육育은 자식子을 길러養 선善하게 만드는 것이다. 돌厶이라는 글자의 뜻을 따르고 육肉은 음성音聲을 나타낸다.[23]

단순히 아이를 낳거나 기르는 것이 아니라 자식을 길러 선하게 만드는 것이 육이라는 말입니다. 다시 말해 육은 선하지 못한 자식을 선하게 만드는 것입니다. 어떻게 가능할까요? 허신은 맹자의 말을 빌려 이렇게 설명합니다.

孟子曰 中也養不中 才也養不才 故人樂有賢父兄也 如中也棄不中
才也棄不才則賢不肖之相去 其間不能以寸

맹자께서 말씀하셨다. 중용正中을 실천하는 이가 중용을 실천하지 못하는 이를 길러 주고, 재능을 가진 이才가 재능이 없는 이不才를 길러 주어야 한다. 그런 까닭에 사람들은 현명한 아버지와 형이 있는 것을 즐거워한다. 만약 중용을 실천하는 이가 중용을 실천하지 못하는 이를 버리고, 재능 있는 이가 재능이 없는 이를 버리게 되면, 현명한 이賢와 못나고 어리석은 이不肖 사이의 거리는 그 간격이 한 치寸도 되지 않을 것이다.[24]

중용을 실천하지 못하는 사람을 길러 주는 것이 곧 중용을 실천하는 것이고, 재능을 갖지 못한 사람을 길러 주는 것이 곧 훌륭한 재능이라는 것을 역설처럼 주장하는 말입니다. 『맹자』를 집주集註한 주희(朱熹, 1130~1200)에 따르면, 지나침過과 미치지 못함不及이 없는 것을 중용中이라 하고, 무엇인가 할 수 있는 것有爲을 재능才이라 합니다. 기른다養는 말은 함육涵育하고 훈도薰陶해서 스스로 교화되기를 기다린다는 뜻입니다. 함육은 능력이나 품성 따위를 길러 쌓는 것이고, 훈도는 덕으로 사람의 품성이나 도덕 따위를 가르치고 길러 선하게 만드는 것입니다. 현賢은 중용中을 실천하는 재능才 있는 사람을 말합니다. 훌륭한 아버지와 형이 있는 것을 좋아하는 것은 그들이 끝내는 자신을 훌륭한 사람으로 만들어 줄 수 있음을 즐겁게 생각하기 때문입니다.[25]

아버지와 형이라는 사람들 중에 자식이나 동생들이 현명하게 되기를 바라지 않는 사람은 없을 것입니다. 하지만 너무 성급하게 완성되기를 요구한다면, 자제들은 대부분 감당하기 어려워 괴로워하다가 오히려 과격하게 잘못을 저지르는 지경에 이를 수 있습니다. 아버지와 형이라는 사람이 자식이나 동생이 현명하지 못하다고 해서 가르칠 수 없다고 성급하게 내친다면, 그들 자신도 중용에서 벗어나고 재능이 없다는 것을 스스로 보여 주게 됩니다. 세상에서 말하는 중용을 실천하는 사람과 재주 있는 사람들이 그렇지 못한 사람들을 기른다고 한 것은 평생토록 훈도하고 차츰차츰 가다듬어서 자기도 모르는 사이에 자연스럽게 선해지도록 하려는 것입니다. 급히 서두르다가 실패하게 되면 현자와 어리석은 사람의 거리는 멀지 않다는 것입니다. 맹자는 또 말합니다.

孟子曰 食而弗愛 豕交之也 愛而不敬 獸畜之也 恭敬者 幣之未將
者也 恭敬而無實 君子不可虛拘

맹자께서 말씀하셨다. 먹이기만 하고 사랑하지 않으면 돼지로 사귀는 것이고, 사랑하기만 하고 공경하지 않으면 짐승으로 기르는 것이다. 공손恭하고 경건敬하다는 것은 예물을 아직 바치기 전에 갖추어져 있어야 하는 것이다. 공손하고 공경하되 진실함實이 없으면 군자가 헛되게 붙잡혀서는 안 된다.[26]

예수께서 "네 이웃을 네 몸같이 사랑하라"고 말했습니다. 사람을 대할 때 순수한 본마음本心을 가지고 자기 몸을 사랑하는 것처럼 그 사람을 사랑해야 합니다. 자기 몸을 사랑하는 것처럼 사랑하지 않는 것은 순수한 본마음으로 대하는 것이 아니라는 것인데, 맹자는 여기서 한 걸음 더 나갑니다. 사랑만으로는 안 되고 공손하고 경건한 마음으로 사랑해야 하고, 공손하고 경건한 마음에 진실이 담겨 있어야 한다는 것입니다.

잘 먹이기만 하고 사랑하지 않으면 돼지처럼 여겨 대접하는 것과 똑같고, 사랑하면서도 공경하는 마음이 없으면 짐승을 기르는 것과 똑같습니다. 돼지는 단지 푸줏간에 채워 식용으로 잡아먹기 위해 먹여 줄 뿐이고, 개나 말은 단지 부려 먹기 위해 먹여 줄 뿐입니다. 이용가치가 있어서 대접해 줄 뿐이지 진심으로 사랑하고 존중하는 것이 아닙니다. 사람을 애완동물 대하듯 해서는 안 됩니다. 사랑하고 존중하지도 않으면서 잘 먹여 주고 입혀 주고 재워 주기만 하는 것은 단지 물질로만 베풀어 주는 것입니다. 사람에 대한 배려가 전혀 없는 것입니다.[27] 무엇보다 먼저 사람에 대한 배려가 있어야 하고, 그런 배려가 진실해야 합니다. 진실이 전제돼 있지 않은 사랑과 존경은 겉으로만 사랑하고 존경하는 형식에 지나지 않습니다.

자식을 기르는 것도 마찬가지 입니다. 내 새끼라고 그저 잘 먹이기만 하고 잘 입히기만 할 뿐 사랑과 존중이 없어서는 안 됩니다. 자식은 개나 고양이 같은 애완동물이 아니라 사람인 까닭에 사랑하고 존중하는 것이 더 필요하고 중요합니다. 진실이 담겨 있는 사랑과 존중 말입니다. 진실이 담겨 있다는 것은 무슨 말일까요? 겉으로만 드러나는 사랑과 존중이 아니라 알맹이가 있는 사랑과 존중이어야 한다는 것입니다. 자식이 진실로 선하고 훌륭한 사람으로 자랄 수 있는 여건과 환경을 만들어 주라는 것입니다. 맹자 어머니가 자식의 교육을 위해 세 번이나 이사를 다닌 것처럼 남한테 보여 주기 위한 사랑이 아니라 오로지 자식을 훌륭한 사람으로 키우기 위한 사랑이고 존중이어야 한다는 것입니다.

요컨대, 교육教育의 교教는 윗사람이 실제로 하는 행동을 통해 아랫사람이 본받게 하는 것이고. 육育은 아이를 잘 길러서 선한 사람으로 만드는 것입니다. 요샛말로 하면, 윗사람이 본보기를 보여 아랫사람이 따르게 만드는 것이 교이고, 아이를 훌륭한 사람으로 만들어 세상에 나온 보람을 갖게 해 주는 것이 육입니다. 교육은 먼저 윗사람이 본보기를 보여 주어 아랫사람이 따라하게 하는 것입니다. 진실한 마음이 담겨 있는 사랑과 존중으로 아랫사람을 훌륭한 사람으로 만드는 것입니다. 옛 성현들의 말처럼 먼저 자기를 완성해서 남들까지 완성시켜 주는 것이 진정한 의미의 교육인 것입니다.

/ 4 /

인성교육이란
무엇인가

사람과 짐승의 차이

교육은 윗사람이 본보기를 보여 주고 아랫사람이 따라하게 하는 것입니다. 진실한 마음이 담겨 있는 사랑과 존중으로 아랫사람을 훌륭한 사람으로 만드는 것입니다. 인성교육이 인성에 대한 본보기를 보여 주어 아랫사람을 훌륭한 사람으로 만드는 것이라면, 어떻게 하는 것일까요? 도대체 인성에 대한 본보기를 보여 준다는 것은 무슨 말일까요? 인성교육을 통해 보여 주어야 하는 인성은 무엇일까요? 이런 물음에 대답하기 위해 우리는 지금부터 인성이 무엇인지 살펴보기로 하겠습니다.

인성人性은 글자 그대로 사람人의 성품性을 말합니다. 신의 성품을 신성神性이라 하고, 짐승의 성품을 수성獸性이라 하듯이, 인성은 사람의 성품을 가리키는 말입니다. 신의 성품도 아니고 짐승의 성품도 아닌 사람의 성품이 인성입니다. 사람의 성품이란 무엇일까요? 사람을 사람답게 해 주는 성품이고, 사람을 짐승과 구별시켜 주는 성품이 인성입니다.[1]

사람을 사람답게 해 주는 성품은 무엇일까요? 과연 사람을 짐승과 구별시켜 주는, 사람만의 성품이라는 것이 있을까요? 있다면, 그것은 과연 무엇일까요? 이런 물음에 대해 맹자(孟子, 서기전 372?~289?)는 이렇게 대답합니다.

> 人之所以異於禽獸者幾希 庶民去之 君子存之
> 사람이 금수禽獸와 다른 점이 아주 적어서, 서민들은 그 차이를 버리고 군자만 그 차이를 보존한다.[2]

사람과 짐승의 차이가 거의 없어서 많은 사람들이 그런 차이를 보존하지 못한 채 짐승처럼 살아간다는 것입니다. 겉모습만 사람이지 실제로는 짐승과 다를 것이 없다는 것입니다. 짐승 같은 놈이라는 소리를 듣고, 더 심하게는 짐승만도 못한 놈이라는 욕을 먹는 것처럼 말입니다. 사람답게 사는 일이 그만큼 어렵다는 말일 것입니다. 오로지 훌륭한 인격을 갖춘 군자만이 짐승과 다른 차이를 보존할 정도로 말입니다.

사람과 짐승의 차이가 거의 없다는 맹자의 주장을 뒷받침해 주는 연구가 있습니다. 현대 과학의 총아라고 부르는 분자생물학에서 인간과 가장 가깝다는 유인원인 침팬지, 보노보, 고릴라와 인간의 유전자 거리를 연구한 것입니다.[3] 연구 결과는 어떻게 나왔을까요? 침팬지와 보노보의 DNA가 99.3% 같고, 침팬지와 보노보와 인간은 98.4% 같으며, 고릴라와 인간은 97.7%가 똑같습니다.

침팬지를 기준으로 볼 때, 보노보와 인간 그리고 고릴라의 순서로 침팬지와 가깝습니다. 이것은 무슨 말일까요? 인간은 침팬지와 보노보에 이은 세 번째 침팬지로 보아야 한다는 것입니다. 왜냐하면 인간이 고릴라보다 침팬지와 더 가깝기 때문입니다. 인간과 고릴라의 DNA는 2.3%가 다른데, 인간과 침팬지는 1.6%만 다르지 않습니까? 사람과 짐승의 차이가 거의 없다고 한 맹자의 주장이 참으로 그럴듯하게 들리는 연구 아닐까요?

어떤 이는 인간이 단지 털 없는 원숭이에 지나지 않는다고 주장합니다. 지구에 살고 있는 193종의 원숭이와 유인원 가운데 192종은 온몸이 털로 덮여 있는데, 호모 사피엔스라는 별종 원숭이만 털이 없다는 것입니다.[4] 털 하나만 빼고 나면 인간이 원숭이와 다를 것이 하나도 없다는 것입니다. 인간을 무척이나 깔보는 말이라 할 수 있는데 과연 그럴까요? 정말로 인간은 털 없는 원숭이에 지나지 않는 걸까요? 문득 프랑스의 철학자이자 수학자로 유명한 파스칼(Blaise Pascal, 1623~1662)이 한 말이 생각납니다.

> 인간은 한 줄기 갈대에 지나지 않는다. 자연 가운데에서 가장 연약한 존재이다. 그러나 그는 생각하는 갈대이다. 그를 짓눌러 버리는 데는 우주 전체가 무장할 필요도 없다. 그를 죽이는 데는 한 줄기의 증기와 한 방울의 물로도 충분하다. 그러나 우주가 그를 짓눌러 버릴지라도 인간은 자기를 죽이는 것보다 더 한층 고귀하다. 그는 자기가 죽는다는 것과 우주가 자기보다 위대한 힘을 갖고 있다는 것을 잘 알고 있지만, 우주는 그것을 하나도 모르기 때문이다.[5]

인간은 끝없이 넓은 우주 가운데 홀로 서 있는 하나의 갈대에 지나지 않는다는 것입니다. 조그마한 바람에도 흔들리는 갈대처럼 한없이 연약한 존재, 한 줄기의 증기와 한 방울의 물로도 충분히 죽일 수 있는 존재가 인간입니다. 하지만 인간은 그냥 갈대가 아닙니다. 인간은 생각을 통해 우주를 끌어안을 수도 있는 위대한 존재입니다. 공간으로 치면 우주는 인간을 하나의 점으로 감싸지만 인간은 사고의 힘으로 우주를 감쌉니다. 인간은 생각을 통해 어떠한 어려움도 이겨 낼 수 있는 자유스러운 존재가 될 수 있습니다. 인간은 자신이 차지하고 있는 공간이 아니라 사고 때문에 위대한 존재인 것입니다. 올바르게 생각하고, 생각하는 것을 또 생각하는 능력이야말로 인간을 인간답게 해 주는 존엄성을 지켜 주는 길목입니다. 생각하지 않으면 인간도 아니라는 말일 수도 있습니다.

그리스 철학자 아리스토텔레스(Aristoteles, 서기전 384~322)도 똑같이 주장합니다. 그에 따르면 이 세상에 존재하는 만물은 무생물과 생물로 나눠집니다. 생물은 다시 식물과 동물 그리고 인간으로 나눠지는데,[6] 생물은 모두 생물이 살아가는 힘이나 능력을 뜻하는 영혼을 갖습니다. 좁은 의미의 영혼은 영양분 흡수와 소화 능력, 생식과 성장 능력을 포함하는 영양 섭취 능력을 말하고, 넓은 의미의 영혼은 영양 섭취 능력에다 감각과 지각, 욕망과 이성 능력까지 포괄합니다.

아리스토텔레스에 따르면, 영혼을 가진 생물 가운데 식물은 영양 섭취 능력을 지니고, 동물은 감각과 욕구 능력까지 갖고 있으며, 인간은 사고 능력까지를 갖습니다. 영양 섭취 능력과 감각 능력 그리고 욕구 능력에다 사고 능력까지 가지고 있으니, 인간이야말로 우주에서 가장 위대한 존재가 될 수밖에 없습니다. 죽음보다는 삶이 더 좋은 것이므로 무생물보다는 생물이 더 좋습니다. 생물 가운데도 식물보다는 동물이 더 좋습니다. 식물과 달리 동물은 움직일 수 있기 때문입니다. 동물 가운데서는 인간의 삶이 가장 훌륭합니다. 인간만이 식물이나 다른 동물들은 갖고 있지 못하는 사고 능력을 갖고 있기 때문입니다.

사고 능력이야말로 인간만이 가진 본성으로 인간을 행복하게 해 주는 가장 고귀하면서도 가장 신령스러운 능력입니다.[7] 인간은 생각하는 갈대인 까닭에 우주에서 가장 위대한 존재가 된다고 파스칼이 말했던 것처럼 말입니다.

사람의 자유의지

사고 능력은 무엇을 말하는 것일까요? 도대체 무엇을 생각하기에 인간이 가장 고귀한 존재가 된다는 것일까요? 맹자와 비슷한 시대에 활동했던 순자(荀子, 서기전 298~238)에 따르면, 물과 불 같은 무생물은 기는 있지만 생명은 없습니다. 풀과 나무 같은 식물은 생명은 있지만 지각은 없습니다. 짐승은 지각이 있는 동물이지만 도의義가 없습니다. 그렇다면 사람은 어떻습니까? 사람은 기가 있고 생명이 있으며, 지각이 있고 도의가 있습니다. 짐승과 달리 도의를 가지고 있기 때문에 천하에서 가장 귀하다고 순자는 말합니다.

> 力不若牛走不若馬而牛馬爲用何也 曰 人能羣 彼不能羣也 人何以
> 能羣 曰分 分何以能行 曰義 故義以分則和 和則一 一則多力 多力
> 則彊 彊則勝物
>
> 사람의 힘은 소牛만 못하고 달리기는 말馬만 못한데 소나 말이 사람한테 부림을 당하는 것은 무슨 까닭인가? 사람은 무리를 지어 살 수 있는데, 소와 말은 무리 지어 살 수 없기 때문이다. 사람은

어떻게 무리 지어 살 수 있는가? 분별分을 통해서다. 어떻게 분별할 수 있는가? 의義를 통해서이다. 의로 분별하면 화합和이 되고, 화합이 되면 하나로 뭉치며, 하나로 뭉치면 힘이 많아진다. 힘이 많아지면 강해지고, 강하면 만물을 이겨 낼 수 있다.[8]

근육의 힘으로 따지면 사람은 소나 말 같은 짐승보다 못하지만 짐승을 부립니다. 사람이 짐승보다 힘이 약한데도 오히려 짐승을 지배한다는 것입니다. 사람은 여럿이 모여 협동하는 생활을 하기 때문입니다. 어떻게 할까요? 저마다 자신의 신분에 맞는 일을 찾아서 합니다. 도의에 맞게 신분 질서를 유지하는 것입니다.[9] 요샛말로 하면 사회가 정당하고 합당한 분업체계로 구성된다는 것입니다. 짐승은 지각까지만 갖고 있으나, 사람은 지각뿐만 아니라 도의라는 도덕관념에 따른 자유의지free will를 가지고 있기 때문인데, 바로 그런 도덕관념이 인간을 이 세상에서 가장 귀한 존재로 만드는 것입니다.

다시 한번 말하지만, 사람이 살아간다는 점에서는 짐승과 다른 점이 거의 없습니다. 짐승과 똑같이 먹고 똑같이 잠을 자며 똑같이 숨을 쉬며 살아갑니다. 하지만 사람은 짐승과 다릅니다. 때로는 짐승만도 못한 놈이라는 손가락질을 받기도 하지만 사람은 짐승 이상의 존재입니다. 사람은 단순한 쾌락을 위해서 살 수도 있고, 숭고한 도덕 가치를 위해 살 수도 있는 존재이기 때문입니다. 짐승은 본능에 따라 주어진 환경에 적응해야만 살 수 있지만 사람은 주어진 환경의 벽을 깨뜨리고 벗어날 수 있는 존재입니다. 짐승은 '주어진 존재'로만 살아가지만, 사람은 '만들어 가는 존재'로 살아갑니다.

> 인간은 세상을 향해 열려 있는 존재이다. 세상에 열려 있지 않고, 주어진 환경에 얽매인 짐승과 인간은 다르다. 인간은 자신을 둘러싸고 있는 환경의 장벽을 깨뜨릴 수 있는 존재이다.[10]

사람은 세상을 향해 열려 있는 존재입니다. 얼마든지 자신의 삶을 만들 수 있는 존재입니다. 심지어는 자신의 삶을 스스로 그만둘 수도 있습니다. 인간은 짐승과 달리 도덕 가치를 향한 자유의지自由意志를 가지고 있기 때문입니다. 자유의지야말로 인간이라는 존재의 특권입니다. 물론 인간이 어떤 조건에서도 완전히 자유로운 것은 아닙니다. 누구나 피할 수 없는 운명을 갖고 있는 것처럼, 피할 수만 있으면 피하고 싶은 고통과 시련을 겪습니다. 하지만 피할 수 없는 시련과 고통이라고 해서 그냥 주저앉고 마는 것이 아닙니다. 그대로 절망하고 좌절하는 것이 아니라 그 안에서도 무언가를 찾습니다. 어떤 조건을 완전히 피할 수 있는 자유는 없지만, 어떤 조건에서든 삶의 의미를 찾을 수 있는 자유가 있기 때문입니다.

> 이 세상을 떠난 뒤에 선택하고픈 삶의 방식이 있다면, 지금 당장이라도 그런 삶을 살 수 있다. 그러나 주변 여건이 그렇지 못하다

면 조용히 삶을 버리되, 어떤 불운을 겪는 것처럼 굴지 마라. 때가 되니 나는 떠난다. 그게 뭐 그렇게 대수로운 일인가? 그러나 그런 일이 나를 내쫓지 않는다면 나는 자유인으로 머물 것이다. 아무도 내가 하는 것을 막지 못할 것이다. 그리고 나의 의지는 이성에만 따를 것이다.[11]

비탄에 빠질 때조차 행복을 끌어낼 수 있는 존재, 희망이라고는 아무것도 없는 황무지에서도 아름다운 꽃을 피워 내는 고귀한 존재가 인간입니다. 바로 도덕관념에 따른 자유의지 때문인데, 그런 도덕관념을 생각할 수 있는 사고 능력이 바로 사람을 사람답게 만들어 주는 인성人性입니다.

천명의 두 가지 뜻, 사명과 운명

사람을 사람답게 만들어 주는 인성의 성性은 '마음' 심忄과 '태어날' 생生이 합쳐진 말입니다. 글자 그대로 풀이하면 사람이 태어날 때 '타고난 마음'이라는 뜻이 됩니다.[12] 사람이 태어날 때 가지고 나온 마음이라는 것입니다. 유가儒家의 경전 가운데 하나인 『중용中庸』에서는 그런 마음을 다음과 같이 설명합니다.

天命之謂性 率性之謂道 修道之謂敎

하늘이 부여한 것을 일러 성性이라 하고, 성을 따르는 것을 도道
라 하고, 도를 닦는 것을 교敎라 한다.[13]

『중용』을 시작하는 구절로, 성性은 하늘이 부여한 것, 곧 천명天命이
성이라는 것입니다.[14] 그런 성에 맞게 사는 것이 도이고, 하늘이 부여한
성에 따라 살도록 도를 닦아 주는 것이 교입니다. 여기서 교는 우리가
말하는 교육을 가리키고, 성은 인성人性을 가리키며, 도는 길을 가리킨
다고 말할 수 있으니, 『중용』을 시작하는 이 구절은 오늘날 우리가 말
하는 인성교육의 방향을 제시해 주는 신인이리 히겠습니다.[15] 인성性에
따라 살아가도록 길道을 열어 주고 닦아 주는 것이 교육敎이라는 말인
데, 공자는 그런 인성에 대해 다음과 같이 말합니다.

性相近也 習相遠也

성性은 서로 비슷하나 습習은 서로 멀어진다.[16]

타고난 마음인 성은 사람이 태어난 뒤에 겪거나 배워서 갖춘 것이
아니라 태어날 때 하늘이 내려 준 마음입니다. 하늘이 내려 준 마음은
누구나 똑같이 가지고 태어납니다. 하늘은 누구를 더 예뻐하거나 미워
하지 않고 모두 똑같이 사랑하기 때문입니다. 부모가 자식을 똑같이 사
랑하는 것처럼 말입니다. 공장에서 만들어 낸 거울들이 처음에는 모두

똑같이 맑고 깨끗한 것처럼, 타고난 마음인 성도 모두 비슷합니다. 하지만 처음에는 서로 비슷했던 거울들도 사람들이 어떻게 사용하고 관리하느냐에 따라 달라집니다. 어떤 거울은 처음과 비슷하게 여전히 깨끗한 상태로 남고, 어떤 거울은 못 쓰게 될 정도로 더러워지며, 어떤 거울은 깨져서 아예 버려야 합니다. 타고난 마음도 똑같습니다. 처음에는 서로 비슷하지만 사람이 살아가면서 그 마음을 어떻게 쓰느냐에 따라 서로 다른 습관을 가지게 됨으로써 인간성이 왜곡된다는 것입니다.[17] 어렸을 때 못된 짓을 하면, 엄마가 "저 애가 본래는 착한 아이였는데 왜 저러는지 모르겠다"며 한숨을 쉬곤 하지 않습니까? 바로 성性은 비슷하지만 습習이 멀어진다는 말입니다.

그렇다면 타고난 마음인 성은 어떻게 구성되었고, 어떻게 작용하는 것일까요? 이런 물음에 대해 공자는 별다른 말을 하지 않았습니다. 공자가 성에 대해 말씀하시는 것을 얻어들을 수 없었다고 자공子貢이 말했던 것처럼[18] 공자는 성에 대해 분명하게 언급한 적은 없습니다. 그 대신 공자의 사상을 계승했다는 맹자가 아주 명쾌하게 설명합니다.[19]

맹자는 먼저 하늘의 명령인 천명天命을 두 가지 뜻으로 씁니다. 하나는 사명使命이고, 다른 하나는 운명運命입니다. 운명은 내가 어찌하지 못하는 힘으로 나에게 주어진 조건이나 상황을 가리키고, 사명은 내게 맡겨진 임무로 내가 해야 할 일을 뜻하는데, 사명 가운데 가장 대표가 되는 것이 선한 성善性입니다. 하늘이 우리 인간에게 선한 성을 실현하라고 명령했다는 것입니다. 그런데 여기서 한 가지 재미있는 사실이 있

습니다. 하늘은 우리 인간에게 선한 성을 실현하라는 사명을 맡겼으면
서도 다른 한편으로 그런 사명의 실현을 가로막는 여러 가지 상황까지
만들어 놓았다는 것입니다. 사람의 힘으로 도저히 피할 수 없는 상황
이나 조건들을 만들어 놓았는데, 그것이 바로 운명입니다.

> 口之於味也 目之於色也 耳之於聲也 鼻之於臭也 四肢之於安佚也
> 性也 有命焉 君子不謂性也 仁之於父子也 義之於君臣也 禮之於賓
> 主也 智之於賢者也 聖人之於天道也 命也 有性焉 君子不謂命也
> 입이 맛있는 것을 추구하고 눈이 아름다운 것을 따르며, 귀가 듣
> 기 좋은 소리를 따르고 코가 향기를 따르며, 팔다리가 편안한 것
> 을 따르는 것은 성性이지만 명命이 있기 때문에 군자는 그것을 성
> 이라 하지 않는다. 인仁이 아버지와 아들에게 있고, 의義가 임금과
> 신하에게 있으며, 예禮가 주인과 손님에게 있고, 지智가 현자에게
> 있으며, 성인이 천도에 머무는 것은 명命이지만 성이 있으므로 군
> 자는 그것을 명이라고 하지 않는다.[20]

명이 사명과 운명이라는 두 가지 뜻으로 쓰이듯이, 타고난 마음인
성도 두 가지 뜻으로 쓰입니다. 하나는 본능에 따른 욕구를 가리키는
것이고, 다른 하나는 인간만이 갖는 성품을 말합니다. 이를테면 입이
맛있는 음식을 좋아하는 것은 본능에 따른 욕구性이지만, 우리가 바라
는 대로 모두 충족시킬 수 없는 한계命가 있기 때문에 군자는 성性으로

여기지 않습니다. 타고난 본능이라고 무조건 따르지 않고, 자신이 놓여 있는 처지에 맞게 행동한다는 것입니다.[21] 한편 인의예지仁義禮智는 하늘이 인간에게 맡긴 사명이지만, 그것은 인간만이 갖는 성품이기 때문에 군자는 그것을 사명이라 하지 않습니다. 이게 무슨 말일까요?

이목구비耳目口鼻라는 감각기관의 작용은 사람이 태어날 때부터 가지고 나온 본능性이지만, 사람의 힘으로 모두 만족시킬 수 있는 것은 아닙니다. 천하거나 가난하게 살면 하고 싶어도 하지 못하는 것이 인간입니다. 귀하거나 부자가 되었다고 해서 다 할 수 있는 것도 아닙니다. 아무리 부자라도 진수성찬을 하루에 열 번, 백 번씩 먹을 수는 없는 법 아닙니까? 우리 몸이 받아들일 수 있는 한계가 있기 때문인데, 그것이 바로 명입니다. 게다가 천하거나 가난하게 되는 것이나 귀하거나 부유하게 되는 것도 모두 사람의 힘으로 어찌할 수 없는 운명입니다. 그런 까닭에 군자는 이목구비의 작용을 타고난 본능性이라며 무조건 따르는 것이 아니라, 자신이 놓여 있는 처지命에 맞게 주어지는 대로 따를 뿐입니다. 애써 추구하지 않습니다.

한편 인의예지仁義禮智의 작용은 하늘이 우리 인간에게 맡긴 사명命이지만 인간만이 갖는 특성性입니다. 다시 말해 그것은 짐승과 인간을 구별해서 인간을 인간답게 만들어 주는 특성이고, 게다가 사람이 의지를 가지고 노력하면 얼마든지 실현할 수 있는 것이기 때문에 군자는 그것을 하늘이 시켜서 마지못해 하는 사명이라고 하지 않습니다. 사람다운 사람이 되기 위해 기꺼이 노력할 뿐입니다.[22] 그것이 무엇일까요? 맹자는 이렇게 말합니다.

> 無惻隱之心非人也 無羞惡之心非人也 無辭讓之心非人也 無是非之
> 心非人也 惻隱之心仁之端也 羞惡之心義之端也 辭讓之心禮之端
> 也 是非之心智之端也 人之有是四端也 猶其有四體也
> 측은지심惻隱之心이 없으면 사람이 아니고, 수오지심羞惡之心이 없
> 으면 사람이 아니다. 사양지심辭讓之心이 없으면 사람이 아니고,
> 시비지심是非之心이 없으면 사람이 아니다.[23]

사람이 네 개의 팔다리四肢를 가시고 태어났듯이, 측은지심惻隱之心, 수
오지심羞惡之心, 사양지심辭讓之心 그리고 시비지심是非之心이라는 네 가
지 마음을 가지고 태어났고, 그런 마음을 가지고 태어났기 때문에 사람
답게 살 수 있다는 것입니다. 측은지심은 불쌍하고 가엾게 여기는 마음
을 말하고, 수오지심은 부끄러워하고 미워하는 마음을 말합니다. 사양
지심은 겸손하게 양보하는 마음이고, 시비지심은 옳고 그름을 따져 가
리는 마음입니다. 맹자는 이 네 가지 마음을 본심本心 또는 적자지심赤
子之心이라고 불렀습니다. 타고난 마음本心은 낳은 지 얼마 되지 않아 세
상에 물들지 않은 어린아이의 마음赤子之心처럼 깨끗해서 참을 수 없는
마음不忍之心으로 드러난다는 것입니다.

사덕四德의 씨앗을 키우며

이제 사람이 타고난 네 가지 마음 가운데 측은지심을 가지고 생각해 봅시다. 측은지심은 불쌍하고 가엾게 여기는 마음이고 남의 고통을 보고 차마 고개를 돌리지 못하는 마음입니다. 이제 막 걸음마를 배우기 시작한 어린애가 우물에 빠지려는 것을 어떤 사람이 보았다고 합시다. 그러면 어떻게 할까요? 누구라도 깜짝 놀라 달려갈 것입니다. 왜 그럴까요? 왜 자기 아이도 아닌데 달려가서 구해 줄까요? 어린아이의 부모와 친하게 지내기 위해서 그럴까요? 아닙니다. 마을 사람들이나 친구들한테 칭찬받고 싶어서 그럴까요? 그것도 아닙니다. 그럼 어린아이를 구하지 않았다는 소리를 듣기 싫어서 그럴까요? 물론 그런 것도 아닙니다. 그렇다면 왜 그는 우물에 빠지는 아이를 구하려고 달려갈까요? 한마디로 말해서, 아무 생각 없이 달려간 것입니다. 깜짝 놀라고 안타까운 마음이 일어서 아무 생각 없이 어린아이를 구하려고 달려간 것입니다. 사람이라면 누구나 측은지심이라는 참을 수 없는 마음不忍之心을 가지고 태어났기 때문입니다. 나머지 세 마음도 마찬가지입니다.

人性之善也 猶水之就下也 人無有不善 水無有不下 今夫水搏而躍之 可使過顙 激而行之 可使在山 是豈水之性哉 其勢則然也 人之可使爲不善 其性亦有是也

인성이 선한 것은 마치 물이 아래로 향하는 것과 같다. 사람은 선하지 않음이 없고, 물은 아래로 향하지 않음이 없다. 이제 물을 쳐서 위로 솟구치게 하면 사람의 이마를 넘어서게 하고, 밀어서 거꾸로 흐르게 하면 산 위에 있게도 할 수 있다. 그렇지만 이것이 어찌 물의 성이겠는가? 외부의 힘이 그렇게 한 것이다. 사람도 선 하지 않게 할 수는 있지만, 그런 성도 역시 외부 힘으로 그렇게 된 것이다.[24]

위에서 아래로 흐르는 것이 물의 본성인 것처럼 선하게 태어난 것이 사람의 본성입니다. 가만 내버려 두면 아래로 흐르지 않는 물이 없는 것처럼 선하지 않은 사람은 없습니다. 손으로 물을 치면 이마 높이까지 튀어 오르기도 하고 물을 막아 거꾸로 흐르게 하면 산 위까지 이르게 할 수도 있지만 그것은 물의 본성이 아닙니다. 외부 형세에 따라 어쩔 수 없이 그렇게 되는 것입니다. 사람이 나쁜 일을 저질러 선하지 않게 되는 것도 똑같습니다. 그 사람의 본질이 처음부터 나빠서 그런 것이 아닙니다.

富歲 子弟多賴 凶世 子弟多暴 非天之降才爾殊也 其所以陷溺其心者然也

풍년이 든 해에는 젊은이들이 대부분 착실하지만 흉년이 든 해에는 대부분 거칠어진다. 이것은 하늘이 내려 준 재질이 이처럼 다른 것이 아니라 그들 마음을 빠져들게 하는 것이 그렇게 만드는

것이다.[25]

물이 외부 형세에 따라 어쩔 수 없이 본성을 어그러뜨리는 것처럼 사람이 선하지 않은 짓을 저지르는 것은 그의 본성이 아닙니다. 그 사람의 본질이 처음부터 나빠서 그런 것이 아니라 그가 처한 처지와 환경에 따라 어쩔 수 없이 그렇게 되는 것입니다. 아무리 선하게 태어나도 열악한 환경과 불리한 여건에 놓이게 되면 망가질 수밖에 없는 것이 사람의 성性입니다. 선하게 태어난 성은 완전히 결정된 결과가 아닙니다. 선하게 자랄 준비가 돼 있는 싹일뿐입니다. 여러 가지 여건과 도움이 갖춰져야 무럭무럭 자랄 수 있는 싹 말입니다.

側隱之心 仁之端也 羞惡之心 義之端也 辭讓之心 禮之端也 是非之心 智之端也 人之有是四端也 有其有四體也
측은하게 여기는 마음은 인仁의 단서端이고, 부끄러워하는 마음은 의義의 단서이다. 사양하는 마음은 예禮의 단서이고, 시비를 아는 마음은 지智의 단서이다. 사람에게 이런 네 가지 단서四端가 있는 것은 마치 사람에게 사지四體가 있는 것과 같다.[26]

측은지심, 수오지심, 사양지심, 시비지심이라는 네 가지 마음은 인의예지仁義禮智라는 네 가지 덕四德을 실현하는 실마리四端입니다. 측은하게 여기는 마음은 인이 아니라 인의 단서입니다. 저절로 인이 되는 것이 아니라 인으로 자랄 수 있는 싹일뿐입니다. 새롭게 돋아나는 싹이 모두 저절로 자라는 것이 아닙니다. 잘 자라기 위해서는 적당한 환경이 갖춰져야 하고, 적절한 보살핌이 있어야 합니다.

나머지 세 가지 마음도 마찬가지입니다. 네 가지 마음이 있다고 해서 저절로 인의예지가 실현되는 것이 아닙니다. 아무리 선한 싹이라도 열심히 보살피지 않으면 제대로 자랄 수 없습니다. 싹은 온 정성을 다해 보살피는 정도만큼만 자랍니다. 열심히 구하면 얻게 되고 버리면 잃어버리게 되는 것이 인간이 타고난 선한 인성입니다.

사람은 측은지심과 수오지심, 사양지심과 시비지심을 타고났기 때문에 인의예시의 네 가지 덕을 실현할 수 있습니다. 사람이 사람인 까닭은 바로 이 네 가지 마음에서 비롯되는 네 가지 덕목을 실현할 수 있기 때문입니다. 네 가지 덕을 실현할 수 있는 네 가지 마음이야말로 사람을 짐승과 구별시켜 주는 특성이고, 사람을 사람답게 만들어 주는 특성입니다.

하늘은 우리 인간에게만 측은지심과 수오지심, 사양지심과 시비지심이라는 네 가지 마음을 가지고 인의예지라는 덕목들을 완성하라는 사명을 맡긴 것입니다. 하늘은 우리 인간에게 선한 성性을 실현하라는 사명을 맡겼으면서도 다른 한편으로 그런 사명의 실현을 가로막는 여러 가지 상황까지 만들어 놓았다는 것입니다.

人之道也 飽食暖衣逸居而無敎則近於禽獸

사람이 따라야 할 도道가 있는데, 배불리 먹고 따뜻하게 입고 편안하게 쉬면서 가르침이 없다면 금수와 가깝게 된다.[27]

자꾸 되풀이하는 말이지만, 사람이 편하게만 살면서 교육을 받지 않는다면 짐승과 똑같이 됩니다. 아니 짐승만도 못하게 됩니다. 사람이 선한 성을 타고났지만 그것만으로 다 끝나는 것은 아닙니다. 선하게 타고난 성을 넓히고 채우기 해서는 태어난 뒤의 도덕 수양이 더욱 중요합니다. 좀 더 정확하게 말하면 타고난 성이 선한 것이 아니라 그것을 넓히고 채우는 일이 더욱 중요한데, 그것이 바로 오늘날 우리가 말하는 인성교육입니다. 인간을 인간답게 만들어 주는 교육 말입니다.

인간을 인간답게 해 주는 덕목으로는 예와 효, 정직과 책임, 존중과 배려, 소통과 협동이 있습니다. 이 여덟 가지 덕목이 교육에서 왜 필요한지, 이를 위한 지식은 어떻게 습득하고 실천하면 되는지를 소개하겠습니다.

2장

교육에 필요한
덕목과
실천 방법

/ 1 /

어떻게
예禮를 실천할 것인가

공자의 예는 무엇이 있을까

공자가 노나라 사구(司寇 : 법무부장관)가 되어 태묘太廟대제에 참가했을 때 일입니다. 태묘는 노魯나라의 개국시조開國始祖인 주공周公을 모시는 사당으로[1] 태묘대제는 노나라에서 거행되는 가장 크고 중요한 행사였습니다. 그런 까닭에 늘 많은 사람들이 와서 구경했는데, 이번에는 공자가 참석한다는 소식까지 퍼져 더 많은 사람들이 몰려들었습니다. 공자는 어렸을 때부터 예를 잘 안다고 소문난 인물이기 때문입니다.

드디어 대제가 시작되고 공자가 태묘에 들어가니, 많은 사람들의 눈이 그에게 쏠렸습니다. 그를 좋게 생각하는 사람이나 좋지 않게 생각하는 사람이나 모두 그의 행동 하나하나를 지켜보았습니다. 그런데 이게 웬일입니까? 공자가 태묘에 들어가서 하는 일이 고작 제관에게 물어보는 겁니다. 이 제기의 이름은 무엇입니까? 무엇에 쓰이는 것입니까? 어디로 갈까요? 어디에 앉을까요? 마치 아무것도 모르는 바보처럼 일마다 물어보기만 하는 것입니다. 참으로 한심스럽게 말입니다. 마침내 누군가가 그런 공자를 보고 말합니다. "누가 추인의 아들이 예禮를 안다고 했는가? 태묘에 들어가서 일일이 묻고 있잖아."[2] 공자가 예를 잘 안다고 해서 어떻게 하는지 구경하러 왔는데, 제관들보다 못하다는 조롱입니다.

명불허전名不虛傳이라는 말이 있습니다. 이름은 헛되이 전傳해지지 않는다는 말입니다. 명성이나 명예가 널리 알려진 데는 모두 다 그럴 만한 이유가 있는 법입니다. 그런데 공자는 영 아니라는 것입니다. 이름만 떠들썩했지, 사실은 아무것도 아니라는 말입니다. 아마 공자를 조롱하던 그 사람은 공자가 보이지 않는 곳에서 옆 사람에게 "평생 예를 배우고 가르쳤다더니, 도대체 뭘 배우고 가르쳤다는 거야? 혹시 사기꾼 아냐?"라며 낄낄거렸을 것이고, 공자의 제자 가운데 누군가가 그런 조롱을 들었을 것입니다.

그런 조롱을 아는지 모르는지, 공자는 제례의식의 사소한 것까지 경건한 자세로 묻고 또 물었고, 그런 가운데 종묘대제가 끝났습니다. 그를 조롱하던 사람들은 태묘에서 나오는 공자에게 다시 한번 손가락질했지만, 공자는 매우 만족한 얼굴로 온화한 미소를 띠면서 태묘 마당을 걸어 나가는데, 스승의 뒤를 따르던 제자가 가만히 속삭이듯 공자를 조롱하던 사람의 말을 전했습니다. 아무리 생각해도 이해가 되지 않았기 때문입니다. 제자는 조금은 분하고 속상하다는 듯이 속삭였습니다.

"선생님, 선생님은 종묘대제의 예에 대해 누구보다 잘 알고 계시지 않습니까? 그런데 왜 그렇게 묻기만 하신 것입니까? 이때야말로 선생님의 참모습을 보여 주실 수 있는 좋은 기회인데, 왜 그렇게 시골뜨기처럼 물어보시기만 하신 것입니까?"

요샛말로 하면 쪽팔려 죽겠다는 말입니다. 아마 제자가 이런 정도로 볼멘소리를 했다면, 아무리 점잖은 스승이라도 얼굴을 붉혔을 것입니다. 어쩌면 가던 걸음을 멈추고 돌아서서 성난 얼굴로 제자를 쏘아보았을 것입니다. 그런데 그런 볼멘소리에 대한 공자의 대답이 기가 막힙니다. 제자를 돌아보더니, 아무렇지도 않게 한마디 툭 던지는 것입니다.

"그렇게 하는 것이 바로 예다."

태묘에 들어갔으면 제관에게 하나하나 물어보는 것이 바로 예라는 것입니다. 이게 무슨 말일까요? 도대체 예가 무엇이기에 태묘에 들어갔으면 제관에게 일일이 물어보는 것이 예라고 말했을까요?

에티켓은 궁중예절

우리는 일상생활에서 예라는 말을 자주 씁니다. 예를 갖춘다거나 예를 올린다는 말에서 예의가 바르다거나 예의가 없다고 하는 말까지, 알게 모르게 예라는 말을 자주 씁니다. 그러면서도 예가 도대체 무엇이냐고 물으면, 누구나 알기 쉽게 대답하지 못합니다. 누구나 잘 알고 있는 것 같지만 누구도 제대로 알지 못하는 말이 예입니다.

도대체 예란 무엇일까요? 오늘날 예라고 하면, 우리는 흔히 서양에서 말하는 에티켓etiquette을 떠올립니다. 에티깃 있는 사람이 곧 예의 바른 사람이고, 예의 바른 사람이 곧 에티켓이 있는 사람이라는 것입니다. 에티켓은 또 무슨 말입니까? 에티켓은 '붙이다'라는 뜻을 가진 고대 프랑스어 동사 에스티케estiquer에서 나온 말입니다. 본래 '나무 말뚝에 표지나 표찰을 붙이다'는 뜻이었는데, 나중에 '상대방의 신분에 따라 달라지는 편지 형식'을 가리키는 명사로 사용되다가, 절대왕정 시대에 와서 '궁중의 각종 예법'을 뜻하는 말로 발전했습니다. 궁정인宮廷人이나 각국 대사大使의 지위나 서열을 정하고, 그에 따른 의식 절차를 정하는 것이 에티켓이라는 것입니다.[3]

'나무 말뚝에 붙이는 표지'라는 뜻에서 '궁중에서 쓰이는 예법'이라는 뜻으로 발전된 것인데, 그런 에티켓을 프랑스에 정착시킨 사람이 바로 루이 13세의 비妃였던 안 도트리시입니다. 1643년에 루이 13세가 죽고 루이 14세가 즉위했습니다. 바로 "짐은 국가이다"라는 말로 절대왕정의 정점에 앉았던 것을 과시했던 인물인데, 그런 루이 14세가 새로운 왕이 되었을 때 나이는 다섯 살밖에 되지 않았습니다. 어려도 너무 어린 나이였습니다. 안 도트리시는 추기경 마자랭과 함께 어린 왕 대신 나라를 다스리면서, 어린 왕의 권위를 세우고 국가의 기강을 잡는 틀로써 에티켓을 확립했던 것입니다.

다섯 살의 나이에 왕위에 오른 루이 14세는 1651년에 가서야 성인식을 치르면서 어머니의 섭정에서 벗어나 프랑스를 직접 통치하기 시작했고, 1682년에는 그 유명한 베르사유 왕궁을 완성하면서 복잡하고 세밀한 에티켓을 왕실 예법으로 정비해 귀족들이나 각국 대사들이 따르도록 했습니다. 절대 권력을 과시하는 동시에 충성과 복종을 유도하자는 것입니다. 궁정 예법의 세부 규정은 1691년 베르사유에서 루이 14세를 처음 알현한 뒤 33년 동안 함께 생활했던 생시몽 공작의 『회고록』에 잘 나와 있습니다. 만찬의 진행 순서, 좌석 배치와 각자 입을 옷, 취할 행동들이 하나하나 지정되었을 뿐 아니라 왕의 옷을 입히는 일과 세수를 시키는 일, 코를 풀게 하는 일까지도 모두 격식대로 정해졌고, 그 담당자도 제각기 따로 있었습니다. 모든 것이 에티켓에 따른 베르사유 궁정의 일과는 처음부터 끝까지 하나의 각본에 따라 움직이는 연극과 같았다고 합니다.

루이 16세에 이르러 에티켓의 엄격성은 많이 사라졌습니다. 게다가 시민혁명과 민주화의 영향으로 에티켓은 흔적조차 찾기 어렵게 되는 듯하더니, 나폴레옹이 1830년에 제정한 법령을 통해 다시 부활되면서 오늘날까지 국내공식의전國內公式儀典으로 사용되고 있습니다.[4] 19세기 말부터는 부르주아 사교계의 관례usage와 예의범절civilité이 확립되면서, 오늘날에는 일반인의 생활에 폭넓게 적용되고 있습니다.

예의 기원은 제사에서 비롯

오늘날 에티켓은 일상생활을 하면서 남을 대할 때 가져야 하는 마음가짐이나 태도를 말합니다. 게다가 요즘은 어른이나 직장상사 또는 고객에게 복종하고 봉사하는 매너manner를 에티켓으로 여기기도 합니다.[5] 각종 면접시험에서 응시자들은 예의 바른 모습을 보이기 위해 공손한 얼굴로 경직된 자세를 취합니다. 백화점의 판매원들은 고객들에게 예의를 깍듯하게 지킨답시고 아무 곳에나 존대어를 씁니다. 마치 하인이나 머슴처럼 굽실거리는 것이 예의라는 것입니다. 그러다 보니 예의는 점점 굴종과 억압을 상징하는 나쁜 이미지로 굳어지고 있습니다. 그런데 정말 그럴까요? 하인이나 머슴처럼 굽실거리는 것이 정말 예일까요? 도대체 예란 무엇일까요? 좀 더 정확하게 말해서, 공자가 말하는 예 또는 『논어論語』에서 말하는 예는 무엇일까요?

예는 제사에서 드러내는 절제된 마음과 표현을 일상생활에서도 그대로 드러내는 것입니다. 예는 제사 지낼 때 귀신을 대하듯 일상생활에서 만나는 남에게도 정성을 다하는 것입니다. 제사 지낼 때 경건한 마음을 절제된 몸짓으로 드러내듯이, 일상생활을 하면서 만나는 사람들을 공경하고 배려하는 마음을 겉으로 드러내는 것이 예입니다. 제사에서 비롯된 예가 일상생활에서 개인이 지켜야 하는 행동규범으로 발전한 것인데, 그것이 곧 서양에서 말하는 에티켓입니다.

우선 예의 기원은 귀신에게 음식을 바치는 제사에서 비롯되었다고 합니다. 예禮는 '보일 시示'와 '예 예豊'로 구성된 형성자形聲字[6]입니다. 보일 '시'는 다시 두 가지 뜻을 갖습니다. 하나는 '땅 귀신'이라는 뜻이고, 다른 하나는 귀신에게 바치는 제물祭物을 차려 놓은 제단의 모양을 본뜬 글자로 제물을 신에게 '보여 주다' 또는 '보이다'라는 뜻입니다. 예도 두 가지 뜻을 갖습니다. 하나는 감주甘酒를 담는 굽 달린 그릇 모양을 본뜬 글자로, '예를 집전할 때 사용하는 제기' 또는 '감주를 신에게 바치면서 복을 비는 의식'이라는 뜻입니다. 또 하나는 제기祭器인 두豆에 제물이 가득 담긴 모양을 본뜬 글자로, '신에게 제물을 바치고 복을 비는 제사의례'를 뜻합니다. 어떻게 해석하든 시와 예는 제사와 관련된 글자이고, 그에 따라 시示와 예豊가 합쳐진 예禮는 고내사회에서 복을 받기 위해 귀신을 섬기는 제사와 밀접하게 관련돼 있음을 알 수 있습니다.[7]

예는 제사에서 비롯된 글자입니다. 제사祭祀가 무엇입니까? 가장 간단하게 말해서, 죽은 조상을 비롯한 귀신들에게 음식을 정성껏 바치는 의식입니다. 모든 삶에는 뿌리가 있는 법, 우리 삶이 비롯된 근본을 잊지 않고 그 은혜에 감사드리는 의식이 제사입니다. 옛날에 집을 지을 때는 반드시 사당을 지어 조상의 신주神主를 모셔 놓고, 때마다 조상의 은혜에 감사드리는 제사를 지냈습니다. 그것만이 아닙니다. 아침에 일어나서 저녁에 잠들기까지 집안 대소사大小事를 사당에 알리는 의식을 중요하게 생각하고 실천했습니다. 우리의 삶은 혼자가 아니라 늘 조상과 함께하는 것이기 때문에 행동거지 하나라도 잘못해서 조상에게 누가 되지 않도록 조심하자는 것이었습니다.

옛날에 자주 썼던 욕 하나가 있습니다. '근본도 모르는 자식' 또는 '아비 어미도 없는 자식'이라는 말입니다. 버릇없이 구는 사람에게 하는 욕으로, 버릇없이 구는 개인뿐만 아니라 그의 부모와 조상까지 욕하는 것입니다. 어느 개인의 행위는 그 사람만의 행위로 그치는 것이 아니고, 그의 조상은 물론 후손으로 이어지는 집안에 대한 평가로 확대됩니다. 나는 나 혼자 덜렁 존재하는 것이 아니라, 내 부모님의 자식이고 내 자식들의 아버지요, 어머니로 존재하는 것입니다. 가족은 모든 구성원의 운명을 같이하는 공동체이고, 제사는 그런 공동체를 하나로 묶어 주는 의식이고 의례입니다.

예를 실천하는 방법

조상의 은혜에 감사드리는 제사에서 가장 중요한 것이 무엇일까요? 풍성하게 차려 놓은 제사상일까요? 아닙니다. 풍성하게 차려 놓은 제사상도 중요하지만, 그것보다 더 중요한 것이 있습니다. 바로 경건한 마음으로 정성을 다하는 것입니다. 제사상을 아무리 풍성하게 차려 놓아도, 경건한 마음이 없으면 아무 소용이 없습니다.

이제 내가 가장 좋은 길을 여러분에게 보여 드리겠습니다. 내가 사람의 모든 말과 천사의 말을 할 수 있을지라도, 내게 사랑이 없으면 울리는 징이나 요란한 꽹과리가 될 뿐입니다. 내가 예언하는 능력을 가지고 있을지라도, 또 모든 비밀과 모든 지식을 알고, 산을 옮길 만한 믿음을 가지고 있을지라도, 사랑이 없으면 아무것도 아닙니다.[8]

아무리 훌륭한 능력을 가지고 있고, 아무리 좋은 믿음을 가지고 있을지라도, 사랑이 없으면 아무 소용이 없습니다. 무엇보다 먼저 사랑이 있어야 합니다. 무엇이든 사랑이 있어야 아름답게 빛나는 법입니다. 예도 마찬가지입니다. 제사상을 아무리 풍성하고 화려하게 치리더라도 경건한 마음이 없으면 아무 소용이 없습니다. 무엇보다 먼저 경건한 마음이 있어야 합니다. 경건한 마음이 빠진 예는 없는 것만 못합니다. 예는 인간의 자유스러운 행동을 속박하는 요소가 있는 까닭에 경건한 마음이 빠진 예는 구속에 지나지 않습니다.

林放問禮之本 子曰 大哉問 禮與其奢也寧儉 喪與其易也寧戚
임방이 예禮의 본질이 무엇이냐고 묻자, 선생님께서 말씀하셨다. 대단하다, 그 물음! 예는 사치스러운 것보다는 검소한 것이 낫고, 상례는 잘 치르기보다는 차라리 슬픔에 젖는 것이 좋다.[9]

임방林放[10]은 노魯나라 사람이었습니다. 그는 세상 사람들이 예를 행하면서 번거로운 겉치레만을 일삼는 것이 못마땅했던지, 공자에게 예의 본질이 무엇이냐고 묻습니다. 번거로운 형식만 일삼는 것이 예의 핵심이냐는 것입니다. 그러자 공자는 정말 좋은 질문이라고 칭찬하면서 "예는 사치스러운 것보다는 검소한 게 낫고, 상례는 잘 치르기보다는 차라리 슬픔에 젖는 것이 좋다"고 대답합니다. 이게 무슨 말일까요?

예는 성인의 일생에 나타난 모든 행동양식이기 때문에 복잡하고 다양하며, 예는 구체적인 행동규범이기 때문에 인간의 자유스러운 행동을 속박하는 요소가 될 수 있습니다. 그리고 '예를 모두 지키며 사는 사람이나 지키지 않고 사는 사람이나 죽고 나면 다 같이 한 줌의 흙으로 변하므로 다를 바가 없다'고 생각한다면, 속박된 삶을 영위하면서까지 이 예를 지켜야 할 이유를 느낄 수 없게 됩니다. 이런 점들이 예가 갖는 한계성인데 이 한계성으로 말미암아 예에 대한 거부반응이 일어나면, 이 예가 아무리 중요하다 하더라도 실천력을 가질 수 없습니다.

그렇다면 예가 갖는 한계성을 극복하고 실천력을 회복하는 방법은 무엇일까요? 그것은 예가 인간의 자유를 속박하는 단순한 행위규범이 아니라 가장 가치 있는 삶을 영위한 결과 나타나는 자연스러운 행동양식임을 자각하고서, 예를 통하여 그 속에 내포된 가장 가치 있는 삶을 인식하여 실천하는 데 있습니다. 그렇게 되면 그 다음부터는 예를 일일이 배워서 실천하지 않더라도 스스로의 삶을 영위한 결과 나타나는 모든 행동양식이 저절로 예가 되는 것입니다.

인간관계의 다섯 가지 황금률

인간에게 가장 가치 있는 삶이란 어떤 것일까요? 인간 사회에서 영위되는 인간의 삶은 인간관계 속에서 성립되는데, 모든 인간관계는 부모와 자녀의 관계, 임금과 신하의 관계(이는 계급적인 모든 상하 관계를 포함한다.), 남편과 아내의 관계, 형과 아우의 관계(이는 선배와 후배 등의 모든 비계급적인 연령별 상하 관계를 포함한다.), 친구 관계 등 다섯 가지 유형으로 분류할 수 있습니다.

가장 가치 있는 삶이 무엇인지 알기 위해서는 다섯 가지 유형으로 분류되는 인간관계를 유지하는 가장 가치 있는 방법이 무엇인지 찾아내야 할 것입니다. 맹자는 그것을 부모와 자녀의 관계에서는 친親, 임금과 신하의 관계에서는 의義, 남편과 아내의 관계에서는 별別, 연장자와 연소자의 관계에서는 서序, 친구 관계에서는 신信을 지키는 것이라고 하였습니다.

부모와 자녀 관계에서의 친親이란 어떤 것일까요? 친이란 '하나가 된다'는 뜻입니다. 하나가 된다는 것은 남의 몸에서 피가 날 때 내 몸에서 피가 나는 것처럼 내 마음이 아프게 되는 것인데, 자녀에 대한 부모의 마음, 그리고 부모에 대한 자녀의 마음이 그러한 것입니다. 경쟁에 시달리면 시달릴수록 서로 하나가 되는 인간관계를 확보하는 것은 무엇보다도 가치 있고 귀중한 것이므로 부모와 자녀의 '하나됨'은 손상시키지 말고 계속 유지시켜야 할 것입니다. 그렇게 하는 것이 부모와 자녀 사이에서 나타나는 삶의 형태 중 가장 가치 있는 것입니다.

임금과 신하, 윗사람과 아랫사람의 사이에서 지켜야 하는 의義란 무엇일까요? 의란 인仁을 실천하는 구체적 행동원리입니다. 인은 원래의 상태를 의미합니다. 임금과 신하로 대표되는, 상관과 부하의 관계에 있어서 상관은 명령하고 부하는 그 명령을 좇아야 하는 상하 관계가 성립되지만, 인간은 본질적으로 서로 구별되지 않는 동일한 존재입니다. 상하 관계는 본래적인 관계가 아닙니다. 그러면 인간의 상하 관계는 왜 생겨나게 되었는지 한번 생각해 보기로 하겠습니다.

사람은 존재의 본질에 있어서 모두 동일하기 때문에 한마음 한뜻이 되어 평화롭게 살 수 있는 사회를 건설하는 것이 지상과제입니다. 이 과제를 해결하는 가장 효과적인 방법은, 선각자가 정치적 실천을 통하여 현실을 개혁하는 것인데, 정치적 실천은 혼자서 가능한 것이 아니라 많은 사람의 공동의 노력으로써 가능합니다. 따라서 공무원이라는 집단이 필요하게 되고, 또 이 공무원 집단이 정치적 실천을 효과적으로 할 수 있기 위해서는 내부에서 위계질서와 명령체계가 있어야 하기 때문에 편의상 계급적 상하 관계가 형성되는 것입니다. 이러한 사실, 즉 계급적 상하 관계는 본래적인 관계가 아니라 인류 공통의 목적을 실현하기 위한 편의적인 관계라는 사실을 말해 주는 것이 의입니다. 그러므로 상하 관계에 의가 있음을 자각하면, 윗사람은 아랫사람을 늘 존중하며, 아랫사람은 윗사람을 충심으로 받들 수 있게 됩니다.

의를 지키는 양상은 상황에 따라 서로 상반된 두 가지 형태로 나타날 수 있습니다. 상관과 부하는 원래의 목적을 달성하기 위하여 맺어진 편의적·임시적 관계이기 때문에, 상관의 입장에서는 불충실하거나 자신의 이익을 위하여 아부하는 부하는 아끼고 존중해야 할 이유가 없으므로 추방하는 것이 마땅하며, 부하의 입장에서는 상관이 본래의 목적을 달성하기 위해서 노력할 때는 충성으로 도와야 하지만 그렇지 않고 아랫사람을 종속물로 여길 때는 힘을 합하여 그 상관을 추방하는 것이 마땅합니다.

남편과 아내 사이에 별別이 있다는 말은, 남편은 자기 아내와 다른 여자를 구별해야 하며, 아내는 자기의 남편과 다른 남자를 구별해야 한다는 뜻입니다. 부부는 사랑으로써 맺어지지만 남녀 간의 사랑은 원래 조건적입니다. 예를 들면, 어떤 남자가 특정 여자를 사랑할 때는 연령·성격·체격 등 무엇인가 그 특정의 여자를 선택하게 된 이유가 있는 것이며, 그것이 사랑의 결실을 맺게 된 조건이 됩니다. 그런데 그러한 조건을 더 많이 갖추고 있는 여자가 이 세상에 있을 수 있기 때문에 그러한 여자가 현실적으로 나타난다면, 사랑은 그 새로운 여자에게로 옮겨갈 것입니다. 그렇게 되면 기존의 부부 관계란 해체되고 말 것입니다. 그런데 이상적인 부부 관계는 둘이서 '하나됨'이 실천될 수 있는 관계이어야 합니다. 그러기 위해서는 부모와 자녀의 '하나됨'이 무조건적이어서 자기의 부모나 자녀가 남보다 못하더라도 교환하지 않는 것처럼, 서로에 대한 사랑이 무조건적이어야 합니다. 결혼하기 전까지는 서로의 사랑이 조건적이었다 하더라도 결혼하는 순간 그것이 무조건적인 것으로 바뀌어야 합니다. 요컨대 부부 사이에 '별'이 있다는 것은 남편은 아내를, 아내는 남편을 다른 사람과 구별하여 절대시함이 있다는 것입니다. 결혼 후에도 다른 사람과 혼동함이 있으면 부부의 '하나됨'은 손상을 입게 됩니다. 부부 관계를 유지하는 데 있어서 가장 가치 있는 것은 서로 별을 지키는 것입니다.

늙은이와 젊은이의 관계에서 나타나는 서序란 무엇일까요? 서는 차례이므로 늙은이와 젊은이의 관계에서 차례를 지키는 것은 서로의 '하나됨'을 실천하는 방법입니다. 많은 사람이 길을 가다가 극도로 목이 말랐을 때 우물을 하나 발견하였으나 동시에 마실 수 없는 상황이라면 누가 먼저 물을 마셔야 하겠습니까? '하나됨'의 입장에서 보면 모든 사람이 다 같이 살기를 바라게 되고, 그렇게 하기 위해서는 힘센 자가 먼저 마시는 것이 아니라 허약한 늙은이부터 마셔야 할 것입니다. 이것이 서이므로 이 '서'를 지키는 것이 늙은이와 젊은이의 관계를 유지하는 방법 중에서 가장 가치 있는 도리인 것입니다.

친구 사이의 신信이란 무엇일까요? 벗과의 관계는 원래부터 맺어져 있었던 것이 아니라 사회생활을 영위하면서 필요에 따라서 형성된 관계이므로 언제든지 단절될 가능성이 있습니다. 그러므로 벗과의 '하나됨'을 유지하기 위해서는 어떠한 경우에도 단절되지 않을 정도의 믿음이 요구됩니다. 이러한 믿음은 착한 마음에 의하여 맺어졌을 때만 확실하게 유지될 수 있고, 또 친구에 의해서 서로의 착한 마음을 확충시킬 수 있습니다. 벗의 관계를 유지하는 방법 중에서 가장 가치 있는 것은 서로 신을 지키는 것입니다.

다섯 가지 도를 실현하는 세 가지 덕

위에서 살펴본 바와 같이 가장 가치 있는 삶은 친親과 의義, 별別과
서序 그리고 신信을 지키는 것입니다. 그것은 인간관계의 본래 모습인
'하나됨'의 상태를 유지하는 구체적인 방법입니다. 이를 『중용中庸』에서
는 '모든 인간이 공통으로 지켜야 하는 도리'라는 의미에서 '오달도五達
道'라 했습니다. 예는 이 다섯 가지 도를 실천하기 위한 구체적인 행동
양식임을 알 수 있습니다. 도를 터득하여 실천하게 되면, 이제까지 인간
의 자유를 속박하는 요소로 여겨졌던 예가 도를 실천하는 구체적 행동
양식으로 그 본래의 의미를 되찾게 됩니다. 그렇게 되면 예가 갖는 한
계는 저절로 해소됩니다. 그렇다면 오달도는 어떻게 실현할까요? 바로
지知, 인仁, 용勇이라는 세 가지 달덕達德을 닦는 것입니다.

天下之達道五 所以行之者三 曰 君臣也 父子也 夫婦也 昆弟也 朋
友之交也 五者 天下之達道也 知仁勇三者 天下之達德也 所以行之
者 一也

천하天下의 달도達道는 다섯 가지가 있고, 그것을 실행하는 방법은
세 가지 있다. 군신君臣, 부자父子, 부부夫婦, 곤제昆弟, 붕우지교朋友

之交 다섯 가지가 천하의 달도이다. 지知, 인仁, 용勇 세 가지는 천하의 달덕達德이고, 그것을 실천하는 것은 하나—다."

다섯 가지 달도達道가 '어디에도 통하는 도'로 '사람이 마땅히 지켜야 할 도'라고 하면, 달덕達德은 '어디에나 통하는 덕'으로 '사람이 마땅히 갖추어야 할 덕'을 가리키는 말입니다. 여기서 눈여겨볼 것이 하나 있는데, 그것은 달도와 달덕에서 달을 빼면 도덕이 된다는 말입니다. 도덕道德을 글자 그대로 풀이하면 길道과 얻음得이라는 뜻입니다. '도'의 세계는 길이고, '덕'은 인간이 길道에서 얻어 쌓아 나가는 것을 말합니다. 군신, 부자, 부부, 곤제, 붕우지교라고 하는 것은 인간관계에서 주어졌기 때문에 자기 마음대로 바꿀 수 없는 것처럼, 도는 이미 주어진 사실의 세계라고 할 수 있습니다. 내 마음대로 내가 부모를 골라서 선택한 것도 아니고, 내가 싫다고 나의 부모를 부정할 수 없는 노릇 아니겠습니까? 이것은 인간의 힘으로 어찌할 수 없는 운運일 뿐인 도라고 할 수 있는 것인데, 그런 도를 실천해서 내 몸에 쌓아 가면서 이루는 것이 덕의 세계이고, 그런 덕을 대표하는 세 가지가 지知, 인仁, 용勇입니다.

好學近乎知 力行近乎仁 知恥近乎勇 知斯三者則知所以修身 知所
以修身則知所以治人 知所以治人則知所以治天下國家矣
호학好學은 지知에 가깝고, 역행力行은 인仁에 가까우며, 지치知恥는 용勇에 가깝다. 이 세 가지를 알면 수신修身하는 방법을 알게 되고, 수신하는 방법을 알면 치인治人하는 방법을 알게 되며, 치인하는 방법을 알면 천하국가天下國家 다스리는 방법을 알게 된다.[12]

사람이 삶의 길을 제대로 걷게 해 주는 것이 세 가지 있으니, 그것이 바로 지, 인, 용입니다. 어떤 이에 따르면, 진실로 배우기를 좋아해서 게으르지 않으면 '지'에 가까워지고, 힘써 행하여 중단하지 않으면 '인'에 가까워지며, 사람답지 못한 것을 부끄러워하면 '용'에 가까워집니다. 대개 배우기를 좋아하면 이치에 밝아지고, 힘써 행하면 '도'에 진전이 있게 되며, 부끄러운 줄을 알면 뜻을 세우게 되니 지, 인, 용 세 가지를 갖추면 천하 어디에나 통하는 달도를 실현할 수 있는 달덕을 얻게 됩니다.[13] 달덕을 얻게 되면 달도를 실현해서 아름다운 세상을 만들 수 있습니다.

형식이 내용을 바꾼다

사람은 누구나 편하게 지내려고 합니다. 집에 들어서면 보통 옷부터 갈아입습니다. 사람들 시선에 따라 자신의 몸을 졸라매고 붙이고 있던 장식을 걷어 내고 편한 옷으로 갈아입고서 '편하다'고 말합니다. 집에서는 소파에 벌렁 누울 수 있고 슬리퍼를 질질 끌 수 있고 말도 편하게 던질 수 있습니다. 그 많은 제약을 벗어나면 어찌 날아갈 것 같지 않겠습니까?

오늘날 '예'라면 번거롭고 귀찮은 것으로 생각하는 사람이 많습니다. 예는 사람이 집 밖에서 긴장하며 살아야 하는 형식이라는 것입니다. 번거롭고 귀찮다는 이유로 예의 가치를 제대로 살펴보지도 않은 채 예를 없애야 한다고 생각하는 사람들도 많습니다. 정말 그럴까요? 예는 정말 귀찮고 번거롭기만 해서 없애 버려야 할 것일까요? 공자는 말합니다.

道之以政齊之以刑民免而無恥 道之以德齊之以禮有恥且格

법령과 금령으로 이끌고 형벌로 다스리면 백성들이 형벌을 면할 수는 있으나 부끄러워하는 게 없어진다. 그러나 덕德으로 이끌고 예禮로 다스리면 백성들이 부끄러움을 알게 되어 선에 이르게 된다.[14]

인간관계의 핵심은 덕으로 이끌고 예로 다스리라는 것입니다. 백성을 법령으로 이끌고 법령에 따르지 않을 경우에 엄격한 형벌을 사용하면, 백성들은 형벌이 무서워 잠시 나쁜 짓을 억제할 수는 있습니다. 하지만 법령과 형벌만을 내세울 경우에 법망法網을 빠져나가고 형벌만 면하면 무슨 짓을 해도 된다는 생각을 하게 됩니다. 엄격한 형벌이 무서워 감히 나쁜 짓을 못할 뿐이지 나쁜 짓을 하려는 마음까지 사라진 것은 아니기 때문입니다.[15] 아무리 법을 복잡하고 정교하게 마련해 놓아도 미꾸라지처럼 법망을 피해 다니는 자는 당할 수가 없고, 그럴 경우에 법망을 피해 다니는 파렴치범들은 요행으로 형을 면한 것을 수치스럽게 여기기보다 오히려 자랑하기도 합니다. 이런 까닭에 공자는 아무리 법이 잘 정비돼 있어도 개개인이 도덕으로 교화되지 않으면, 범죄행위가 근절될 수 없다는 생각에서 덕과 예를 통한 가르침을 강조합니다.

그렇다고 해서 법령이나 형벌을 모두 없애라는 말은 아닙니다. 세상에는 덕으로 이끌고 예로 다스릴 수 없는 사람도 있기 때문입니다. 그럴 때는 하는 수 없이 법령과 형벌로 다스려야 악행을 멈추게 하고 사회의 질서를 유지할 수 있고, 그에 따라 법령과 형벌도 어느 정도 필요합니다. 덕으로 이끌고 예로 다스리라는 것은 근본적으로 백성을 바르게 해서 선善을 적극적이고 영구적으로 실행하게 하는 효과가 있기 때문입니다. 그에 견주어 법령과 형벌의 효과는 소극적이고 순간적으로 악을 저지르지 못하게 한다는 것입니다. 겉으로만 백성들을 바르게 한다는 것입니다. 이 두 가지 방법은 모두 똑같이 백성들을 바르게 할 수는 있으나 근본적인 치료와 표면적인 치료라는 점에서 차이가 있습니다.

예가 번거롭고 까다로운 것은 사실입니다. 복장을 제대로 갖추고 의식을 경건하게 수행하는 행위가 힘든 것도 사실입니다. 하지만 이런 것들을 매끄럽게 진행하거나 익숙하게 하기 위해 반복해서 연습하다 보면 나중에는 그런 행위에서 즐거움이 생겨납니다. 예는 자기 자신을 바깥 세계에 적극 결합시키는 도구이기 때문입니다.[16]

우리 속담에 '같은 값이면 다홍치마'라는 말이 있습니다. 똑같은 형식이라도 치장이 아름다우면 이를 수행하는 사람이나 외부에서 보는 사람이나 받아들이는 느낌과 의미가 다른 것은 어쩔 수 없습니다. 자신을 비우고 그 자리에 예를 수용하고 그 예에 따라 수행하면 예의 형식이 생성하는 감응이 느껴집니다. 이런 감응은 삶의 과잉 부분으로서 우리가 흔히 '신명 난다'고 할 때의 '신명'과 자아의 확장이라는 점에서 본질이 같은 것입니다. 이것이 느껴지면 스스로 적극 나서서 자신을 바깥 세계에 결합하게 됩니다.

예는 나와 상대의 관계를 설정하는 방식을 조율해서 서로가 존중하고 편안한 지점에서 만나게 하는 규칙입니다. 상대가 뭔가를 잘못했을 때 내가 상대에게 '버럭' 화를 내면, 나는 내 자신이 불만족스러워하는 내용도 제대로 전달하지 못하게 됩니다. 상대도 자신이 잘못한 줄은 알지만 왜 그런 대접을 받아야 하는지 당혹해합니다. 이럴 때 예는 나의 감정이 뻗어 나가는 대로 내버려 두는 것이 아니라 일어난 감정을 누그러뜨려서 나와 상대 모두 공감할 수 있는 반응을 낳게 합니다.[17]

이렇게 보면 예는 자기를 이겨서 예로 돌아간다는 극기복례克己復禮와 잘 어울립니다. 극기는 모든 문제를 일으키는 자아를 부정하는 것이 아닙니다. 자신만의 감정을 앞세우거나 편견을 내세우지 않고 나와 상대 모두를 만족시킬 수 있는 기준이나 규칙을 받아들이는 것입니다. 그런 기준이나 규칙으로 이루어진 예는 우리를 옥죄는 사슬이 아닙니다. 우리의 자유를 억압하는 굴레도 아닙니다. 예는 인간관계로 이루어지는 우리 사회를 좀 더 질서 있고 아름답게 만들어 주는 접착제인 것입니다. 접착제가 강력하면 강력할수록 접착제로 붙인 두 개의 물건이 떨어지지 않듯이, 예의 힘이 발휘되면 될수록 우리 사회는 아름답고 질서 있게 결속될 것입니다. 예는 참으로 아름다운 것입니다.

/ 2 /

어떻게
효孝를 실천할 것인가

홍효사弘孝寺의 유래

신라 흥덕왕興德王 때 손순孫順이라는 사람이 있었습니다. 그는 아버지가 세상을 일찍 떠나는 바람에 아내와 함께 남의 집에 품을 팔아 얻은 양식으로 늙은 어머니를 봉양했습니다. 그에게는 어린 아들이 있었는데, 그 아이는 늘 할머니가 먹는 것을 빼앗아 먹었습니다. 손순은 그것을 민망하게 여겨 아내에게 말했습니다.

"자식은 또 얻을 수 있지만 어머니는 다시 구할 수 없는데, 저 자식이 늘 어머니 음식을 빼앗아 먹으니 어머니가 얼마나 배고프시겠소. 우선 저 자식을 땅에 묻어 어머니가 배부르시도록 합시다."

요즘 같으면 말도 안 되는 결정을 내린 손순 부부는 아이를 업고 뒷산 북쪽에 있는 들판으로 갔습니다. 가서는 자식을 묻을 땅을 파는데 돌로 된 종이 나왔습니다. 부부는 너무 놀랍고 신기해서 그 종을 나무 위에 걸어 놓고 두드려 보았더니 소리가 너무나 아름답고 은은하게 들렸습니다. 아내가 말했습니다.

"이 이상한 물건을 얻은 것은 틀림없이 이 아이의 복이니, 이 아이를 묻어서는 안 되겠습니다."

남편인 손순도 그렇게 생각하고 아이와 석종을 지고 다시 집으로 돌아왔습니다. 돌아와서는 종을 대들보에 매달고 두드렸더니 종소리가 대궐까지 들렸고, 종소리를 들은 흥덕왕이 신하들한테 말했습니다.

"서쪽 들판에서 이상한 종소리가 들리오. 맑고 은은한 게 보통 종소리하고는 다르니, 어서 가서 알아보시오."

임금의 명령을 받은 사자는 종소리 나는 집을 찾아갔습니다. 찾아가서는 손순 부부에게 종소리에 대한 사연을 듣고 임금께 돌아가 자세하게 아뢰자 임금이 말했습니다.

"옛날 곽거가 아들을 땅에 묻자 하늘에서 금으로 된 솥을 내렸다더니, 이번에는 손순이 아이를 묻으려고 하니 땅속에서 돌로 된 종이 솟아 나왔다. 이는 전대의 효孝와 후대의 효孝가 한 하늘 아래 똑같은 본보기가 되는 것이로다."

왕은 손순에게 집 한 채를 내리고, 해마다 벼 50석을 주어 어머니에 대한 효를 다하도록 했습니다. 임금한테 많은 재물을 상으로 받은 손순은 옛집을 절로 만들어 돌로 된 종을 모셨는데,[1] 절 이름이 효孝를 널리 퍼뜨린다弘는 뜻의 홍효사弘孝寺라고 합니다.

『삼국유사』에 나오는 '손순이 아이를 묻다'라는 이야기입니다. 홀어머니를 봉양하기 위해 어린 자식을 죽인다는 것은 오늘날 도저히 생각할 수 없는 일입니다. 그만큼 옛사람들이 잔인했다는 말이 아니라 효도를 중요하게 여기고 실천했다는 것입니다. 세종실록 5년 11월 17일에 다음과 같은 이야기가 버젓이 실릴 정도로 말입니다.

황해도 옹진에 나이 겨우 아홉 살 된 양귀진梁貴珍이라는 어린 백정 아이가 아버지와 함께 살고 있었습니다. 어느 날 아버지 양인길이 오랫동안 병을 앓습니다. 어린 귀진은 온갖 방법으로 아버지를 살리려고 했지만 효험이 없자 낙심하고 있었습니다. 그때 어떤 사람이 찾아와 사람 고기를 먹으면 바로 낫는다고 알려 줍니다. 어린 귀진은 기뻐하며 조금도 주저하지 않고 자기 손가락을 잘라 구워서 드렸습니다. 아들의 손가락을 먹은 아버지의 병이 거짓말처럼 나았습니다. 얼마나 신기한 일입니까? 그 소식을 들은 황해도 관찰사는 곧바로 왕에게 보고했고, 세종 대왕은 효자를 기리는 정문旌門을 세워 효행을 표창하고, 부역과 세금을 면제해 주었습니다.

효는 모든 덕행의 근본

중국 춘추시대 노魯나라 정공定公 때입니다. 공자가 벼슬할 때가 되었는데도 벼슬하지 않으니, 어떤 이가 의아하게 생각한 나머지 무슨 까닭으로 정치하지 않느냐고 묻자, 공자가 이렇게 대답합니다.

書云 孝乎 惟孝 友于兄弟 施於有政 是亦爲政 奚其爲爲政

서書에 이르기를 효孝하도다. 오로지 효孝해야만 형제한테 우애友
하고 정치한다고 했다. 이것 또한 정치하는 것인데, 어떻게 하는
게 정치하는 것인가?[2]

효하면 우애하고, 더 나아가 정치하는 것인데, 꼭 관리가 되어야만
정치를 하는 것이냐고 거꾸로 물었습니다. 공자가 말하는 서書는 『서경
書經』 주서周書 군진君陳을 말합니다. 군진은 주周나라 건국의 최고 공신
功臣인 주공周公이 죽자, 성왕成王이 주공의 뒤를 이어 군진을 재상으로
삼으면서 당부하는 말을 기록한 문서로 다음과 같은 구절이 나옵니다.

君陳 惟爾令德 孝恭 惟孝 友于兄弟 克施有政

군진이여, 오로지 그대의 아름다운 덕德은 효성스럽고 공손한 것
이니, 오로지 효만이 형제에게 우애하고 정치를 베풀 수 있는 것
이다.[3]

정치를 할 수 있는 자격 요건 가운데 가장 먼저 갖추어야 할 요건이
효라는 것입니다. 효孝는 어버이를 잘 섬기는 것이고, 공恭은 어른을 잘
섬기는 것이며, 우友는 형제 사이에 정이 두터운 것입니다.

공자의 제자인 유자有子가 말했듯이 효라는 것은 인仁을 실행하는 근본이고, 공자가 말했듯이 인은 정치의 근본으로 사람을 사랑하는 것愛人입니다. 부모에게 효도하고 형제에게 우애 있는 사람이어야만 남들을 사랑할 수 있기에, 효는 사람을 사랑하는 인의 근본입니다. 효는 인간성과 사회성의 바탕으로 가정과 국가에서 합리적이고 화합적인 대동 사회 건설의 촉매 인자라는 것입니다.

대체로 효는 인간성이 발동하여 나타나는 근본으로 사랑과 공경인데 이 마음을 길러서 널리 확충하면 사랑하지 않는 것이 없고 공경하지 않는 것이 없어서 천하를 사랑하고 만물을 공경하게 됩니다. 또한 효는 어버이를 친親하고 순順하고 낙樂하고 수壽하게 함이니, 그 극치極致에 이르면 어버이와 자손이 지친至親, 지순至順, 극락極樂, 만수萬壽를 누리게 됩니다. 그러므로 효자는 부지런히 노력하여 전지전능의 지혜를 개발하고, 수신修身 제가齊家 치국治國 평천하平天下라는 사업에 헌신해 대공大功을 세워 어버이를 봉양하고 입신양명하여 그 어버이를 뚜렷하게 빛내는 것입니다. 특히 그 지극한 효성을 갸륵하게 여겨서 사람은 물론이고 천지만물도 감동하여 도우면서 큰 복을 줍니다. 그 근본에 보답하는 정신은 곧 하늘과 땅의 근본원리이고 인간의 본심이며 금수와 곤충과 초목의 생리인 까닭에 그 효성이 지극하면 천지신명과 사람은 말할 것도 없고 사나운 새나 짐승도 돕고 풀과 나무까지도 돕게 됩니다. 그리하여 세상에 효孝 사상이 일어나면 남의 부모도 존경하고 남의 아들도 사랑할 뿐만 아니라 나아가 새나 짐승의 어미와 새끼를 죽이지 않습니다. 물고기의 어미와 새끼를 잡지 않고 곤충의 어미와 알을 해치지 않고 풀과 나무의 어미와 싹을 꺾지 않습니다. 삼라만상이 모두 번성하는 대동 세계를 건설하여 봉황이 노래하고 춤추는 태평성대를 이룩하게 되는 것이니, 이 세상에 효 사상보다 위대한 사상은 없다고 할 수 있습니다.[4]

우리가 어렸을 적부터 심심치 않게 들은 말이 있습니다. 효백행지본 孝百行之本이라는 말입니다. 세상에는 온갖 경전이 있지만, 모두가 효와 도의道義를 으뜸으로 여긴다는 것입니다. 모든 덕행의 근본으로 말입니다. 효는 인간이 마땅히 실천해야 할 덕목들 가운데 가장 중요합니다. 증자曾子는 효야말로 우리 인간을 착하고 선한 길로 이끄는 최고 덕목이라며 다음과 같이 강조합니다.

孝慈者 百行之先 莫過於孝 孝至於天則風雨順時 孝至於地則萬物
化盛 孝至於人則衆福來臻
효와 자애는 모든 행실 가운데 으뜸이지만, 그 가운데도 효보다 더 나은 건 없다. 효가 지극하여 하늘에 미치면 바람과 비가 때맞춰 순조롭게 내리고, 효가 지극하여 땅에 미치면 만물이 자라서 풍성해진다. 효가 지극하여 사람에게 미치면 온갖 복이 몰려온다.[5]

증자는 유가儒家에서 효자孝子를 꼽을 때 순舜임금 다음으로 꼽히는 인물입니다. 증자는 공자보다 46년 어린 제자이지만, 안자顔子와 자사子思 그리고 맹자와 함께 공자를 잇는 사성四聖으로 존경받는 인물입니다. 공자 제자 가운데 나이가 가장 어리지만 가장 존경받는 인물입니다.[6] 공자의 도道를 계승한 그의 가르침이 공자의 손자인 자사를 거쳐 맹자에게 이어졌기 때문입니다. 그는 자신의 생각이나 언행을 스스로 돌아보는 내성內省과 몸소 실천하는 궁행躬行에 힘쓴 인물로, 무엇보다 효에 힘쓴 것으로 유명합니다. 그런 인물이니 효도보다 더 중요한 것은 없다고 합니다. 효도가 지극하여 하늘에 미치면 바람과 비가 때맞춰 순조롭게 내리고, 땅에 미치면 만물이 자라 풍성하며, 사람에 미치면 온갖 복이 함께 몰려온다는 것입니다. 효는 만복의 근원입니다. 인간이 반드시 지키고 실천해야 할 최고 덕목입니다. 왜 그럴까요? 『시경詩經』은 그 이유를 이렇게 설명합니다.

父兮生我 母兮鞠我 拊我畜我 長我育我 欲報深恩 昊天罔極
아버님 날 낳으시고 어머님 날 기르셨네, 어루만지고 먹여 주고 키워 주고 길러 주셨네. 은혜 좀 갚으려고 하나 너무나 커서 갚을 길이 없네.[7]

부모님이 살아 계실 때는 그토록 귀중할 줄 몰랐는데 돌아가시고 안 계시니 가슴이 쓰리도록 그리워진다는 노래입니다. 자식이 생명을 받을 적엔 목숨부터 피와 살까지 모두 어버이가 주십니다. 아버지가 낳아 주시지 않으면 나는 존재할 수 없고, 어머니가 길러 주시지 않으면 나는 존재할 수 없습니다. 내 몸은 내 개인의 것이 아니고, 바로 부모께서 남겨 주신 것입니다. 그러니 어찌 자기 몸이라고 제멋대로 하며 부모에게 효도를 다하지 않겠습니까? 내 몸이 지금 이렇게 존재하게끔 해 주신 부모의 은혜 하나만 생각해도 효도야말로 가장 먼저 해야 할 일입니다.

옛사람들은 하루 동안 부모 봉양하는 일을 삼공三公의 벼슬보다 더 높이 쳤습니다. 요샛말로 하면 국무총리나 장관 노릇 하는 것보다 하루 동안 부모를 정성껏 봉양하는 것을 더 귀하고 소중하게 여겼습니다. 아무리 높은 벼슬이라고 해도 그것은 언제고 다시 할 수 있습니다. 하지만 아무리 하찮은 부모라고 해도 한번 가시면 다시 봉양할 수 없기 때문입니다.

효행은 구복口腹보다 색양色養

효孝는 늙을 로耂와 아들 자子가 합쳐진 글자입니다. 늙을 로는 노인 노老와 같은 글자로, 다른 글의 부수部首로 쓰일 때는 비수 비匕를 없애고 로耂만 쓰는 경우가 많습니다. 노인 노老는 어떤 글자일까요? 땅土에 지팡이丿를 짚고 비수匕처럼 빠르게 걸어가려는 사람을 가리키는 글자입니다. 비수처럼 빠르고 힘차게 달려가려고 하지만 힘이 없어 제대로 가질 못하는 늙은이가 노老이고, 그런 늙은이를 자식子이 등에 업고 가는 것이 효孝입니다.

효는 자식이 늙은 어버이를 등에 업고 가는 것을 뜻합니다. 따라서 효는 입으로만 하는 것이 아닙니다. 행동으로 실천하는 효행孝行이 되어야 합니다. 효도를 하겠다는 마음이 효성孝誠이라면, 그런 마음을 행동으로 옮긴 것이 효행입니다. 효도를 하겠다는 마음으로 그쳐서는 안되고, 반드시 행동으로 옮겨 실천해야 합니다. 어떻게 해야 할까요? 공자는 이렇게 가르칩니다.

身體髮膚 受之父母 不敢毁傷 孝之始也 立身行道 揚名後世 以顯父母 孝之終也
몸과 터럭과 살갗은 모두 어버이한테 받은 것이니, 감히 망가뜨리거나 다치게 하지 않는 것이 효도의 시작이다. 사회에서 인정받는 자리에서 도를 실천해 후세까지 이름을 떨쳐 어버이를 드높이는 것이 효도의 끝이다.[8]

효는 부모님이 물려주신 내 몸을 소중하게 보존하는 것으로 시작됩니다. 내 몸에 있는 털끝 하나 다치게 하거나 망가뜨려서는 안 됩니다. 내 몸은 내 것이 아니기 때문입니다. 몸을 소중하게 보존한다고 해서 얼굴만 예쁘게 가꾸라는 것이 아닙니다. 행실을 바르게 한다는 말입니다. 내 몸의 털끝 하나 다치지 않는 것처럼 아무리 작은 것이라도 부모님 속 썩이는 일은 하지 않는 것입니다. 나는 아무렇지도 않게 생각하는 일이지만, 부모님한테는 억장이 무너지는 일일 수 있기 때문입니다. 적어도 부모님이 살아 계실 때는 내 몸을 잘 보살피고 행동을 조심해서 부모님의 걱정을 덜어 드리는 것이 효의 시작입니다.

子曰 父母在 不遠遊 遊必有方
선생님께서 말씀하셨다. 어버이가 살아 계실 때에는 멀리 나가 놀지 말라. 나가 놀 때는 반드시 가는 곳을 알려 드려라.[9]

옛날에 효자는 여든 나이에도 부모님을 즐겁게 해 드리려고 때때옷을 입고 어리광을 부렸다고 합니다. 부모에게 자식은 언제나 어린아이일 뿐입니다. 장성한 자식을 보면서도 밥은 챙겨 먹었느냐, 길 조심하라며 걱정이 끝이 없는 것이 부모님의 마음입니다. 그러니 부모님께 할 수 있는 가장 큰 효도의 시작은 걱정을 끼쳐 드리지 않는 것입니다. 배불리 먹고 따뜻하게 지낸들 걱정 근심이 많으면 아무 소용이 없습니다. 게다가 그 근심 걱정이 자식에 대한 것이라면 더 이상 말할 것도 없습니다.

색양色良이라는 말이 있습니다. 부모님 얼굴에 불편한 빛이 없도록 효도하라는 뜻이기도 하고, 얼굴빛을 늘 부드럽게 하여 부모님 마음을 즐겁게 한다는 뜻이기도 합니다. 지금으로부터 약 725년 전인 1,282년에 간행된 것으로 알려진 『삼국유사三國遺事』에 '가난한 여인이 어머니를 봉양하다貧女養母’라는 이야기가 나옵니다.

어느 마을에 나이 스물 안팎쯤 된 여인이 홀로 눈먼 어머니를 봉양하고 있었습니다. 그녀는 워낙 가난한 살림이라 몇 해를 두고 비럭질을 해서 어머니를 봉양했는데, 때마침 흉년이 들어 문전걸식도 어려워 남의 집에 품값으로 몸을 잡히고 곡식 30섬을 얻었습니다. 그녀는 곡식 30섬을 갑자기 집에 가져갈 수가 없어 부잣집에 맡겨 두고 일을 하다 해가 저물면 그날 먹을 만큼의 쌀을 전대에 넣어 가지고 집으로 왔습니다. 집에 와서는 밥을 지어 어머니를 봉양하고는 다음날 새벽이 되면 부잣집에 가서 일했습니다. 그렇게 하기를 며칠이 되었는데, 어느 날 어머니가 물었습니다.

“이전에는 겨죽을 먹어도 마음이 편하더니 요즘은 쌀밥을 먹는데도 가슴을 찌르는 듯이 마음이 불편하니 무슨 까닭이냐?”

어머니의 예기치 않은 물음에 딸은 잠시 망설이다가 사실을 말했고, 딸의 말을 들은 어머니는 통곡하는 것이었습니다. 딸은 딸대로 자기가 부모의 입口과 배腹만 채워 줄 줄만 알았지 어머니의 마음을 살펴서 편하게 해 주는 색양色養을 하지 못한 것을 한탄하며 눈물을 흘렸습니다.

공자의 제자인 자유子游가 효에 대해 묻자 공자가 이렇게 대답합니다.

今之孝者 是謂能養 至於犬馬 皆能有養 不敬 何以別乎

지금의 효도는 물질로 부모를 잘 봉양하는 것을 이르는데, 개나 말도 모두 잘 먹여 기를 수 있다. 공경하는 마음이 없으면 개나 말을 먹여 기르는 것과 무엇이 다르겠느냐?[10]

배만 부르게 해 주는 것은 효가 아니라는 것입니다. 집에서 기르는 가축한테도 때가 되면 먹을 것을 주고 추우면 거처할 곳을 마련해 주지 않습니까? 배만 부르고 등만 따스하게 해 주는 것은 짐승을 기르는 것과 똑같다는 말입니다. 참으로 무서운 말입니다. 자식으로서 부모에 대한 진실함, 공경하는 마음가짐 없이 물질의 봉양만을 효도의 전부라고 생각하는 세태를 지적한 것입니다. 효도란 겉으로는 봉양이라는 형태로 나타나지만 그보다는 공경하는 마음가짐과 정성스러움을 가지고 부모의 뜻을 헤아려야 합니다. 구복보다는 색양이 앞서야 합니다. 물질로 봉양하는 것도 중요하지만, 늘 공경하는 마음과 즐거운 마음가짐이 밖으로 나타나 평온하고 온화한 얼굴빛을 유지해야 합니다.[11] 참 어려운 일이지만 어렵다고 해서 그만두어서는 결코 안 되는 일입니다. 아무리 오래된 이야기라 하더라도 옳은 건 옳은 것입니다.

자식은 부모의 거울

내 몸을 잘 보살피고 행동 하나하나를 조심하는 것만으로 효도를 다하는 것은 아닙니다. 그것은 효의 시작일 뿐입니다. 진정한 효는 부모의 품을 벗어나서 시작되는 것입니다. 사회에 나가 남들이 인정하는 자리를 차지하고, 사람이 마땅히 지켜야 할 도리를 다함으로써 후세까지 아름다운 이름을 날려 어버이를 드높이는 것이 진짜 효도입니다. 요샛 말로 하면 훌륭한 사람이 되어 부모님이 고생고생하며 기른 보람이 있다고 활짝 웃게 만드는 자식이 되는 것입니다. 자식이 원수가 아니라 보배라는 소리를 들을 수 있게끔 말입니다. 부모님이 돌아가실 때 자식한테 고맙다는 소리를 하실 정도가 되어야 진짜 효도입니다.

부모가 돌아가시는 것으로 끝나는 것도 아닙니다. 부모가 돌아가셔도 효도는 계속되어야 합니다. 나는 여전히 부모의 자식으로 남는 것이기 때문입니다. 살아 계실 때는 정성을 다해 봉양하고, 돌아가시고 나서도 자식의 노리를 다해야 합니다. 부모님이 돌아가셨을 때는 슬픔을 다해 상을 치르고, 돌아가시고 나서 기일이 되면 생전에 했던 것처럼 경건한 마음을 다해 제사를 모셔야 합니다.

子曰 孝子之事親也 居則致其敬 養則致其樂 病則致其憂 喪則致其哀 祭則致其嚴

공자가 말했다. 효자가 부모를 섬길 때 살아 계시면 공경을 다하고, 봉양할 때는 즐거움을 다하는 것이다. 병이 드시면 근심을 다하고, 초상엔 슬픔을 다하며, 제사 지낼 때엔 엄숙함을 다하는 것이다.[12]

옛날에는 부모상을 당하면 3년 동안 시묘侍墓를 해야 비로소 효자 소리를 들었습니다. 지금은 3일장을 치르면서도 힘들다고 하지만, 옛날 사람들은 무슨 힘으로 그렇게 했는지 놀랄 지경입니다. 그러나 어찌 그들만 힘이 좋아 그랬겠습니까? 부모에 대한 마음이 그렇게 만들었을 것입니다. 요즘 사람들한테는 부모를 애틋하게 여기는 마음이 사라졌다고 합니다. 자식한테 쏟는 정성의 십분의 일만 부모한테 쏟아도 예전만 못하다는 소리는 듣지 않을 것입니다. 물자가 풍족해지고 수입도 늘어난 지금 시대에 오히려 효성은 태부족이라면, 물질이 풍요로운 만큼 우리의 정신은 오히려 더욱 빈곤해지고 피폐해진다는 것입니다. 행복의 역설이고, 풍요의 역설입니다. 돌아가시고 나서도 조금도 부끄럽지 않은 자식으로 되는 것이 진짜 효도입니다. 적어도 한 번쯤은 곰곰이 생각해 볼 일입니다.

효도는 단순히 부모님 은혜를 갚는 것이 아닙니다. 부모님 은혜를 갚는 것도 중요한 이유지만, 그것보다 더 중요한 이유가 있습니다. 바로 나 자신과 내 자식을 위한 것이 효도라는 것입니다. 나는 혼자 힘으로 덜렁 존재하는 것이 아닙니다. 나는 내 부모님의 자식으로 존재하는 것이고, 내 자식의 아버지요, 어머니로 존재하는 것입니다. 버릇없이 굴면 그 사람뿐만 아니라 그의 부모와 조상까지 욕을 먹습니다. 부모와 조상뿐만 아니라 자식과 자손들까지도 욕을 먹습니다. 내가 무슨 짓을 하든, 그것은 언제나 내 개인의 행위로 그치는 것이 아닙니다. 내가 이순신 장군처럼 훌륭한 사람이 되면 가문의 영광이 되고, 이완용처럼 나라를 팔아먹는 놈이 되면 가문의 수치가 되는 것이 우리 사회의 전통이고 풍속입니다.

그런데 남들에게 칭찬을 받거나 욕을 먹는 것보다 더 중요한 것이 있습니다. 남들의 평가를 받기 전에 자기 자식한테 직접 심판을 받는 게 더 무섭습니다. '어린아이는 어른의 아버지'라는 말처럼 자식은 부모가 하는 행실을 보고 배워 그대로 따라 하기 때문입니다. 내가 부모에게 효도하면 자식도 그대로 배워 효도하고, 내가 불효하면 자식도 그대로 본받아 불효합니다. 자식만큼 무서운 사람은 없습니다. 강태공姜太公으로 유명한 이가 말했습니다.

> 孝於親 子亦孝之 身旣不孝 子何孝焉
> 어버이에게 효도하면 내 자식도 나에게 효도한다. 내 자신이 효도하지 않았는데 자식이 어찌하여 나에게 효도하겠는가?[13]

자식은 부모의 거울입니다. 부모가 하는 대로 똑같이 따라합니다. 내가 부모에게 못되게 굴며 행패만 부렸다면, 자식이 무엇을 보고 배우겠습니까? 자식은 부모를 보고 배울 뿐입니다. 아이는 부모가 할아버지 할머니에게 하는 것을 본 대로 자기 부모에게 똑같이 합니다. 보고 배운 것이 그것밖에 없기 때문입니다. 패륜아의 자식이 패륜아가 되는 것은 자식의 인성이 나쁜 탓이 아닙니다. 부모를 본받은 것뿐입니다. 부모에게 극진히 효도하는 사람의 자식은 하지 말라고 해도 지극정성으로 효도할 것입니다. 내가 부모에게 불효하면서 자식에게는 효도하기를 바란다면, 그야말로 연목구어緣木求魚입니다. 나뭇가지를 따라 올라가

물고기를 구하는 것 이상으로 어리석은 짓입니다.

孝順還生孝順子 忤逆還生忤逆兒 不信但看簷頭水 點點滴滴不差移

효도하고 순종하는 사람은 다시 효도하고 순종하는 자식을 낳고,
부모에게 거역한 사람은 다시 거역하는 아들을 낳는다. 믿지 못
하겠거든 그저 처마 끝의 빗물을 보라. 한 방울 한 방울 떨어짐이
한 치도 어긋남이 없다.[14]

콩 심은 데 콩 나오고 팥 심은 데 팥 나오는 법입니다. 부모에게 순종
하고 효성스런 사람한테는 자식도 순종하고 효성스런 자식만 나옵니다.
부모님 말씀이라면 무조건 어기고 반발하는 사람한테는 그보다 더한
자식이 나오기 마련입니다. 자신이 뿌린 씨앗이 불효의 씨앗인데, 거기
에서 효의 열매가 맺힐 수는 없는 일입니다. 세상에 공짜는 없습니다.

처마 끝에서 떨어지는 빗방울을 보십시오. 한 방울 한 방울 떨어지
는 빗방울이 섬돌 위로 떨어지는 것을 보십시오. 한 치의 어긋남도 없
이 정확하게 그 자리에 떨어집니다. 어린아이들이 그렇습니다. 어린아
이는 한 치의 오차도 없이 부모가 하는 것을 정확하게 따라합니다. 오
죽했으면 "아이 앞에서는 냉수도 못 마신다"고 했겠습니까? 그저 조심
하고 조심하는 수밖에 없습니다.

까마귀가 주는 교훈

반포지효反哺之孝란 말이 있습니다. 어미에게 되먹이는 까마귀의 효성이라는 뜻으로, 어버이 은혜에 대한 자식의 지극한 효도를 이르는 말입니다. 까치나 까마귀에 대한 인식은 중국이나 한국이나 거의 똑같습니다. 보통 까치는 길조이고, 까마귀는 흉조라고 생각합니다. 까마귀는 음침한 울음소리와 검은 색깔 때문에 사람들이 멀리하는 새이지만 우리 인간이 반드시 본받아야 할 습성을 가지고 있다고 합니다.

까마귀는 알에서 깨어난 지 60일 동안은 어미가 새끼에게 먹이를 물어다 주지만, 그 뒤로 새끼가 다 자라면 먹이 사냥에 힘이 부친 어미를 먹여 살린다고 합니다. 그런 까닭에 까마귀를 '되돌려反 먹이는哺 새'라는 뜻을 담아 반포조反哺鳥라고 부릅니다. 반포지효는 어버이 은혜에 대한 자식의 지극한 효도를 가리키는 말입니다. 이렇게 까마귀 같은 미물조차도 자라면 늙은 어미를 봉양하는데, 사람이 그런 까마귀의 행실만큼도 흉내 내지 못한다면 어떻게 만물의 영장이라 자부할 수 있겠습니까?

세월은 흐르는 물과 같아서 어버이를 모시며 오래도록 살 수 없습니다. 자식이 된 사람들은 반드시 정성을 다하고 힘을 다해 부모를 모셔야 합니다. 옛날이나 지금이나 똑같습니다. 자식들은 대부분 부모에게 양육받기만 하고 자기 힘으로 부모를 봉양하지 못하고 좋은 세월 다 보냅니다. 바쁘게 돌아가는 세상을 핑계 삼아 부모님 은혜를 잊고 살다가, 부모님이 돌아가시고 나서야 후회합니다. 조선시대 중기의 대시인 송강松江 정철鄭澈이 그랬던 것처럼 말입니다.

어버이 살아 계실 제 섬길 일 다해라. 돌아가신 뒤이면 애달프다 어이하리. 평생에 걸쳐 못할 일 이뿐인가 하노라.

부모님들이 흔히 하시는 말씀이 있습니다. 너도 이 다음에 너하고 똑같은 자식 낳아 보라는 말입니다. 아무리 막돼먹은 자식이라도, 부모가 되어 자식을 키워 보면 비로소 부모님의 은혜를 알게 된다는 것입니다. 제 자식이 끔찍하게 사랑스럽다 보니, 그제야 제 부모님의 사랑을 깨닫는 것입니다. 그리고 후회하고 뉘우치지만 때는 늦습니다. 세월은 흘러갈 뿐 나를 기다려 주지 않습니다. 지나고 나서 후회하면 아무 소용없습니다. 사람의 모습을 했다고 해서 다 사람인 것은 아닙니다. 사람이 사람다워야 사람인 것입니다. 자신을 낳아 주고 길러 주신 부모의 은혜를 모르는 사람은 까마귀만도 못한 존재입니다.

효행은 자신의 노후대책

효가 '백행의 근본'이라는 말에 이의를 제기할 사람은 없을 것입니다. 그러나 앞에서 말한 고사故事에 대해서는 이견을 갖는 사람도 있을 수 있을 것입니다. 왜냐하면 우리 사회가 급격하게 변화하면서 산업 구조는 물론 가족 구조까지 변하였고 가치관도 변했기 때문에 비현실적인 이야기로 치부해 버릴 수도 있다는 말입니다. 일부 그런 생각도 있을 수 있겠습니다. 전통과 현대를 관통하는 효는 지정의知情意를 겸비한 보편적 효이지만 시대에 따른 효의 실천 방식은 다를 수밖에 없음도 부인할 수 없습니다.

우리의 전통적 가족 구조는 삼대三代가 한집에서 대가족을 이루고 살면서 대부분 농업에 종사하였습니다. 농경사회에서의 어른은 경험과 지혜의 보고였기에 자녀들에게 자발적 존경의 대상이었고, 어른은 권위와 위엄으로 자녀들에게 훈계와 지시를 할 수 있있습니다. 추구하는 인간상은 당연히 군자君子이고 지향점은 입신양명立身揚名이었습니다. 그러나 산업사회와 정보사회를 거쳐 지식 기반의 제4차 산업혁명을 논하는 현대사회에서는 대부분 이대二代가 핵가족을 이루어 살고, 부모와 자녀의 관계는 수평적이며 협조적인 관계로 변화하면서 자녀 중심의 자율적, 협조적 관계를 유지합니다. 다양성을 추구하는 사회인 만큼 각자에게 의미 있는 자아실현을 소중한 가치로 여기게 되었습니다.

효 교육은 가정에서 일차적으로 이루어져야 하지만 우리 사회의 교육환경을 보면 가정 교육이 갈수록 위협받고 있습니다. 맞벌이 가족이 늘어나고 공교육 기간이 확대되면서 걷고 말할 수 있을 정도만 되면 어린이집에 가게 되고 유치원과 학교 교육으로 이어집니다. 공부하는 목적은 오직 좋은 대학 가는 것입니다. 학교에서의 공부로도 부족하여 몇 개의 학원을 다닌 후 집에는 잠자고 밥을 먹기 위해 옵니다. 자녀들이 시험과 성적에 부담을 느끼는 상황에서는 가정에서도 정서적 효 교육보다 입시 위주의 교육이 우선일 수밖에 없습니다.

이러한 현실에서 각자가 할 수 있는 선택은 둘 중 하나입니다. 하나는 효를 포기하는 것이고 다른 하나는 이런 현실임에도 불구하고 포기하지 않고 현실에 맞추어 효 교육을 실천하는 것입니다. 효 교육을 포기하는 것은 참 쉽습니다. 그러나 그 결과는 금수禽獸처럼 사는 것이 됩니다. 반면 포기하지 않고 효 교육을 실천하려면 힘이 듭니다. 그러나 그 결과는 가족 간에 친親함을 이루며 사람답게 사는 것이 됩니다.

우리 사회가 아무리 급격하게 변화되고 현대화되었다고 해도 인간이 갖추어야 할 기본적이고 근본적인 소중한 가치는 계속 유지되어야 합니다. 따라서 부모와 자녀 간의 인격형성 과정에서 효 교육은 포기할 수 없습니다. 효의 핵심은 사랑과 존경을 바탕으로 친함을 이룰 수 있기 때문입니다. 가족 간에 대화의 끈을 놓지 않고 사랑을 주고 존경을 받는 노력이 절실한 때입니다.

/ 3 /

어떻게
정직正直을 실천할 것인가

거짓말이 만연한 사회

오늘날 우리 사회는 역사상 유례없는 정치 경험을 하고 있습니다. 진실이 실종되어 그 실종된 진실을 밝히기 위해 국력이 소진되고 있다고 해도 과언이 아닐 정도입니다. 날마다 새롭게 밝혀지는 진실을 보면 그동안 얼마나 많은 진실들이 조직적으로 은폐되었고 거짓으로 그럴듯하게 위장되었는지 그저 놀라울 뿐입니다. 많은 사람들이 정직하지 못하고 거짓말로 일관했다는 반증입니다. 우리 사회가 진정한 선진국 사회로 되려면 정직과 신뢰를 조속히 회복해야 한다고 많은 사람들이 입을 모으고 있습니다.

우리 인간은 남들과 더불어 살아가는 존재이기에 사회적 동물이라고 합니다. 더불어 살아간다는 것은 상호작용하면서 살아간다는 의미입니다. 상호작용한다는 것은 말과 표정을 통해 소통하고 행동을 통해 뜻을 전달하고 공유하며 살아간다는 것입니다. 이를 위해 우리 인간은 교육과 학습을 포함한 사회화 과정을 거치게 됩니다. 교육이 사회생활에 필요한 지식이나 기술 및 바람직한 인성과 체력을 갖도록 가르치는 조직적이고 체계적인 활동이라면, 사회화는 사람이 사회 속에서 성장하면서 사회적 상호작용을 통해 그 사회의 문화를 내면화하는 과정입니다. 다시 말하면 교육은 의도적으로 옳고 좋은 것만을 배우게 한다면 사회화는 좋은 것과 나쁜 것을 모두 있는 그대로 배우게 되는 것이라 하겠습니다.

인간이 사용하는 말(언어)은 바른 말과 고운 말도 있지만 거짓말과 욕설도 있습니다. 교육에서는 바른 말을 쓰도록 권장하고 있으며 그렇지 않을 경우 제재를 받기도 합니다. 그러나 사회생활에서는 거짓말이 일상으로 존재합니다. 또한 고운 말을 쓰도록 교육받지만 사회생활에서는 욕설이 많이 사용되고 있음을 부인할 수 없습니다. 사람들은 개인차가 있기는 하나 거짓말과 욕설을 안 해 본 사람이 없을 것입니다. 왜 거짓말과 욕설이 안 좋은 것인지 알면서도 쓰고 있을까요?

'위장'과 '속임수'를 거짓말의 한 형태로 본다면 동물의 세계에서는 가장 중요한 생존 전략이 거짓말이라고 할 수 있습니다. 동물의 세계에서 먹이를 쫓는 동물이나 잡아먹히는 동물은 항상 위기상황입니다. 따라서 약육강식의 동물 세계에서 다른 동물이 잡아먹지 못하도록 자신을 눈에 띄지 않게 하거나 자신을 매우 무서워 보이게 만들어 다른 동물들이 피해가도록 하는 전략은 매우 중요합니다.

진화 이론에 따르면 모든 생물은 생식 가능한 나이가 될 때까지 살아남는 것이 중요합니다.[1] 생식 성공을 결정짓는 여러 가지 요소 가운데 생식의 기회는 자연선택에 의해 증가하게 되는데, 다양한 하급 동물들에서 볼 수 있듯이 거짓말과 속임수는 생존을 위한 자연의 섭리라고 할 수 있습니다. 하급 동물의 생존을 위한 속임수와 거짓말은 파충류 등이 배경 색과 비슷한 보호색으로 위장하거나 개가 꼬리나 깃털을 세워 자신을 더 무섭게 보이도록 하는 것입니다. 새가 알이나 새끼를 보호하기 위해 주파수를 높여 공격자들을 놀라게 하여 접근과 공격을 못 하도록 하는 것도 마찬가지입니다.

어떤 이들은 모든 동물들은 순수하고 단지 인간만이 거짓말을 한다고 주장합니다. 사람이 거짓말을 하는 것은 하급 동물들의 속임수하고는 분명 다릅니다. 그러나 지적 수준이 높은 동물들을 관찰한 결과 인간과 비슷한 결과가 나타났다고 합니다. 영장류의 행동과 전략 가운데서도 유인원은 충격적일 만큼 인간과 유사하다고 합니다. 동물행동학자들은 인간의 많은 행동은 하급 동물이 진화한 본능적 패턴에서 유래했다고 합니다. 이렇게 볼 때 거짓말은 사람을 포함한 동물 세계의 기본적 특성입니다. 거짓말은 생존을 위해 항상 잠재돼 있고 생물의 종種에 따라 독립적으로 진화해 왔습니다. 어떤 사람은 거짓말을 하고 상대방은 거짓말을 감지하는 데 필요한 인지 기술이 끊임없이 발전하면서 인간의 뇌도 진화했습니다. 인간의 자기기만은 거짓말의 효용성을 높이며 그 결과 거짓말이 더 발전하게 되었다고 합니다.

인간의 뇌는 다소 독립적으로 분화되어 있으면서도 상호활동을 하는 기능체로 조직돼 있다고 합니다. 그 가운데서도 전두엽은 사회관계와 관련한 정보의 미묘한 의미를 분간하는 데 중요한 역할을 하며 만약 전두엽이 손상되거나 기능의 단절이 생기면 거짓말이나 자기기만을 일으킬 수 있다고 합니다. 더욱 흥미로운 가설은 사회 집단의 압력이나 체제의 감시와 균형이 거짓말을 조장한다는 것입니다. 그러므로 의도한 목표의 미묘한 암시를 읽는 능력 때문에 대뇌 피질의 기능이 활발할수록 사람들은 거짓말에 더 능숙해진다고 합니다.

정직은 사람의 삶을 지탱하는 힘

거짓말에 대해 국어사전(새 우리말 큰 사전)에는 '사실이 아니라는 것을 알고 있으면서, 남에게 이것을 믿게 하려고 사실인 것처럼 꾸며서 하는 말 또는 남을 속이는 말'이라고 돼 있습니다. 위키백과에는 거짓말을 조금 더 구체적으로 이렇게 설명하고 있습니다. '말하는 이가 이미 거짓임을 알고 있는 상태에서 듣는 이를 사실로 믿게 하기 위해 하는 실제와 다른 발언 또는 일부만 사실인 발언 혹은 사실 전부를 말하지 않는 것을 의미한다. 거짓말은 보통 비밀을 지키거나, 평판을 유지하거나, 감정을 감추거나, 처벌을 피하기 위해 행한다. 경우에 따라서는 예의, 수

치, 공포, 다른 사람에 대한 보호 등의 이유로 거짓말을 하기도 한다.'

아이들(사람들)이 거짓말을 하는 것은 정상적인 행동입니다. 진실을 어떻게 말하는지 배우면서 거짓말도 배우게 되는 것입니다. 거짓말을 배우는 과정은 가정의 교육 방식이나 사회 환경에 영향을 받습니다. 어떠한 거짓말이든 거짓말에 대한 주위의 보상이나 체벌의 정도가 큰 영향을 끼친다는 것입니다. 그리고 사회 상황에서 선의의 거짓말을 하는 것에 대해서도 배우게 됩니다. 이는 대인 관계에서 중요한 기술 가운데 하나이며 성숙이나 세련미의 상징으로 여겨지기도 합니다.

심리학자들은 오래전부터 인간이 왜 거짓말을 하는지, 무슨 거짓말을 하는지, 어떻게 거짓말을 하는지 해명하고자 노력했습니다.[2] 거짓말은 인간이 가진 마음의 복잡성과 본능, 욕구, 감정, 계획성, 성격 유형, 기질 유형 등 모든 것이 종합해 나타나기 때문에 어느 한 가지 이론만으로 설명하기는 어렵습니다. 그러나 거짓말을 할 때 인지 부하가 발생하고 여러 종류의 감정으로 표현되기도 하며 의도적으로 언어와 비언어를 통제하기도 한다는 사실을 알게 되었습니다.

우리가 경계해야 할 바람직하지 않은 거짓말은 외적 세계와 내적 세계에서 생겨난 스트레스 대처 방식으로 몇 가지의 유형이 있습니다. 첫째는 반사회적 거짓말입니다. 거짓말에 대한 죄의식 없이 거짓말을 밥 먹듯 하는 유형으로 다른 사람들을 이용해서 일시적으로 만족을 느끼는 유형의 거짓말입니다. 둘째는 연극적 거짓말입니다. 진실을 쉽게 과장하거나 왜곡하여 다른 사람들로부터 칭찬을 받기 위한 거짓말입니다. 셋째는 경계형 거짓말입니다. 환상과 사실을 섞어서 말하고 충동조절을 잘 못하며 공격적 성향의 거짓말입니다. 넷째는 자기애적 거짓말로 자아도취적 성격장애로 인하여 자신의 능력 이상의 일들을 거짓으로 말합니다.

거짓말과 자기기만은 우리 삶의 모든 부분에 만연해 있습니다. 잘 사용하면 우리의 삶과 인간관계의 질을 높여 주기도 하지만 잘못 사용하면 자신에게나 타인에게 끔찍한 영향을 줄 수도 있습니다. 특히 악의가 있는 거짓말은 자신은 물론 다른 사람들과 사회 전체를 오염시키는 주범입니다. 그런 까닭에 인성교육의 아버지라 할 수 있는 공자는 정직이야말로 사람의 삶을 지탱하는 힘이라고 강조합니다.

子曰 人之生也直 罔之生也幸而免

선생님께서 말씀하셨다. 사람은 살면서 정직正直해야 한다. 거짓으로 사는 것은 요행으로 죽음을 면하는 것이다.[3]

사람이 살아가는 힘은 정직입니다. 정직하지 않고 거짓으로 살아가는 것은 요행히 죽음을 면한 것뿐이라는 말입니다. 세상에는 정직한 사람이 오히려 일찍 죽고, 남을 속이고 부정을 저지르는 사람이 오래 사는 경우도 많습니다. 공자는 이런 현실을 모를 리 없을 텐데도 사람은 정직하게 살아야 한다고 목소리를 높입니다. 그만큼 정직이 중요하다는 것입니다.

중국 후한後漢시대는 조정의 환관들이 판을 치고 정치와 관료가 문란하고 부패했던 시대이지만 그런 세상에도 고결한 관료가 없었던 것은 아니니, 제6대 임금 안제 때 양진(楊震, 54~124)이라는 사람이 바로 그런 사람입니다.

양진은 관서 출신으로 일찍이 학문에 전념하여 박학다식할 뿐만 아니라 인격이 출중한 데다가 청렴결백하였기 때문에 당시 사람들은 그를 '관서의 공자'라고 불렀는데, 그런 양진이 동래군 태수로 임명되었을 무렵의 일입니다. 임지로 떠나가던 도중 창읍에서 날이 저물어 객사에 들었습니다. 외로운 객사에 혼자 앉아 이런 생각 저런 생각에 잠겨 있는데 창읍현의 현령으로 있던 왕밀王密이라는 사람이 밤늦게 조용히 찾아왔습니다.

"태수님, 오랜만에 뵙게 되니 반갑습니다. 오래 전에 형주에 계실 때 신세가 많았던 왕밀이올시다."

"아, 알구 말구, 정말 오래간만일세."

양진도 왕밀을 기억하고 있었습니다. 지난날 왕밀을 형주 자사로 천거해 준 일이 있었습니다. 말하자면 그 때 그 일로 양진은 왕밀의 출셋길을 열어 준 은인인 셈입니다. 여러 가지 옛날이야기로 시간 가는 줄 모르고 즐겁게 담소하던 중 왕밀이 슬며시 옷깃 속에서 황금 열 냥을 꺼내어 공손히 양진의 무릎 위에 얹어 놓았습니다.

"졸지에 합당한 물건도 드릴 만한 게 없고 해서 이걸 가지고 왔습니다. 약소하나마 제 성의로 아시고 거두어 주십시오."

양진은 부드러운 음성으로, 그러나 엄숙한 표정으로 말했습니다.

"나는 이미 옛날부터 자네를 알고 있을 뿐만 아니라 자네의 학식과 인물에 대해서도 확실히 기억하고 있네. 그런데 자네는 내가 어떤 사람이라는 걸 잊었단 말인가?"

"아, 아니올시다. 태수 어른, 태수 어른이 얼마나 고결하신 분이신가는 항상 마음속에 깊이 새겨 명심하고 있습니다. 그러나 이것은 금방도 말씀드린 것같이 그리 대단한 값어치도 못 되고 더더구나 태수 어른에게 무슨 뇌물로 드린다는 생각은 추호도 없습니다. 단지 옛날 베풀어주신 은혜에 대한 참으로 보잘것없는 소인의 정성입니다."

"자네는 지난날 내가 짐작했던 것처럼 훌륭하게 성장하고 출세해서 오늘날 현령이라는 벼슬에 올랐네. 앞으로도 직책에 충실하여 더욱 영전을 거듭할 것을 의심치 않는 터이니 나에게 대한 보은이라면 그 일로 충분하다고 할 수 있지 않은가?"

"아니올시다. 태수님, 그렇게 딱딱한 말씀만 하신다면 제가 너무나 섭섭하고 부끄럽습니다. 게다가 이런 밤중에 이 방 안에는 태수님과 저, 단 두 사람밖에 누가 또 있습니까? 오직 태수님 한 분에게 이 사람이 허물없는 옛정으로 올리는 것이니 너그러이 받아 주기 바랍니다."

양진은 똑바로 왕밀을 쏘아보았습니다. 양진의 두 눈은 번쩍하고 빛을 발했습니다.

"자네와 나, 단 두 사람뿐이니 아무도 모른다는 말인가? 그러나 하늘이 알고天知 땅이 알며地知, 자네가 알고子知 내가 안다我知네."

하늘이 알고, 땅이 알고, 자네가 알고, 내가 안다는 말에 왕밀은 얼굴을 들지 못하고 물러갔습니다. 그 뒤로 양진의 청렴 고결한 언행은 더욱 널리 알려져서 나중에는 군사 관계의 최고 책임자인 태위라는 지위까지 올라갔습니다.

중국 송 말宋末 원 초元初 사람인 증선지曾先之가 편찬한 『십팔사략十八史略』의 양진전楊震傳에 나오는 이야기로 세상에 비밀은 없다는 것입니다. 비밀이 없다는 말이 무엇입니까? 거짓은 통하지 않는다는 말입니다. 정직이 최선의 정책이라는 것입니다. 누구한테나 진실하게 대하는 것이 중요합니다. 작은 일부터 진실하게 말하고 행동해야 합니다. 커다란 붕괴를 일으키는 것은 소소한 틈에서 비롯되는 법이니, 정직성에서는 사소한 타협도 하지 않도록 자신을 지키는 것이 중요합니다. 몇 사람은 속일 수 있어도 모두를 속일 수는 없고, 모두를 속일 수는 있어도 자기 자신은 속일 수 없는 법입니다. 잠깐 동안은 속일 수 있어도 영원히 속일 수는 없는 법입니다.

요컨대 거짓은 통하지 않는 법이니, 정직이 최선의 정책이라는 것인데, 여기서 한 가지 문제가 있습니다. 공자가 말하는 정직이 과연 무엇이냐 하는 것입니다. 다음과 같은 대목에서 공자가 말하는 정직이 무엇을 가리키는지 엿볼 수 있습니다.

『논어』를 보면 미생고微生高라는 인물이 나옵니다. 그는 신용을 매우 중요하게 여겼고, 세상 사람들도 모두 그를 보고 정직한 사람이라고 말했습니다. 하루는 그런 미생고에게 어떤 사람이 식초를 얻으러 왔는데 마침 미생고 집에 식초가 떨어지고 없었습니다. 그러자 미생고가 슬그머니 이웃집으로 가서 얻어다 주었는데, 공자가 그런 이야기를 듣고는 다음과 같이 말합니다.

孰謂微生高直 或乞醯焉 乞諸其鄰而與之
누가 미생고를 정직하다고 했는가? 어떤 사람이 식초를 얻으러 갔더니, 이웃집에서 얻어다 주었다는데.[4]

미생고는 정직한 사람이 아니라는 것입니다. 정직에는 참과 거짓의 구분이 있는데, 거짓으로 정직한 것은 쇼를 하는 것이기 때문에 진짜 정직이 아니라 정직을 파는 매직賣直이라는 것입니다. 식초는 중국인들이 가장 많이 쓰는 식료품 가운데 하나로 어느 집에서나 흔히 쓰는 것입니다. 그런 식초를 얻으러 왔을 때, 내 집에 없으면 없다고 하면 그만입니다. 그러면 얻으러 온 사람은 이웃집에서 얻어 가면 됩니다. 그런데 미생고는 제 집에 없다고 이웃에서 얻어다 주었습니다. 그것이 친절이라고 할 수는 있을지 몰라도, 정직은 아닙니다. 친절이라고 말하기도 어렵습니다. 오히려 남에게 굽실대는 아유阿諛이거나, 아니면 제 집의 가난을 알리지 않으려고 남을 속이는 짓입니다. 남의 눈을 의식해서 진실을 가리는 것은 적어도 정직하고는 거리가 먼 것입니다.

정직하다는 것은 자신의 가치관과 감정에 솔직하다는 것입니다. '정직'의 '바를 정正'자는 '一' + '止'로 이루어졌습니다. 여기서 '一'은 '하늘'이란 의미에서 유래하였고, '止'는 '걷는 발걸음'에서 유래한 글자입니다. 곧 '바르다正'란 '하늘의 원리와 방향을 따라 걷는 발걸음'을 의미합니다. 그리고 '곧을 직直'은 변형 과정이 다소 복잡한데, '눈 목目', '세로선 곤丨', '힘없이 걷다'는 뜻인 '자축거릴 척彳' 등의 복합어입니다. 그 어원 풀이는 '사방으로 난 길에서 눈을 들어 똑바로 본다'는 뜻입니다.

사회적 자본인 신뢰의 토대는 정직

정직을 좁은 의미로만 생각하면 자신의 가치관과 감정에 솔직하다는 것입니다. 그러나 조금 넓은 의미로 생각하면 각자의 분수를 지키는 것도 정직이고 사람들의 상식에 벗어나지 않게 사는 것도 정직입니다.

현대사회를 대중사회라고 부르기 시작한 것은 오래되었습니다. 탁월한 지도자나 소수의 엘리트가 지배하던 과거 사회와 달리 상식에 기반한 대중들이 사회의 주역으로 움직이는 사회가 현대사회라는 것입니다. 이것은 동서양을 막론하고 도도히 흐르는 하나의 흐름이 되었습니다. 최근 우리 사회도 대중의 상식에 맞지 않는 지도층의 의사결정으로 혼란을 경험하고 있습니다. 우리 사회가 세계 10위권의 경제력을 운운하는 것은 자랑스러운 일입니다. 그러나 선진 문화 국민으로서의 품격을 갖추기 위해서는 사회적 자본이 있어야 합니다.

사회적 자본이란 사회 구성원들 간의 신뢰를 근간으로 합니다. 신뢰란 무엇일까요? 신뢰는 사람들의 관계를 원만하게 하고 사회가 제대로 기능하게 해 주는 토대입니다. 신뢰는 가장 폭넓은 의미에서 자신의 기대를 확신하는 것으로 사회생활의 기본 토대가 됩니다. 물론 현실적으로 많은 경우에 사람들은 어떤 측면에 대해서 신뢰할 것이냐 말 것이냐를 결정할 수 있습니다. 그러나 신뢰가 완전히 결여된다면 그는 아침에 일어나는 것조차 못할 것입니다. 그는 언제나 꿈처럼 몽롱한 상태에서 아무것도 하지 못할 것입니다. 아마 불신조차도 하지 못할 것입니다. 불신도 다른 방향에서 신뢰를 전제하는 것이기 때문입니다.[5]

신뢰가 무너질 때는 사회도 동요되고 무너진다는 의미에서 신뢰란 공동선이라고도 할 수 있습니다. 신뢰는 어떤 사람이 다른 사람을 공정하게 대하고, 그 사람의 이해관계를 진심으로 생각하며, 어떠한 해도 끼치지 않는 것입니다. 신뢰는 안정된 사회관계를 위해서 없어서는 안되는 것으로, 모두의 정직이 상호 간에 작동할 때만 사회적 자본인 신뢰도 확보되는 것입니다.

'대충대충' 문화

정직이란 내 마음에 상처를 남기지 않는 일입니다. 사실을 사실대로 받아들이고 털 것은 털어 가며 사는 것입니다.[6] 어떻게 해야 내 마음에 상처를 남기지 않고 살 수 있을까요? 우리의 일상생활 속에서 생각해 보도록 하겠습니다.

마을 주변 산길을 따라 걷다 보면 갑자기 황당한 물건이 나타납니다. 집에 있어야 할 냉장고가 있는 것입니다. 그리고 방에 있어야 할 침대 매트리스가 있습니다. 이것은 누군가가 으슥한 산길에 버리고 간 것이 틀림없습니다. 그 외에도 타지도 썩지도 않을 각종 생활쓰레기가 깨끗해야 할 산에 널려 있습니다. 지자체별로 쓰레기를 분류하여 버리도록 홍보를 하고 있으나 손쉬운 방법을 택한 것이 분명하고 남이야 어떻게 생각하든 말든 내 식으로 하겠다는 이기주의를 보여 준 것입니다.

시골의 농부 중 일부는 자신들이 먹을 양식용과 수매용 나락을 구분하여 키웁니다. 나와 내 사식들이 먹을 쌀은 수확량이 적더라도 유해하지 않은 것이어야 하고 남들이 먹을 쌀은 다소 유해 성분이 들어 있더라도 수확량이 많도록 하겠다는 것입니다. 그러나 요즈음은 집에서 지은 밥만 먹고 살 수 없는 환경이기 때문에 그렇게도 아끼는 내 가족이 반절은 유해한 성분의 쌀로 지은 밥을 먹게 될 수밖에 없습니다. 농사짓는 분들이 모두 내 가족이 먹는다고 생각하고 농사를 짓고 내 가족이 수확한 쌀로 밥을 지어 먹는다고 생각하면 좋지 않을까요?

모 TV 프로그램에 '먹거리 X파일'이라는 것이 있습니다. 음식점을 중심으로 취재를 하여 우리가 먹는 음식을 안전하게 먹을 수 있도록 잘 만들어지고 있는가를 진단하는 프로그램입니다. 취재 대상 음식점 중에는 신선한 재료와 안전한 보관 그리고 정성스런 요리로 가족이 먹을 수 있는 음식을 판매하여 '착한 식당'으로 인정받는 경우도 있습니다.

그러나 상당히 많은 식당에서는 사람이 먹으면 안 되는 식재료 또는 먹기에 부적절한 식재료를 사용하면서 "영업이익을 위해서는 어쩔 수 없다"라고 항변하는 경우도 있습니다. 어떤 경우는 도저히 식당 주방이라고 할 수 없는 불결한 환경과 성의 없이 방치한 식재료들을 보여 주는 경우도 있습니다. 내 가족을 먹이는 마음으로 음식을 만들고 내 가족이 만든 음식을 먹는 마음으로 음식을 사 먹는 사회가 되어야 하지 않을까요?

지방자치시대의 시작과 함께 우리나라에서는 지역마다 축제가 많아졌습니다. 지역 특색을 살리는 축제가 열리면 그 지역에는 사람들이 많이 모입니다. 그 덕택에 지역 상가에서는 장사가 잘될 것으로 기대를 합니다. 그런데 상인들은 이때를 '특수'라는 이름으로 한몫 챙기는 기회로만 생각하는 경향이 있습니다. 다시 말하면 오늘의 고객이 내일은 여기에 없을 것이기 때문에 바가지요금을 요구하거나 부실한 음식을 판매하는 경향이 있습니다. 축제 기간에는 의례히 그런 것이라는 상식이 생길 정도로 말입니다. 이것은 여름만 살다 죽는 하루살이와 같은 생각 아닐까요? 이것은 분명 자기를 속이고 남도 속이는 지극히 정직하지 못한 행위일 것입니다.

우리 사회는 인터넷과 교통의 발달로 온라인 상거래의 비중이 점차로 늘고 있습니다. '빨리빨리'라는 별명을 얻을 정도로 신속을 경쟁력으로 꼽는 나라답게 인터넷 쇼핑몰에서 오늘 신청하면 원하는 장소에서 내일 받을 수 있는 나라입니다. 도착하는 물건을 보면 보내 주는 사람의 친절과 정성이 느껴지는 경우도 있어 그런 때는 가슴이 훈훈해집니다. 그러나 아쉽게도 표준화된 규격의 공산품이 아닌 경우 신청한 물건을 받아 보고 실망하거나 속상한 경우도 있습니다. 상태가 변질된 것은 차라리 이해를 하겠는데, 위에는 상품가치가 있는 것으로 배열하고 아래 또는 속에는 상품가치가 적거나 없는 것으로 채워 놓은 경우입니다. 그리고 때로는 실수를 가장하여 슬쩍 몇 개를 빼고 포장하여 보낸 물건에서도 정직을 생각하게 합니다.

또 한편 우리 사회는 자격증 시대라고 해도 과언이 아닙니다. 그런 상황에 맞추어 교육 기회도 많아졌습니다. 그러한 교육 중에 사이버 교육의 비중이 늘어 가고 있습니다. 자격증 취득뿐만 아니라 직장인들의 교양 및 직무 관련 교육도 사이버 교육이 대세로 자리매김해 가고 있습니다. 잘 알다시피 사이버 교육은 편리성과 경제성 등 대단한 장점이 있어서 많은 성인들과 심지어는 학생들도 선호하는 학습 방법입니다. 그런데 아쉬운 것은 효율적이라는 명분으로 정직하지 않은 방식의 학습이 문제입니다. 컴퓨터의 다양한 기능 중 복사하여 붙여 넣기 기술만 있어도 상당 부분 해결되는 내용이 있습니다. 자격증만 취득하면 되고 교육과정만 이수하면 된다는 사고방식은 사이버 교육에서만 끝날까요?

진짜 중요한 것은 정직

정직해야 할 이유와 정직하지 못한 사례는 끝이 없을 정도로 많습니다. 이발소에서 쓰는 가위 하나도, 식당에서 쓰는 칼 하나도 명품을 이야기할 정도로 우리 사회의 각 분야마다 명품을 이야기할 수 있습니다. 명품(진품)과 짝퉁(모조품)의 차이는 기술적 요소도 있지만 정직도 큰 몫을 한다고 생각합니다. 명품은 남의 눈에 띄지 않는 곳까지 꼼꼼하게 신경 써서 만든 물건이라면 짝퉁은 겉만 번지르르하게 만든 물건이라 하겠습니다. 이 이치를 사람에 비유하면 겉과 속이 같은 사람이 정직한 사람이고, 겉과 속이 다른 사람이라면 정직하지 못한 사람입니다.

세계화를 외치며 글로벌 스탠더드를 논하던 시절도 있었습니다. 제4차 산업혁명을 특징으로 하는 요즘은 국제 경쟁력이 있어야 한다는 것이 상식이 되었습니다. 과연 우리는 국제 경쟁력이 얼마나 있을까요? 국제 경쟁력의 요소는 한두 가지가 아니겠으나 국가 및 국민 간의 정직과 신뢰가 큰 요소라고 생각합니다. 그런데 국제 경쟁력을 외국어 실력으로 착각하는 사람이 있습니다. 최근 서양인들은 동양 3국인의 특징을 '중국은 더럽고 일본은 예의 바르고 한국은 슬라이sly하다'고 하였습니다.[7] 슬라이를 직역하면 음흉하고 교활하다는 뜻이니 이 말대로라면 우리나라는 국제 경쟁력이 높지 않은 것입니다.

우리나라는 이제 글로벌 환경 속으로, 아니 글로벌 태풍의 한가운데 있기 때문에 과거의 패러다임을 고집하거나 과거의 성공 신화에서 빠져나오지 못하면 생존이 어려울 수 있습니다. 정저지와井底之蛙라는 말이 있습니다. 우물 안 개구리는 우물 안에서 본 것만이 전부인 양 생각하고 이야기하며 행동을 한다는 것입니다. 더 넓은 세상을 살기 위해서는 과감하게 시간과 공간을 확장하여 생각하고, 이미 알고 있는 기존의 지식의 한계를 파괴하고 뛰어넘는 행동을 해야 한다는 것입니다. 새로운 패러다임은 정직하고 겸손하게 살아가는 것입니다. 국제간 무역에서도 정직하게 해야 하고 국내 시장에서도 정직하게 임하는 기업만이 생존할 수 있습니다.

국제투명성기구는 1988년부터 1991년까지 세계은행World Bank에서 남미와 아프리카 책임자로 근무했던 피터 아이겐Peter Eigen이 1993년 설립했습니다. 세계 반부패 운동을 주도하고 있는 비정부 기구로 독일 베를린에 본부를 두고 있습니다. 그런데 이 기관에서 발표한 주요 국가별 부패지수에 의하면 2003년 우리나라는 50위를 차지하였고 그로부터 10년 후인 2012년에는 조사대상 178개국 중에서 45위를 보이고 있습니다. 그런데 '부패가 없는 사회는 과연 경쟁력이 있는가?'도 궁금한 사항입니다. 국제투명성기구와 세계경제포럼이 함께 조사한 자료에 의하면 예외적인 상황이 있을 수는 있지만 대체적으로는 부패지수 상위 10위권 이내 국가의 국가경쟁력이 상위 10위권 안에 든다는 것을 알 수 있습니다.[8]

우리는 누구나 품격 있는 삶과 경쟁력 있는 국가와 사회를 원할 것입니다. 그런데 가장 큰 걸림돌은 정직의 결여입니다. 어떻게 사는 것이 옳게 사는가에 관심이 있다기보다 어떻게 하면 출세할 수 있을까에 관심이 집중되어 있다 보니 그렇습니다. 다 아는 이야기지만 출세하려면 명문대학을 나와야 하고 더 솔직히 말하면 서울대학교를 가야 한다고 생각하면서 초등학교부터, 심지어는 유치원에서부터 경쟁을 시작합니다. 그렇게 꿈에 그리는 서울대학교가 세계 100대 대학에도 들기 어려운 상황입니다. 그런 대학을 가기 위해 정직이고 인성이고 다 접어 버리고 시험 성적만 올려도 되는 것인지 생각해 보아야 할 일입니다.

과거 70, 80년대 산업사회에서 지금보다 일자리가 많았던 때는 명문대학 졸업생일수록 대우를 받은 것도 사실이었습니다. 그러나 글로벌 경쟁력을 강조하는 지금의 업무환경은 협동과 협력이 절실한 때입니다. 자기만이 잘났다고 생각하는 사람 또는 정직하지 못한 사람과 같이 협동하고 협력하는 것이 쉬운 일이겠습니까?

막스 베버의 『프로테스탄티즘의 윤리와 자본주의 정신』은 자본주의 시대를 살고 있는 사람이라면 한 번쯤 읽어 보아야 할 책입니다. 돈을 어떻게 이해해야 하는지, 어떻게 경제활동을 해야 하는지에 대한 답을 주고 있습니다. 중세를 지나고 영국에서 산업혁명이 일어난 후 자본이 이동하기 시작했습니다. 막스 베버는 자본(돈)은 믿음과 실천의 결과이고 돈은 죄악의 도구가 아닌 선善의 도구로 쓰여야 하며, 돈은 개인의 종교적 의무와 직업에 대한 엄숙한 책임의식에서 나온다고 했습니다. 다시 말하면 우리가 추구하는 소중한 가치인 돈, 지식, 건강, 권력, 직위 등은 하나님이 잠시 우리에게 맡긴 것이라고 했습니다.

세상에는 여러 부류의 사람들이 있습니다. 2006년 오피니언 리서치 조사에서 응답자의 75% 이상이 돈을 더 주더라도 윤리적으로 운영하는 기업의 상품을 구매하겠다고 말했습니다.[9] 최근 국내에서 운용되는 승용차를 보면 외제 승용차의 비중이 계속 늘고 있습니다. 과연 이유가 무엇일까요? 국산 승용차의 성능도 많이 개선되었다는데 왜 그럴까요? 이유를 여러 가지로 알아본 결과 이런 이야기를 들을 수 있었습니다. 해외로 수출되는 자동차의 가격과 국내에서 판매되는 자동차 가격이 다른 점에 분노한 소비자가 있다는 점입니다. 그래서 외제차를 구매함으로써 자동차 회사가 정신을 차리도록 한다는 논리였습니다. 한마디로 공평하지 않으며 정직하지 않다는 것입니다. 과거에는 국산품을 이용하는 것이 애국하는 일이라고 생각했던 시절이 있었는데, 이 사람들의 논리로 하면 길게 보았을 때 그렇게 하는 것이 애국하는 것이라고 합니다.

많은 비즈니스 리더들이 범죄를 저지르고 법의 심판을 받게 되면서, 과거에는 검사들이나 할 법한 질문들을 소비자들도 하는 시대가 되었습니다. 기업이 다른 기업과 경쟁을 할 때 똑같은 경쟁 조건하에서 공정한 경쟁을 기대하는 것처럼 고객도 기업이 자신에게 좋은 가격에 좋은 제품을 제공하고 공정한 대우를 하고 있다고 생각할 때 마케터에게 보상을 합니다. 반면 기업이 자신들을 속인다고 생각하면 그 기업과의 관계는 끊어지고 관계 회복은 불가능합니다. 기업을 예로 들었을 뿐 우리 사회의 모든 분야에서 새겨야 할 '정직이 경쟁력'이라는 이야기입니다.

거짓말과 술수가 많고 거친 말과 욕설이 많은 집단이나 조직에서 정직한 언행과 고운 말, 바른 말을 하는 사람은 소외(따돌림)의 대상이기 쉽습니다. 정직한 마음과 행동 때문에 때로는 손해를 보기도 하고, 심지어는 아둔한 사람 취급을 받기도 합니다. 그렇지만 우리 사회에서 정직이 중요한 덕목이라는 것을 부정하는 사람은 아무도 없습니다. 제대로 된 사람이라면 정직이 실현되는 사회가 되어야 한다고 입을 모읍니다. 정직만큼 아름다운 것은 없습니다.

/ 4 /

어떻게
책임責任을 다할 것인가

선장의 수준

1912년 4월 10일, 길이 268.8m, 폭 27.7m, 20층 높이의 호화로운 여객선 타이타닉Titanic호가 미국 뉴욕을 향해 영국 사우샘프턴을 떠납니다.[1] 배를 만든 총책임자 앤드류T. Andrew와 스미스E. Smith 선장을 비롯한 승무원과 승객 2,204명을 태운 타이타닉이 첫 번째 항해에 나선 것입니다.

4월 14일 밤, 프랑스의 쉘부르와 아일랜드의 퀸스타운을 지나친 타이타닉이 북대서양 뉴펀들랜드 남서쪽 640㎞ 떨어진 바다를 지나고 있을 때입니다. 체육관과 수영장을 비롯해 호화로운 부대시설을 갖추고 있는 타이타닉의 승객들이 들뜬 분위기에서 근사한 만찬을 즐기고 있던 때입니다. 무전실 기사 필립스J. Phillips와 브라이드H. Bride는 그 지역을 지나던 배들한테서 경고 메시지를 받습니다. 엄청나게 큰 빙산이 타이타닉 앞에 놓여 있다는 것입니다.

필립스와 브라이드는 곧바로 스미스 선장과 간부들한테 경고 메시지를 전달하면서 필요한 조치를 내려 달라고 요청합니다. 하지만 선장과 간부들은 아무렇지도 않은 일이라며 웃어 버립니다. 해마다 그 시기가 되면 으레 되풀이되는 일이라는 것입니다. 게다가 타이타닉이 무엇입니까? 당시 인간이 만든 배 가운데 가장 크고 호화로운 여객선 아닙니까? 이중 바닥과 16개의 방수 격실, 수위가 어느 정도가 되면 자동으로 닫히는 문처럼 그 당시 첨단 기술로 만들어져서 절대 가라앉지 않는다고 자랑하던 배 아닙니까? 타이타닉한테 그까짓 빙산쯤은 아무 위협이 되지 않는다는 것입니다.

밤 9시 30분, 타이타닉이 뉴펀들랜드 케이프 레이스에 들어섰을 때입니다. 승객들의 안부를 전하거나 사업에 필요한 내용을 보내는 무전들로 혼잡한 무전실로 긴급 정보가 또다시 들어옵니다. 타이타닉 앞에 거대한 빙산이 있으니 긴급하게 피하라는 것입니다. 하지만 몹시 들뜬 무전실 분위기 때문에 가장 중요한 메시지가 묻혀 버립니다.

밤 11시 30분, 돛대 꼭대기 망대에서 어둠 속을 응시하던 플리크F. Fleek는 타이타닉 바로 앞에 놓인 거대한 물체를 봅니다. 그는 당황한 목소리로 지휘소에 거대한 빙산을 보고하고, 보고받은 1등 항해사 머독Murdoch은 조타수한테 긴급하게 명령합니다. "배를 전속력으로 후진해서 우측으로 선회하라!" 머독의 명령대로 배는 모든 엔진을 가동하여 전속력으로 후진하면서 우측으로 방향을 틀었습니다. 빙산과 정면 충돌하는 것을 피할 수 있는 비상조치였습니다. 하지만 20만 톤에 달하는 빙산이 배의 우현 쪽을 스치면서 배 아래쪽 측면에 커다란 구멍이 납니다. 뱃사람 최대의 악몽이 현실로 닥친 것입니다. 머독은 방수 격실의 문들을 닫으라고 명령했지만 이미 늦었습니다. 마침내 스미스 선장은 침통한 표정으로 승객들한테 배에서 내리라고 명령합니다.

다음날 새벽 2시 20분, 그때까지 인간이 만든 배 가운데 가장 크고 호화로운 배라고 자랑하던 타이타닉은 승객 2,204명 가운데 절반이 넘는 1,513명을 태운 채 차가운 바닷속으로 가라앉습니다. 세계 최대의 해난 사고라는 불명예를 안고 말입니다. 배에는 모두 20척의 구명보트가 있었지만 승객의 절반도 탈 수가 없었던 까닭에 겨우 711명만이 살아남았습니다. 뒤늦게 알려진 사실이지만 느슨한 규제 때문에 구명보트는 20척 밖에 준비하지 않아서 기껏해야 1,178명의 승객밖에 태울 수 없었습니다.

타이타닉호가 사상 최대의 사고를 내고 약 100년이 지난 2014년 4월 15일, 길이 146m, 넓이 22m, 높이 24m인 세월호가 밤 9시에 제주도를 향해 인천 연안여객터미널에서 출발합니다. 수학여행을 떠나는 안산 단원고 학생 325명과 교사 15명을 비롯한 승객 447명과 승무원 29명을 합해 모두 476명을 태운 세월호가 짙은 안개를 뚫고 항해에 나섰습니다.[2]

다음날인 4월 16일, 인천항을 출발한 세월호는 오전 8시 30분경 전라남도 진도군 병풍도 북쪽 20km 인근에 있는 맹골수도에 들어섭니다. 맹골수도는 맹골도와 거차도 사이의 해역으로 물살 세기가 대한민국에서 손꼽히는 곳인데, 무슨 이유에서인지 최고 속도로 달리던 세월호가 갑작스럽게 배의 항로를 바꾸는 바람에 중심을 잃고 기울어진 채 표류합니다. 오전 8시 52분, 기울어진 채 조금씩 침몰하는 배에 있던 학생 한 명이 전라남도 소방본부 119상황실에 신고합니다. 배가 침몰하고 있으니 빨리 와서 살려 달라는 신고 전화를 세월호의 승무원이 아닌 학생이 했고, 신고 전화를 받은 소방본부 관계자는 긴급 메시지를 목포 해경에 전달합니다.

학생이 신고한 시간보다 3분 늦은 8시 55분, 침몰하기 시작한 세월호는 제주관제센터 VTS에 배가 침몰한다고 알렸고, 제주관제센터는 8시 56분에 제주 해경에 연락합니다. 사고 해역과 가까운 곳에 신고하는 게 지극히 당연한 상식인데, 세월호는 무슨 일인지 가까이에 있는 진도관제센터를 두고 더 먼 곳에 있는 제주관제센터에 알린 것입니다. 8시 58분에 사고를 접수한 목포 해경은 오전 9시 19분부터 시작된 YTN 뉴스를 비롯한 언론들이 생방송하는 가운데 민관군 합동으로 구조에 나섭니다. 하지만 침몰하는 배에서는 선장과 선원들이 승객들한테 "이동하지 말고 가만히 있으라"고 방송한 뒤에 자기들끼리만 탈출한 모습에서 보듯이, 세월호에 대한 구조는 구조가 아니라 참사였습니다. 구조가 정상으로, 상식에 맞게만 이루어졌다면 승객 476명이 물에 젖는 사건에 지나지 않았을 텐데, 알 수 없는 이유로 304명이 사망하는 사건

이 되어 버린 것입니다. 국가가 '못' 구한 것이 아니라 '안' 구했다는 것입니다.[3]

세월호 현장을 생중계하던 일부 언론이 '전원 구조'라는 오보를 낼 정도로 모든 게 거짓이었습니다. 생때같은 아이들이 사람들 눈앞에서 죽어가는데 대통령이라는 이가 7시간씩이나 자리를 뜨고 없어진 일이 상징하듯이 모든 것이 엉망진창이었습니다. 세월호 소속사인 청해진해운은 물론 구조 당국인 해양경찰과 해양수산부 그리고 안전행정부의 위기관리 혼선으로 오전 11시 50분경 배가 완전히 바닷속에 가라앉으면서 승객 476명 가운데 295명이 죽고 9명이 실종된 끔찍한 사고를 기록합니다.

타이타닉호가 침몰할 때 선장은 에드워드 스미스였습니다. 그는 긴 선장 생활 동안 대서양 항로 운행을 잘해서 항해의 안전 수표라고 불렸습니다. 나이도 60세를 넘겼기에 그 항해를 끝으로 은퇴할 생각이었다고 합니다. 스미스 선장은 배에 이상을 느끼자 "영국인답게 행동하라. 어린이와 여성을 먼저 구출하라"고 승무원들에게 명령했습니다. 그래서 실제로 여성 구조율은 75%, 어린이 구조율은 50%에 이르렀다고 합니다. 선장 자신은 영화 '타이타닉'에서 보았던 것처럼 마지막 순간까지 키를 놓지 않았고 선교까지 물이 차오르자 선원들에게 이렇게 말했습니다. "제군들 수고했다. 자네들은 임무에 최선을 다했다. 그것도 아주 잘……. 나는 자네들에게 더 이상의 것을 요구할 수 없다. 자네들의 임무는 이제 끝났다. 바다가 얼마나 험한 곳인지 이제 잘 알 것이다. 이제

자네들의 살길을 찾아라. 신의 가호가 있기를……."

세월호 선장은 어땠습니까? 이름조차 들먹이기 싫은 세월호 선장에게 세월호 희생자 304명에 대한 살인 혐의를 유죄로 인정해 무기징역을 최종 확정한 대법원에 따르면, 사고 당시 선장이 적절한 시점에 퇴선 명령을 내렸다면 상당수가 탈출해 생존이 가능했습니다. 그런데 선장은 선내 대기명령을 내린 채 침몰 직전까지 대기 중인 승객의 퇴선 조치를 하지 않아 승객들이 스스로의 힘으로 탈출하는 것이 불가능한 결과를 초래했습니다. 이런 퇴선 조치 불이행은 승객들을 적극적으로 물에 빠뜨려 익사시키는 행위와 다름없는데 말입니다. 게다가 선장 자신은 승객들한테 "이동하지 말고 가만히 있으라"고 방송한 뒤에 선원들과 함께 몰래 도망쳐서 목숨을 구했습니다.

타이타닉호 선장의 책임감 있는 태도는 전 세계 선장들에게 귀감이 되었고, 지금도 잉글랜드 공원에는 그를 기리는 동상이 남아 있습니다. 세월호 선장은 무기징역형을 받고 차디찬 감옥에 갇혀 있습니다. 타이타닉호 선장은 자신의 목숨이 위험한 상황에서도 승객의 안전을 최우선시했고, 마지막까지 승객 구출에 노력하는 책임을 다했습니다. 반면 세월호 선장은 승객을 버려두고 도주하는 끔찍한 범죄를 저질렀습니다. 어째서 이런 일이 벌어질까요? 어떻게 벌건 대낮에 많은 사람들이 두 눈을 똑바로 뜨고 바라보는 가운데 304명의 고귀한 생명이 희생되는 비극이 일어날 수 있을까요?

핑계의 기술

세계에서 가장 유명한 테니스 대회 가운데 하나인 US 오픈 테니스 챔피언십 대회가 1986년 뉴욕에서 열릴 때 일입니다. 테니스 스타인 존 매킨로John McEnroe와 그의 복식 파트너인 피터 플레밍Peter Flemming은 경기에 지각하는 바람에 실격되자 격분해서 따졌습니다. "왜 좀 더 기다리면 안 되는 거죠, 차가 막히는 걸 어쩌란 말이에요?"

자신들이 일부러 지각한 것이 아니라 차가 막혀서 그런 것이니, 실격은 부당하다는 항변입니다. 자신들한테는 아무 잘못이 없다는 것입니다. 참으로 어처구니없는 일입니다. 그래도 이 정도는 봐줄 만합니다. 왜냐고요? 똑같은 해인 1986년에 더욱 끔찍한 일이 벌어졌기 때문입니다. 그해 8월, 파트타임 우편배달부로 일하던 패트릭 셰릴Patrick Sherill은 일을 잘 못한다는 이유로 해고당하자, 오클라호마 우체국 에드먼드 지점으로 가서 권총 세 자루로 우체국 간부와 직원 열네 명을 죽이고, 여섯 명 이상을 다치게 합니다. 그리고 스스로 목숨을 끊어 버렸습니다. 참으로 끔찍한 일이었는데, 이 사건을 계기로 미국에서는 '우편배달going postal'이라는 속어가 생겼습니다. 직장에서 받는 엄청난 스트레스를 가리키기도 하고, 통제할 수 없는 화를 갑작스럽게 폭발하거나 폭력을 휘두르는 것을 뜻하기도 합니다.

이렇게 직장에서 받는 엄청난 스트레스, 또는 그런 스트레스 때문에 저지르는 폭력을 가리키는 말이 생겨날 정도로 끔찍한 사건에 대해 셰릴이 소속돼 있던 미국 우편배달부 협회장은 "정말 충격을 감출 수 없을 정도로 엄청나게 놀랍고 당혹스런 사건입니다"라고 유감을 표시했습니다. 일단은 미안하다는 말입니다. 그런데 협회장은 그것만으로 부족했던지, 다음과 같은 말로 우리를 놀라게 합니다.

> 우리는 오클라호마 우체국 관리자들이 직원들에게 강압을 행사하는 무책임한 관리 방식을 실시했기 때문에 셰릴 씨가 그럴 수밖에 없었다고 믿습니다.[4]

오클라호마 우체국의 관리들이 직원들에게 무책임한 강압을 행사하지만 않았다면, 그래서 패트릭 셰릴이 엄청난 스트레스를 받지만 않았다면, 총을 쏘지 않았고, 총을 쏘지 않았다면 사람들이 죽거나 다치는 일도 없었다는 것입니다. 좀 더 심하게 말하면, 셰릴은 아무런 잘못도 없고, 죽은 사람들은 죽을 만한 짓을 했다는 것입니다. 이 정도 되면 뭐라고 이야기해야 될까요? 참으로 답답한 노릇입니다.

요즈음 책임 회피가 얼마나 인기있는지 야구, 축구, 농구, 골프를 즐기는 사람의 수를 다 합쳐도 책임 회피를 즐기는 사람의 수를 따라잡지 못할 정도입니다. 게다가 책임 회피는 구경만 하는 스포츠가 아닙니다. 잘못을 저지르거나 자신이 맡은 일에 대한 책임을 다하지 못할 때면, 누구나 뛰어드는 게임입니다. 어느 누구도 바라지 않는 결과가 생겼을 때는 자기가 한 일에 대해 책임지려고 하지 않습니다. 처음에는 기꺼이 책임지겠다고 말하다가도, 끝내는 이런저런 핑계를 대며 남을 탓합니다. 자신의 잘못이나 실패를 결코 인정하지 않습니다. 무슨 일이든 '언제나' 남의 잘못이라고 탓합니다.[5]

그것만이 아닙니다. 책임 회피는 오락이 됐을 뿐만 아니라 경제이익을 위한 도구도 되어 버렸습니다. 웨스트버지니아에서 폐암으로 투병 중이던 남자 세 명이 담배회사들을 상대로 950만 달러를 배상하라는 소송을 낸 것처럼 말입니다. 그들은 담배회사들이 니코틴의 폐해와 중독성에 대해 충분히 경고하지 않았다고 주장하면서 950만 달러를 배상하라고 주장했습니다. 미국 같은 나라에서는 책임 회피만큼 돈을 손쉽게 버는 방법도 없습니다. 든든한 보험을 들어 놓은 회사에 책임을 덮어씌울 수 있는데, 왜 바보같이 자기 책임이라고 자인하겠습니까?

이들만 그럴까요? 얼마나 많은 사람들이 가난과 실직, 인종차별 같은 것들을 '남의 탓', '사회 탓'이라고 외치고 있습니까? 우리 자신을 포함해서 얼마나 많은 사람들이 "너무 바빴어", "다른 사람도 다 그래", "어쩔 수 없었어", "당신 때문에 화났어"라는 말을 입에 달고 삽니까? 우리 자신을 포함해 누군가가 자신에게 일어난 잘못된 일에 대해 책임지겠다는 말을 들어 본 것이 언제입니까? "늦어서 죄송합니다. 제시간에 오지 못한 것에 대해 책임지겠습니다"라는 말을 들어 본 적이 언제입니까?

무슨 일이 잘못되면, 우리는 주로 남의 탓을 합니다. 부모를 탓하거나, 형제나 친구에서 선생님까지 우리 주변에 있는 사람들을 원망합니다. 그러다가 탓할 사람이 없으면, 운이 없었다고 하면서 자신의 운명을 탓하기 시작합니다. 아울러 우리는 시간이 없었다느니, 먹고살려면 어쩔 수 없다느니 하는 변명을 끊임없이 늘어놓습니다. 실제로 책임을 져야 할 자기 자신은 쏙 빼놓은 채, 모두가 다른 사람에게 책임을 돌리는데, 이것은 결국 자신이 한 일에 책임져야 한다는 원칙을 무력하게 만드는 한 가지 방법일 뿐입니다.

이치에 맞지 않는 행동을 한 사람을 탓하기보다는 그들의 변명을 받아들인다면, 우리는 심각한 문제를 안게 됩니다. 아이들의 버릇없는 행동을 텔레비전 광고 탓으로 돌리려고 한다면, 우리는 곤란에 빠질 수밖에 없습니다. 직장에 지각한 이유를 나쁜 날씨와 교통체증에 돌릴 때, 건강이 나빠진 이유를 담배에서 찾으려 할 때, 우리는 곤란에 빠질 수밖에 없습니다. 음주운전자가 사람을 죽여 놓고, 술 때문에 그런 것이지 자기 책임이 아니라고 변명할 수 있을까요? 사람이 술에 취하면 통제력을 잃게 된다는 것은 누구나 다 압니다. 그런 사실을 알면서도 술을 마셨다면, 그 다음에 일어난 일도 마땅히 그 사람이 책임져야 하는 것 아닙니까? 술이 무슨 잘못입니까?

잘못을 자신에게서 찾는다

책임 회피는 인간이 다른 동물과 구별되는 가장 커다란 특징을 포기하는 것입니다. 책임 회피는 우리가 어떻게 살 것인가를 선택할 수 있는 능력과 우리 자신의 운명을 통제할 수 있는 능력을 스스로 버리는 것입니다. 술집에서 술을 팔았기 때문에 음주운전을 했다고 우기는 것처럼, 우리 자신을 외부 세력의 희생자로 만드는 것입니다. 우리의 행위에 대한 책임을 다른 사람에게 돌릴 때, 우리는 자신의 가장 중요한 것을 잃게 됩니다. 자기 행위에 대해 남을 탓할 때마다 우리 자신은 작아집니다. 우리는 무엇이든 기꺼이 시도하려고 하면서도, 그에 따른 결과는 받아들이려고 하지 않는 사람이 됩니다. 남 탓하기를 그만둘 때만, 그리고 우리 삶에 대한 책임은 오로지 자신만이 져야 한다는 것을 깨달을 때만, 우리는 최고 수준의 성취와 행복을 얻을 수 있습니다.

고대 중국의 전설시대 때 이야기입니다. 하夏나라를 세운 우禹임금이 자신의 아들인 계啓에게 왕위 자리를 물려주려고 하자 제후 가운데 상당한 세력을 갖고 있던 유호有扈씨가 들고일어났습니다.[6] 마침내 계와 유호씨는 전쟁을 벌였는데, 감甘 땅에서 벌어진 첫 번째 싸움에서 계의 군대는 참패합니다. 분하기도 하고 부끄럽기도 한 계의 부하들은 다시 싸우자고 요청합니다. 다시 붙으면 보기 좋게 이겨서 첫 번째 싸움에서 진 빚을 톡톡히 갚겠다는 것인데, 그런 부하들에게 계는 단호하게 말합니다.

不可 吾地不淺 吾民不寡 戰而不勝 是吾德薄而教不善也
안 되오. 우리 땅이 작지 않고, 우리 백성도 적지 않은데 싸워서

이기지 못했소. 이것은 내 덕德이 부족하고 교화敎化가 제대로 되지 않았다는 것이오.[7]

자신의 군대가 패배한 것은 자신의 덕이 부족하고 백성들에 대한 교화가 이루어지지 않았기 때문이라는 것입니다. 모든 게 자신의 탓이기 때문에 다시 싸워 봤자 이길 수 없다는 말이지요. 그때부터 계는 편안한 자리에 앉지 않고, 맛있는 음식을 먹지 않으며, 음악 같은 놀이도 즐기지 않았습니다. 자녀들도 엄격하게 가르쳤고, 어버이를 가까이하며, 웃어른들을 공경했습니다. 현명한 이를 존중하고, 능력 있는 이를 등용하였습니다. 이렇게 날마다 검소하고 부지런하게 생활하고, 훌륭한 사람을 대접하고 백성을 아끼고 사랑하는 일을 게을리하지 않았습니다. 그러자 일 년밖에 되지 않았는데 유호씨가 스스로 찾아와 무릎을 꿇었다면서 『여씨춘추』는 이렇게 전합니다.

欲勝人者必先自勝 欲論人者必先自論 欲知人者必先自知
남을 이기고자 하는 사람은 반드시 먼저 자신을 이겨야 하고, 남이야기를 하고자 하는 사람은 반드시 먼저 자신을 이야기해야 하며, 남을 알고자 하는 사람은 반드시 먼저 자신을 알아야 한다.[8]

남을 아는 것보다 먼저 자기를 알고, 남을 이기는 것보다 먼저 자기를 이기는 것이 중요하다는 말입니다. 제 눈 속에 있는 들보는 깨닫지 못하면서 남의 눈 속에 있는 티는 잘도 보는 어리석음을 경계하는 말입니다. 계는 자기 자신을 알았던 인물입니다. 싸움을 진 것은 모두가 자기 탓이니, 자신의 잘못부터 고치는 일을 통해 덕망을 날렸는데, 그때부터 반구저기反求諸己라는 말이 생겨났습니다.

우리 속담에 '잘되면 제 탓, 못되면 조상 탓'이라는 말이 있습니다. 사람은 누구나 일이 잘되면 자기가 잘나서 그렇게 된 것이라고 말합니다. 누구보다 자기가 열심히 해서 잘됐다는 것입니다. 그러다가 일이 잘못되면 말이 완전히 달라집니다. 자기 때문이 아니라 남들 때문이라고 손가락질합니다. 자기는 제대로 열심히 했는데 남들이 잘못해서 그르쳤다는 것입니다. 사회심리학에서 자기본위편향self-serving bias이라고 부르는 현상입니다.[9]

왜 잘되면 제 탓이고 잘못되면 조상 탓이라고 할까요? 어떤 일을 성공하거나 실패하는 것이 그 일을 한 사람을 평가하는 데 중요한 영향을 미치는 상황에서 바로 자존심을 지키려는 욕구 때문입니다. 더구나 일이 잘못됐을 때 그 잘못을 남의 탓으로 돌려서 자존심 상하는 것을 막자는 것이지요. 일이 잘됐을 때 자기 공으로 돌려 자존심을 높이고 싶은 욕구 때문입니다. 하지만 공자는 그렇게 하지 말라고 합니다.

子曰 君子求諸己 小人求諸人

선생님께서 말씀하셨다. 군자君子는 자기한테서 구하고, 소인小人은 남한테서 구한다.[10]

사람이 일을 하다 보면 잘되기도 하고 잘못되기도 합니다. 군자라고 해서 늘 잘되기만 하는 것도 아니고, 소인이라고 늘 실패하기만 하는 것도 아닙니다. 무슨 일이든, 성공하기도 하고 실패하기도 하는 것은 군자나 소인이나 모두 똑같습니다. 단지 일의 결과에 대한 태도가 다를 뿐입니다. 군자는 무슨 일이든 잘못된 것이 있으면 자기부터 돌아보며 자신의 책임으로 돌립니다. 남을 탓하거나 원망하지 않고 모두 자기 탓이라고 끌어안습니다. 모두 자기 탓으로 끌어안아 반성하고 고치니, 일이 잘못되어도 아픈 만큼 성숙합니다. 잘못된 것을 모두 자기 탓으로 끌어안고 고치는 것만큼 아름다운 일은 없고, 바로 그런 까닭에 군자는 자기 자신한테 아주 엄격합니다.

子曰 躬自厚而薄責於人則遠怨矣
선생님께서 말씀하셨다. 몸소 나서서 자기 잘못은 혹독하게 꾸짖고, 남의 잘못은 너그럽게 꾸짖으면 원망을 멀리하게 된다.[11]

군자는 자기한테는 엄격하고 남들한테는 너그럽습니다. 자기 잘못은 혹독하게 꾸짖고, 남의 잘못은 너그럽게 꾸짖습니다. 자기 잘못을 가혹하게 꾸짖으니 남을 원망할 필요가 없고, 남의 잘못을 너그럽게 꾸짖으니 남이 나를 원망하지 않습니다.[12] 오로지 반구저기反求諸己할 뿐입니다. 오로지 자신을 돌아보며 잘못된 것이 있으면 찾아서 고칠 뿐입니다.

소인은 다릅니다. 일이 잘되면 모두가 자기 탓이라고 자랑하기 때문에 남들의 시기를 받습니다. 일이 조금이라도 잘못되면 늘 남의 탓이라고 불평하고 원망하기 때문에 사람들의 미움을 삽니다. 도대체 자기 자신을 돌아보고 반성하질 못하니 자신을 갈고 닦지 못합니다. 자신을 갈고 닦지 못해 늘 제자리걸음 아니면 뒷걸음치고 맙니다. 늘 남의 탓을 하기 때문에 발전할 일이 없고, 발전할 일이 없으니 행복할 수 없습니다. 군자는 늘 자기 책임으로 돌리기 때문에 퇴보할 일이 없고, 퇴보할 일이 없으니 불행하지 않습니다. 늘 행복합니다. 잘못한 만큼 고쳐서 성숙해지기 때문입니다. 그것이 바로 반구저기反求諸己입니다.

愛人不親反其仁 治人不治反其智 禮人不答反其敬 行有不得者皆 反求諸己 其身正而天下歸之 順天者存 逆天者亡

사람을 사랑했는데 가까워지지 않으면 자신의 인함仁을 돌아보라. 사람을 다스리는데 다스려지지 않으면 자신의 지혜를 돌아보라. 사람한테 예로 대했는데 합당한 반응이 없으면 자신의 공경함을 돌아보라. 무슨 일을 했는데도 이루어지지 않는 게 있다면 모두 자기 자신을 돌아보라. 자기 자신이 바르게 되면 세상 사람들이 모두 돌아온다. 하늘의 뜻에 따르는 사람은 잘되고, 하늘의 뜻에 거슬리는 사람은 망하는 법이다.[13]

어떻게 자기 자신을 돌아보고 반성해야 할까요? 맹자는 말합니다. 인자仁者는 무엇보다 남을 사랑하는 사람으로, 남을 사랑하는데도 그와 친해지지 않으면 그를 원망하기 전에 먼저 자신의 사랑을 돌이켜 보라는 것입니다. 남을 다스리는데 다스려지지 않으면 그를 탓하기에 앞서 자신의 지혜가 모자란 것이 아닌지를 반성하고, 남을 예로 대했는데도 합당한 답례가 없으면 그를 욕하기 전에 먼저 자신의 태도가 잘못되지 않았는가를 돌이켜 보라는 것입니다.

> 反己者 觸事皆成藥石 尤人者 動念卽是戈矛 一以闢衆善之路 一以濬諸惡之源 相去霄壤矣
>
> 자기를 돌아보고 반성하는 것은 부딪치는 일마다 모두 약과 돌바늘이 되고, 남을 탓하고 원망하는 것은 생각하는 것마다 창 같은 무기가 된다. 하나는 많은 선으로 가는 길을 열고, 다른 하나는 모든 악이 나오는 샘과 통하니, 서로의 거리가 하늘과 땅 사이로다.[14]

자신의 언행을 되돌아보고 반성할 줄 아는 것은 자기 발전을 위한 약이고, 남의 탓이라고 원망하는 것은 자신을 망치는 무기입니다. 남을 탓하지 않고 스스로 반성하는 일이야말로 모든 선으로 가는 참으로 아름다운 길입니다. 무슨 일이든, 자기 자신부터 돌아보고 바르게 하는 사람이야말로 군자君子고 인자仁者로, 죽어도 죽지 않는 사람死而不亡者이 될 수 있습니다.

이번에는 사회 지도층의 책임에 대해 다루려고 합니다. 소위 '노블레스 오블리주'를 실천한 인물의 이야기를 소개합니다.

북경을 패키지여행으로 가면 필수 코스 중 천안문 부근에 동인당同仁堂이 있습니다. 중국의 북부에 동인당이 있다면 남부에는 호경여당胡慶余堂이 있다고 할 정도로 호경여당도 유명합니다. 이 호경여당이 왜 유명한지에 대해 이야기하고자 합니다. 중국 청대淸代의 상성商聖으로 불리었던 호설암胡雪巖이라는 인물이 있습니다. 이름은 광용光墉이고 자는 설암雪巖인데 홍정상인(紅頂商人 : 기업인이면서 당 간부 겸임)의 반열에 오른 사람이기도 합니다.[15]

호설암은 가난하고 비천한 출신이었으나 시대와 권력을 이용해 거대한 재산을 형성하고, 태평천국의 난 등 개혁의 혼란 중에도 타고난 사업수완을 발휘하여 부를 축적했습니다. 이렇듯 일개 전장錢莊의 점원에서 시작하여 중국 역사상 유일한 홍정상인이 된 그에게 사상가이자 대문호인 노신魯迅도 "봉건사회의 마지막 위대한 상인"이라고 극찬을 하였습니다.

호설암이 비즈니스 세계에서 종횡무진 활약할 수 있었던 비결은 지인용신智仁勇信을 사업의 덕목으로 생각하고 실천했다는 점입니다. 호설암은 "관리든 상인이든 모두 사회적 책임감을 가져야 한다. 그렇지 않으면 관리가 되어도 탐관貪官이 되고 상인이 되어도 간상奸商이 되기

쉽다"라는 말로 기업인의 사회적 책임을 강조하였습니다. 그는 오로지 백성들의 고통을 덜어 주겠다는 일념으로 약방을 시작했습니다. 명의에게 의뢰하여 원가로 약품을 만들어 돈 있는 사람들에게는 싼 값으로, 돈 없는 사람들에게는 무료로 진찰을 해 주고 약을 나눠 주도록 했습니다. 호설암의 이런 행동들이 공功과 이利라는 두 가지 목적을 추구하는 것이었는지는 모르겠으나, 1875년부터 3년 동안 호설암이 의약품을 나누어 주는 데 10여만 냥의 은자를 썼다고 합니다. 이런 사실을 나중에 알게 된 증국번(태평천국의 난을 진압하여 청조의 붕괴를 막았고 중국 근대화를 위한 양무운동을 추진했던 공신)이 "호설암의 나라 사랑하는 마음이 나보다 낫구나!"라며 감탄을 금치 못했다고 합니다.

우리나라에도 경주 만석꾼인 최 부자 집이 있습니다. 최 부자 집은 한국의 '노블레스 오블리주'를 실천한 대표적 가문으로 12대에 걸쳐 400년 이상 명문가로 명맥을 유지했습니다. 최 부자라는 말을 듣기 시작한 때로부터 계산하면 무려 500년입니다.[16] '삼대 거지 없고, 삼대 부자 없다'는 우리 속담에 비추어 보면 엄청난 집안입니다.

경주 최 부자는 권력과 결탁해서 이권을 가로채는 일이 없었고, 그 부를 남용하거나 오용하지 않았습니다. 정당한 방법으로 부를 이루었으며, 그 부를 지극히 정당하고 적절하게 사용했습니다. 1대 최진립(1568~1636)은 임진왜란과 정유재란 때 의병을 일으켜 공을 세우고 병자호란 때도 분연히 싸우다 전사했습니다. 그로부터 12대 최준(1884~1970)까지 만석꾼 재산가였지만 다음과 같은 가훈을 실천하며 살았다고 합니다.

- 과거를 보되 진사 이상은 하지 말라.
- 만석 이상의 재산은 사회에 환원하라.
- 흉년에는 땅을 늘리지 말라.
- 과객을 후하게 대접하라.
- 주변 100리 안에 굶어 죽은 사람이 없도록 하라.
- 시집온 며느리들은 3년간 무명옷을 입게 하라.

경주 만석꾼 최 부자 집은 대를 이어 사회사업을 했고 일제 강점기에는 막대한 자금을 독립운동에 보태면서 조국의 독립을 위해 노력했습니다. 해방 후에는 나라를 이끌어 갈 인재를 길러야 한다는 생각으로 1947년 12대 최준에 의해 대부분의 재산을 대구대(현 영남대학교) 설립에 기부하는 것으로 아름다운 부자 가문의 막을 내렸습니다.

/ 5 /

어떻게
존중尊重할 것인가

서로 영향을 미치는 진동의 원리

한때 많은 사람들의 입에 오르내리던 책이 있습니다. 물과 파동의학을 연구한 일본 에모토 마사루가 쓴 『물은 답을 알고 있다』라는 책입니다.[1] 물의 온도가 낮아져 얼음이 되는 순간을 사진으로 촬영했는데, 똑같은 물인데도 물의 결정체가 상황에 따라 전혀 다른 모습으로 나타나는 현상을 보여 줍니다. 이를테면 '사랑'이나 '감사'라는 글을 비커에 붙인 물의 사진과 '미움'이나 '증오'라고 쓴 글을 붙인 물의 결정체는 색깔이나 모양이 전혀 다르게 나타난 것입니다. 심지어는 '사랑'이나 '러브', '아이'나 '리베'처럼 나라마다 다른 말들을 붙여도 결과는 똑같습니다.

물만 그런 것이 아닙니다. 두 개의 유리병에 밥을 넣은 다음 초등학생인 자녀가 매일 학교에서 돌아와 한쪽에는 '고맙다'는 말을 하고, 다른 한쪽에는 '멍청한 놈'이라는 말을 했습니다. 그렇게 매일 한 달 동안 계속한 뒤에 밥에 어떤 변화가 나타나는지 살펴보았더니 놀라운 결과가 일어났습니다. 한 달 동안 '고맙다'는 말을 건넨 밥은 발효한 상태로 누룩처럼 구수한 향기를 풍기는데, '멍청한 놈'이라고 말을 건넨 밥은 새까맣게 썩었다는 것입니다.

이런 실험 결과를 물의 결정 사진집에 소개했더니 일본 전국의 수백 가정에서 똑같은 실험을 했습니다. 놀랍게도 어느 가정이든 똑같은 결과가 나왔습니다. 그 가운데는 약간 특이한 실험을 한 집이 있었습니다. '고맙다'와 '멍청한 놈'이라는 말을 건넨 두 개의 밥 말고 또 하나의 밥을 병에 넣고 아무 라벨도 붙이지 않고 아무 말도 걸지 않았습니다. 완전히 무시한 것입니다. 그 결과는 어떻게 되었을까요? '멍청한 놈'이라고 말을 건넨 밥보다 무시한 밥이 먼저 썩었다고 합니다. 다른 사람이 똑같은 방법으로 실험해도 결과는 똑같이 나타났습니다. 욕을 먹는 것보다 무시당하는 것이 더 큰 상처가 된다는 것을 보여 주는 실험이라고 하겠습니다. 생명을 가장 고통스럽게 하는 것은 관심받지 못하고 무시당하는 것입니다.

이런 실험들은 세계 도처에서 식물과 농작물, 애완동물과 가축을 대상으로 해서도 이루어졌는데 모두가 똑같거나 비슷한 결과가 나타났다고 합니다. 이를테면 방에 놓아둔 식물도 관심을 갖고 아름답다는 말을 건네면 싱싱하고 아름답게 자라고, 애완동물이나 곤충한테도 사랑한다는 말을 걸어 주면 더 잘 자란다는 것입니다. 참으로 신기하고 놀라운 일입니다. 만약 그렇다면 사람에게도 똑같은 결과가 나타날 수 있지 않을까요? 사람에게도 계속 관심을 갖고 존중한다면 좀 더 좋은 결과가 나타나지 않을까요?

네덜란드의 천문학자인 크리스티앙 호이겐스(Christiaan Huygens, 1629~1695)는 17세기에 그야말로 우연히 동조화(同調化: entrainment)라는 현상을 발견했습니다. 진자시계의 발명자로 그 당시 진자시계를 많이 수집해 놓고 있던 호이겐스는 어느 날 시계들을 관찰하다가 이상한 현상을 본 것입니다. 시계들을 그렇게 맞춰 놓지 않았는데도, 그가 모아 놓은 시계의 진자 모두가 똑같이 움직이고 있었던 것입니다. 정말로 이상하다는 생각이 든 호이겐스는 시계의 진자들이 다른 리듬으로 흔들거리도록 일부러 조작해 두었습니다. 그런데 시계들의 진자가 금방 완벽한 일치를 보이면서 흔들거리기 시작하고 점차 모든 시계가 가장 센 리듬으로 움직이는 진자의 박자를 그대로 따랐던 것입니다.

호이겐스가 동조화를 발견한 뒤로 과학자들은 수많은 분야에서 동조화를 관찰했는데, 가장 좋은 보기가 '바이올린 실험'입니다. 똑같은 바이올린 두 개를 방 이쪽과 저쪽 끝에 하나씩 놓고 나서 한쪽 바이올린의 현 하나를 뜯습니다. 그러면 방 저편에 놓인 바이올린의 현 하나가 이편에서 뜯은 그 현과 똑같은 진동수로 진동하기 시작할 것입니다. 방 저편에 놓인 그 바이올린에는 손가락 하나 건드리지 않았는데도 말입니다. 두 번째 바이올린의 약한 진동은 사람이 손으로 뜯은 첫 번째 바이올린의 강한 진동과 조화를 이뤄 첫 번째 바이올린의 진동과 매우 비슷한 진동을 하는데, 이런 현상을 동조화라고 부릅니다.

동조화는 좀 더 강하고 치열한 진동이 덜 강하고 덜 치열한 진동을 변화시켜 두 개의 진동이 일치하도록 만드는 현상인데, 이러한 현상은 우리 인간한테도 그대로 적용됩니다. 예를 들어 당신이 우울증에 빠진 사람으로 가득한 방 안으로 들어간다고 합시다. 그러면 얼마 지나지 않아서 당신도 기분이 우울해지는 것을 느낄 것입니다. 그런가 하면 행복한 마음으로 웃음꽃을 활짝 피우는 사람들이 가득한 방으로 들어갈 경우에는 당신도 금방 기분이 가뿐해지고 행복하다는 느낌을 받을 것입니다. 두 경우 모두 당신에게 동조화가 일어났기 때문입니다. 대체로 방 안을 가득 메우고 있는 사람들의 진동이 당신 한 사람의 진동보다 더 강하게 마련인 까닭에 당신이 정신을 바짝 차리고 저항하지 않을 경우에는 당신의 진동이 행복하거나 슬픈 그 사람들의 진동에 끌려갈 것입니다.

동조화는 한 가지 중요한 진실을 말해 줍니다. 곧 당신이 어떤 강력한 진동에 맞춰서 행동할 경우, 그곳에 특별한 저항이 없다면, 그 진동도 똑같은 방식으로 당신에게 화답한다는 것입니다. 이를테면 만약 당신이 누군가에게 화를 내면, 그에 대한 반응으로 상대방도 당신에게 화를 내며 방어 자세를 취할 것입니다. 비록 그 분노가 간접적이어서 뚜렷이 드러나지 않을 수는 있지만, 당신의 분노가 일으킨 강력한 진동이 그 사람에게 전달돼 화의 진동을 부른다는 것입니다. 당신이 화를 낸 그 대상은 원래 화를 전혀 느끼지 않았을 수도 있는데 말입니다.

이와 비슷하게, 말다툼이 불붙기 시작하면 언쟁을 멈추는 일이 얼마나 어려운지를 당신도 경험한 적이 있을 것입니다. 동조화 현상 때문에 한 사람이 느낀 분노의 진동이 다른 사람의 분노 진동에 조화할 것이고, 그런 식으로 서로 대응하려다 보면 분노만 커져 가게 되는 겁니다. 그런 반면에 언쟁이 벌어지려고 할 때 당신이 먼저 상대방을 이해하겠다는 마음으로 나온다면, 상대방도 당신의 이해를 도우려는 노력을 보일 가능성이 커집니다. '이해하기를 원하는' 당신의 강력한 진동이 상대방의 진동을 변화시켜 결국에는 이해하려는 당신의 접근 방식에 일치되도록 만들 것입니다. 바이올린 실험에서 증명된 것처럼 진동은 비슷한 진동으로 화답하는 법이기 때문에 분노는 분노를 낳고, 이해는 이해를 낳습니다.

우주와 그 안에 존재하는 모든 것은 진동하는 에너지로 이뤄져 있는 까닭에 당신이 방출하는 에너지는, 그것이 무엇이 되었든, 그것과 비슷한 에너지의 발산을 부추기고 응원하게 마련입니다. '끼리끼리 사귄다'라는 말이나 '베푸는 것이 얻는 것이다', '지는 것이 이기는 것이다'라는 말은 모두 동조화 현상을 바탕에 두고 있는 것이라 하겠습니다.

존중의 마음이 평생 공부를 만든다

『송인섭 교수의 공부는 전략이다』라는 책을 보면, 공부만큼 하기 쉬운 것이 없다고 합니다.[2] 보통 사람들이 공부만큼 지겹고 어려운 것이 없다고 하는데, 그는 공부가 쉽고 재미있다는 것입니다. 왜 그럴까요? 다른 일은 대부분 타인과 관계를 맺어야 하는 것이라서 어려운데 공부는 혼자서 열심히만 하면 되기 때문입니다. 그런데 왜 공부를 못하는 걸까요? 한마디로 말해서 공부가 재미없기 때문입니다. 공부에 흥미를 느끼지 못하기 때문입니다.

공부에 흥미가 없는 것은 공부가 자신의 동기를 유발하지 못하기 때문입니다. 대부분의 한국 교육은 주입식 교육인데, 주입식 교육이야말로 아이들을 망칩니다. 교육을 통해 자신을 발견하기는커녕 교육을 받으면 받을수록 진짜 '나'에서 멀어지는 '자아가 없는 교육'이 되기 때문입니다. 사람은 저마다 자아가 있고 적성이 있는데, 아이들 대부분은 자기가 무엇을 잘하는지, 무엇을 할 수 있는지도 모른 채 선생님이 시키는 대로만 하니 학교 가는 것이 고통일 수 있습니다.

그렇다면 어떻게 해야 할까요? 바로 자기 주도 학습Self-directed Learning으로 공부의 주도권을 학생에게 주어야 합니다. 학생 스스로 목표를 설정하고, 공부에 필요한 환경을 조성하고, 어떻게 공부해야 효과가 있는지를 파악해 학습전략을 세워서 실행한 다음에 평가까지 하도록 하는 것입니다. 아이들이 왜 공부를 해야 하는지, 어떻게 공부를 해야 하는지를 스스로 깨닫게 하는 것입니다. 말하자면 아이들에게 고기 잡는 법을 가르쳐 주어야 한다는 것입니다.

자기 주도 학습은 어떻게 할까요? 셀프 다이어리를 쓰는 일로 시작합니다. 셀프 다이어리는 날마다 목표를 세우고, 무엇을 해야 하는지, 무엇을 했는지를 간단하게 쓰는 것입니다. 셀프 다이어리를 쓴다고 뭐가 달라질까 하는 이들이 많은데 기록을 한다는 것은 대단히 의미가 있습니다. 기록하는 것만으로도 목표를 이루겠다는 동기를 끌어낼 수 있기 때문입니다. 사람이 기록을 만들지만 기록도 사람을 만듭니다. 기록을 하면서 자연스럽게 이 일을 해야겠다는 동기가 생기는 것입니다. 매일 자기 목표와 한 일을 기록하는 사람과 하지 않는 사람은 처음에는 별 차이 없어 보이지만 시간이 흐를수록 그 차이는 엄청납니다. 쓰고 그것을 보고 다시 확인하는 작업을 통해 계속 자신의 목표를 확인하고 앞으로 나아갈 수 있는 것이기 때문입니다.

자기 주도 학습에서 가장 중요한 것은 자신감의 회복입니다. 다른 것도 마찬가지겠지만 공부를 못하는 가장 큰 이유는 자신감이 없기 때문입니다. 실제로 공부를 못하는 가장 큰 이유는 심리적인 것이고, 공부 방법은 다음 문제입니다. 좋은 학업 성적을 거두려면 무엇보다 자신감을 회복하는 일이 가장 중요합니다. 사소한 일이라도 '할 수 있다'는 경험을 많이 해야 합니다. 할 수 없다는 패배감만큼 공부에서 도망가게 하는 일은 없습니다.

자녀가 할 수 있다는 생각을 하려면 부모가 먼저 자녀를 믿어 줘야 합니다. 공부 방법을 알려 주기 전에 먼저 '내 아이는 할 수 있다'라고 생각하는 것이 중요합니다. 자녀에게 던지는 말 한마디, 자녀의 행동에 보이는 반응 하나하나가 모두 차곡차곡 자녀의 몸에 저장됩니다. 아이는 결국 부모가 보이는 반응으로 자신을 만들어 가는 존재이기 때문입니다. 자녀는 부모에게 자신이 어떻게 비치는지를 굉장히 중요하게 생각합니다. 그런데 부모가 자녀를 '저건 뭘 해도 안되는 놈'이라고 생각한다면 자녀도 자기 자신을 '뭘 해도 안되는 놈'이라고 생각하는 것입니다. 반대로 부모가 믿어 주면 아이도 자기 자신을 믿습니다. 믿음과 사랑만큼 좋은 약은 없습니다.

자녀에게 가장 중요한 것은 부모의 신뢰와 애정인데 한국 부모들은 칭찬에 인색합니다. 자녀가 잘하는 것은 너무 당연하게 생각하고, 못하는 것은 좀 지나칠 정도로 야단칩니다. 물론 애정이 있고, 기대가 있으니 그런 것이지만 받아들이는 아이에게는 참 맥이 빠지는 일이 아닐 수 없습니다. 실제로 아이들에게 평소 공부에 방해되는 것이 무엇인지를 물어봤더니 '부모님'이라는 대답이 많이 나옵니다. 공부하려는 마음을 먹었다가도 부모의 부정적인 말이나 반응에 기가 꺾여 아예 공부 자체를 포기하는 아이들도 많다는 것입니다. 누구보다 자녀가 공부 잘하길 바라는 부모가 바로 공부를 못하게 하는 원인이라니, 참으로 아이러니한 일입니다. 아이에게 먼저 다정한 목소리로 말을 걸고, 긍정적인 평가를 하는 것이 매우 중요합니다. 열 가지 가운데 아홉 가지를 제대로 못하더라도 잘하는 한 가지를 계속 칭찬하고 격려하면, 아이는 그 칭찬과 격려 속에서 자신의 긍정적인 이미지를 만들어 갑니다.

자신감의 회복은 자녀에 대한 존중에서 나옵니다. 자녀를 있는 그대로 인정하고 존중할 때 자녀들은 진정한 의미의 자신감을 갖게 됩니다.

어렸을 때는 자녀와 문제가 있어도 해결하기 쉽습니다. 하지만 사춘기를 거쳐 자기 생각을 하게 된 아이와는 의사소통 자체가 어렵고, 대화 자체가 불가능하다고 호소하는 부모도 많습니다. 왜 그럴까요? 가장 큰 이유 가운데 하나가 한국 부모들은 자기중심으로 아이에게 요구하는 경우가 많기 때문입니다. 아이가 무엇을 원하는지는 생각하지 않고, 그저 자기의 주장을 우격다짐으로 강요한다는 것입니다. 모두가 자녀를 위해서 그런다는 핑계로 말입니다. 더 심할 때는 아이에게 자기 불안을 투사하거나 아이를 자신의 감정을 해소하는 대상으로 삼기도 합니다. 아이들이 반발할 수밖에 없는 것은 너무나 당연한 일입니다.

자녀를 존중하고, 있는 그대로 받아들이는 일이 무엇보다 중요합니다. 아이를 완전히 객체로 놓고 '너는 너다, 너는 너의 길을 가라' 하고 아이를 동등한 대상, 나와는 다른 존재임을 인정하는 것입니다. 이렇게 아이 중심으로 대화를 하면 아무리 부모에게 반발했던 아이라도 마음을 열어 줍니다. 부모가 하고 싶은 말을 다 퍼붓는 것은 사랑이 아니라 폭력입니다. 선생님도 마찬가지입니다.

다산 정약용 선생이 전라남도 강진에서 유배생활을 할 때 황상(黃裳, 1788~1863)이 다산을 스승으로 모시고 공부를 시작합니다. 그의 나이 열다섯 살 때였습니다. 아직 관례冠禮를 올리지 않은 소년이지만 적은 나이는 아니었습니다. 공부를 시작하기에는 늦었다고 하는 나이였지만 온 힘을 다해 스승의 가르침을 받아들였습니다. 다산의 제자가 된지 이레째 되는 날, 다산이 황상에게 문학과 역사를 공부하라고 권하니 제자는 당황해서 말합니다.

　　我有病三 一曰鈍 二曰滯 三曰戞
　　선생님, 제게는 세 가지 병통이 있습니다. 첫째는 둔한 것鈍이고,
　　둘째는 꽉 막힌 것滯이며, 셋째는 미련한 것戞입니다.[3]

　머리가 둔해서 배운 것을 제대로 기억하지 못하고, 앞뒤가 막혀서
배운 것을 풀어먹지 못하며, 미련해서 배운 것을 제대로 이해하지 못하
는 세 가지 병폐가 있는데, 어떻게 문학과 역사를 공부하겠느냐는 것입
니다. 스승은 그런 제자에게 웃으면서 말합니다.

　　學者有大病三 汝無是也 一敏於記誦 其敝也忽 二銳於述作 其敝
　　也浮 三捷於悟解 其敝也荒
　　글을 배우는 사람에게는 세 가지 커다란 병통이 있는데, 너는 그
　　게 없구나. 첫째 외우는 데 민첩한 사람은 소홀한 것이 문제다. 둘
　　째로 글 짓는 것이 날래면 글이 들떠 날리는 게 병통이지. 셋째
　　깨달음이 재빠르면 거칠어지는 게 폐단이다.[4]

　제자는 둔하다는 것이 병폐라고 하지만, 스승은 오히려 재빠르게 기
억하고 외우는 것이 병폐라고 말합니다. 문제는 언제나 자기가 민첩하
다고 생각하고, 똑똑하다고 생각하는 데서 생긴다는 것입니다. 한 번

만 보면 척척 외우는 아이들은 그 뜻을 깊이 음미할 줄 모르니 금세 잊어버립니다. 무슨 글이든 외우지만, 제 머리만 믿고 대충 소홀하게 넘어갑니다. 완전히 자기 것으로 만들지 못한 채 말입니다. 꽉 막힌 것도 똑같습니다. 오히려 글을 쉽게 잘 짓는 것이 문제입니다. 제목만 주면 글을 척척 지어 내는 사람은 문제의 핵심을 금방 파악해서 글을 쉽게 짓지만, 자기 재주에 취해 자기도 모르게 경박하고 들뜨게 됩니다. 미련한 것도 그렇습니다. 미련한 것보다는 오히려 잽싸게 이해하고 깨닫는 것이 문제를 일으킵니다. 한마디만 던져 주면 말귀를 금세 알아듣는 사람들은 곱씹지 않으므로 깊이가 없습니다. 이해력이 좋아 무슨 글이든 금방 알아차리지만, 주의력을 기울이지 않게 돼 거칠게 되는 폐단을 낳습니다.[5]

재빠르게 외우고 글을 쉽게 잘 쓰며 배운 것을 잽싸게 이해하는 사람보다는 머리가 둔하고 앞뒤가 꽉 막히고 미련한 사람이 공부를 해야 제대로 한다는 것입니다. 왜 그럴까요? 스승은 계속 말합니다.

夫鈍而鑿之者 其孔也濶 滯而疏之者 其流也沛 戞而磨之者 其光也澤
대저 둔한데도 계속 구멍을 뚫으면 그 구멍이 넓게 되고, 꽉 막혔다가 터지면 그 흐름이 성대해진다. 어근버근한데도 꾸준히 갈면 그 빛이 반짝반짝하게 된다.[6]

날카로운 송곳은 구멍을 쉽게 뚫지만 곧 다시 막히고 맙니다. 둔한 끝으로 구멍을 뚫기가 쉽지는 않지만, 계속 들이파면 언젠가는 뚫리게 되는 법입니다. 뚫기가 어려워서 그렇지 일단 뚫리기만 하면 막히는 법이 없습니다. 꽉 막혀 융통성이 없는 것도 그렇습니다. 여름 장마철의 봇물처럼 막힌 물이 앞으로 나아가지 못한 채 답답하게 제자리를 빙빙 돌지만, 농부가 삽으로 둑을 터뜨리면 그 흐름이 얼마나 통쾌합니까? 막혔던 물이 막을 수가 없을 정도로 힘차게 흘러가지 않습니까? 이처럼 처음에는 누구나 공부가 익숙하지 않아 그렇지만 꾸준히 갈고 닦다 보면, 나중에는 언제 그랬느냐는 듯이 반짝반짝 빛나는 것이 공부입니다. 스승은 너같이 못났다고 여기는 사람일수록 크게 될 것이라고 다독이며 다짐하듯 당부합니다.

鑿之奈何 曰勤 疏之奈何 曰勤 磨之奈何 曰勤 曰若之何其勤也 曰
秉心確
구멍 뚫는 일은 어떻게 할까? 부지런히 해야 한다. 터뜨리는 것은 어떻게 하는가? 부지런히 해야 한다. 가는 것은 어떻게 할까? 부지런히 해야 한다. 네가 그 부지런함을 어떻게 해야 할까? 마음을 확고하게 다잡아야 한다.[7]

세상일이 다 그렇지만, 공부에도 왕도는 없습니다. 그저 열심히 노력하고 노력하는 길밖에 없습니다. 온 힘을 기울여서 부지런히 노력하는 수밖에 없습니다. 어떻게 해야 온 힘을 기울여 부지런히 노력할 수 있을까요? 평생 부지런하겠다는 마음을 굳세게 다잡아서 딴 데로 달아나지 않도록 꼭 붙들어 매면 되는 것입니다.[8] 이런 스승의 말을 듣는 제자의 마음은 어땠을까요? 가슴이 터지도록 뭉클했을 것입니다. 하늘 같은 선생님이 자기처럼 아둔한 놈에게 너도 할 수 있을 뿐 아니라, 오히려 너처럼 아둔하고 모자란 사람이라야 더 잘할 수 있다고 격려를 하는데 어떻게 그냥 받아들일 수 있겠습니까? 스승은 마지막으로 한마디를 더 합니다.

"내가 이제 너에게 당부하마. 오늘 너에게 첫째도 부지런함이고, 둘째도 부지런함이며, 셋째도 부지런함으로 노력하라고 당부한 말을 삼근계三勤戒라고 하겠다. 그리고 이 말을 글로 써 줄 테니 벽에다 붙여 두고 마음이 흔들리지 않도록 해라. 알겠느냐?"

"네, 스승님. 무슨 일이 있더라도 반드시 지키겠습니다."

그때부터 황상의 삶은 완전히 달라졌습니다. 단 한 번의 가르침으로 소년의 삶이 완전히 바뀐 것입니다. 그때부터 황상은 60년이 지나도록 스승의 가르침대로 살았습니다. 자신만 그렇게 산 것이 아니라, 자식들에게도 저버리지 말고 실천하라고 가르쳤습니다. 먹고사는 일로 책을 놓고 쟁기를 잡을 때도 있었지만, 스승의 말씀만은 뼈에 새기고 마음에 새긴 채 잊지 않았습니다. 나이 70이 넘어서도, 틈만 나면 스승이 시킨 대로 책을 읽고 초서抄書하는 일을 멈추지 않았습니다. 사람들이 그런 그를 보고 도대체 그 나이에 어디다 쓰려고 그리 열심히 공부하느냐고 비웃으면, 그는 주저하지 않고 다음과 같이 대답했습니다.

우리 선생님은 이곳 강진에 귀양 오셔서 스무 해를 계시면서, 날마다 저술에만 몰두하시느라, 방바닥에 닿은 복사뼈에 구멍이 세 번이나 났지. 선생님께서 내게 부지런하고, 부지런하고, 부지런하라는 삼근계三勤戒를 내려 주시면서 늘 이렇게 말씀하셨네. 나도 부지런히 노력해서 이렇게 얻었으니, 너도 이렇게 해라. 몸으로 보여 주시고 말씀으로 일러 주시던 가르침이 60년이 지난 지금까지도 어제 일처럼 눈에 또렷하고 귓가에 쟁쟁하네. 그러니 관 뚜껑을 덮기 전에야 어찌 그 지성스런 가르침을 저버릴 수 있겠는가? 공부를 하지 않으면, 나는 그날로 죽은 목숨일세. 자네들 다시는 그런 말 말게.[9]

스승은 스무 해 동안 저술에만 몰두하다 복사뼈에 구멍이 세 번이나 나는 과골삼천踝骨三穿을 겪었는데, 제자 된 사람이 어찌 스승의 길을 따르지 않을 수 있겠냐는 것입니다. 다산은 늘 돌부처처럼 앉아 저술에만 힘쓰다 보니, 방바닥에 닿는 복사뼈에 구멍이 세 번이나 뚫렸고, 그때마다 통증 때문에 앉아 있을 수가 없어 아예 벽에 시렁을 매달아 놓고 서서 저술을 계속했다고 합니다. 그런 스승을 따라 자기는 글을 읽고 베끼는 일을 죽을 때까지 계속하겠다는 것입니다. 공부를 하지 않으면, 자기는 그날로 죽은 목숨이니, 다시는 그런 말 말라며 손사래 치는 황상의 모습을 보면 존중의 힘이 얼마나 큰지 가슴이 숙연해집니다.

내 마음을 잣대로 남을 헤아려야

존중은 두려움이나 경외심이 아니라 사랑하는 사람을 있는 그대로 보고 그의 독특한 개성을 있는 그대로 받아들이는 것입니다. 존중은 사람이 갖춰야 할 중요한 도덕 요건 가운데 하나로, 개인의 존엄에 대한 존중은 행동과 마음속에서 뿐만 아니라 사회 속에서도 실제적으로 보여 주는 자세입니다. 존중은 자아에 대한 존중, 모든 사람들의 권리 및 존엄성에 대한 존중, 모든 사람을 지속시켜 주는 환경에 대한 존중으로 분류할 수 있습니다. 자아에 대한 존중, 즉 자기 존중은 모든 도덕 행위의 출발점이자 자신의 도덕 권리에 대한 올바른 인식이며 자신의 도덕 의무에 대한 원리이기도 합니다. 모든 사람들의 권리와 존엄성에 대한 존중, 즉 타인에 대한 존중은 존엄한 인간의 존재를 가치 있게 여기는 마음으로 우리가 타인을 대할 때 채택해야 하는 방식을 개괄하는 원리입니다.

所惡於上 毋以使下 所惡於下 毋以事上 所惡於前 毋以先後 所惡於後 毋以從前 所惡於右 毋以交於左 所惡於左 毋以交於右 此之謂絜矩之道

윗사람한테 싫었던 것을 가지고 아랫사람을 부리지 말고, 아랫사람한테 싫었던 것을 가지고 윗사람을 섬기지 마라. 앞사람한테서 싫었던 것을 가지고 뒷사람한테 먼저 하지 말고, 뒷사람한테 싫었던 것을 가지고 앞사람을 따르지 마라. 오른쪽에 있는 사람한테 싫었던 것을 가지고 왼쪽 사람과 나누지 말고, 왼쪽에 있는 사람한테 싫었던 것을 가지고 오른쪽 사람과 나누지 마라. 이것을 일러 혈구지도絜矩之道라 한다.[10]

존중은 상대를 있는 그대로 받아들이고 인정하는 것입니다. 별로 잘 못한 것도 없는데 윗사람이 나한테 꾸중을 하면 듣기 싫습니다. 마찬가지로 별로 잘못한 것도 없는 아랫사람을 꾸짖으면, 아랫사람의 마음도 윗사람한테 꾸중 듣고 싫어하는 나의 마음과 똑같기 때문에 그도 싫어할 것입니다. 이런 마음을 헤아린다면 아랫사람을 꾸짖지 말아야 합니다. 이와 마찬가지로 아랫사람이 나에게 불손하게 대하는 것이 싫다면 나는 윗사람에게 불손하게 하지 말아야 할 것이고, 앞에 있는 사람이 내가 싫어하는 행동을 한다면 나는 뒷사람에게 그런 일을 하지 말아야 할 것이며, 뒤에 있는 사람이 내가 싫어하는 행동을 한다면 나는 앞에 있는 사람에게 그러한 일을 하지 말아야 할 것입니다. 오른쪽 사람이 내가 싫어하는 행동을 한다면 왼쪽 사람에게 나는 그런 행동을 하지 말아야 할 것이고, 왼쪽 사람이 내가 싫어하는 행동을 한다면 오른쪽 사람에게 나는 그런 행동을 하지 말아야 할 것입니다.

이것이 바로 혈구지도로 내 마음을 잣대로 삼아 남을 헤아리는 방법입니다. 자신의 마음을 잣대로 하여 남을 헤아리는 방법이야말로 상대를 있는 그대로 받아들이고 존중하는 방법입니다.

뭐든 자기가 최고여야 하는 세강이는 작년에 학교 가는 것이 싫었습니다.[11] 담임 선생님이 너무너무 무서웠거든요. 그런데 이번 담임 선생님은 친절하여 너무너무 즐거웠습니다. 세강이는 이런 선생님이 좋아서 무엇이든 열심히 해서 선생님을 실망시키지 않아야겠다고 다짐합니다. 친절하고 상냥한 사람에게는 저절로 마음이 활짝 열리는 법입니다.

어느 날 선생님이 1인 1역 정하기를 하자고 제안하십니다. 칠판 지우기, 출입문 닦기, 책상 닦기, 대걸레질, 쓰레기통 정리 같은 역할을 한 명씩 정해서 한 달 동안 하는 것입니다. 모두들 힘이 조금 덜 들고 빨리 끝낼 수 있는 일을 하고 싶어 해서 가위바위보로 정할 수밖에 없었습니다. 쉬워 보이는 일에 아이들이 많이 지원했기 때문입니다. 우여곡절 끝에 모두 자기 역할이 정해지고 가위바위보를 제대로 못해 마지막까지 남게 된 세강이는 대걸레질을 맡게 됩니다. 아이들이 가장 하기 싫어했던 쓰레기통 정리를 도하가 스스로 맡겠다고 나섰기 때문입니다.

한 달 동안 아이들은 자기 일보다 친구들 일이 더 쉬워 보이기도 하고, 친구가 자신의 일을 하면서 당부하는 말이 잔소리로 들리기도 하면서 많은 것을 느끼고 배우게 됩니다. 세강이도 마찬가지였습니다. 게다가 세강이는 도하가 아파 며칠 결석하자 쓰레기통 비우는 도하 역할까지 하게 되면서 도하의 마음을 이해하게 됩니다. 내가 상대방이 되어보질 않으면 그 마음을 헤아리기가 참 어렵다는 것을 알게 된 것입니다. 한 달이 지나고 다시 역할을 정할 시간이 되었습니다. 과연 아이들은 어떤 역할에 몰렸을까요?

김리하가 글을 쓰고 이영림이 그림을 그린 『무시해서 미안해』라는 동화책의 내용입니다. 평소 자기밖에 모르던 세강이가 반에서 여러 가지 역할을 맡으면서 친구 마음을 이해하게 된다는 것입니다. 서로 다른 사람을 존중하고 배려하는 일은 참으로 아름답지만 어려운 일입니다. 세강이가 친절하고 상냥한 사람에게 마음이 잘 열린다고 말했던 것처럼 상대방의 마음을 헤아리고 상대방을 소중하게 생각해 주기만 하면 되는데, 그러면 상대방도 나를 이해하고 존중할 수 있는데, 그게 그렇게 쉬운 일이 아닙니다. 하지만 하지 못할 것도 없습니다.

존중이 인간에게 미치는 영향

최근에 많은 사람들의 관심을 받고 있는 주제 가운데 하나가 회복탄력성resilience입니다. 크고 작은 어려움과 해결해야 할 문제로 가득 차 있는 이 세상에서 회복탄력성이 인간을 행복한 삶으로 이끄는 열쇠라는 것입니다. 회복탄력성은 험난한 고난과 역경 가운데서도 긍정적인 의미를 부여하고 문제를 적극적으로 해결하는 능력을 말하는 것으로, 회복탄력성이 높은 사람일수록 충만한 삶을 활기차게 산다는 것입니다.

회복탄력성에 대한 유명한 종단 연구가 '카우아이섬 종단연구'[12]입니다. 하와이 군도 중 북서쪽 끝에 둘레 약 50km, 인구 약 3만에 불과한 카우아이섬이 있습니다. 자연 경관은 환상적이었지만 생활 환경은 열악하여 이 섬 주민들에게는 벗어나고 싶은 지옥 같은 곳이었습니다. 주민들 대부분은 가난과 질병에 시달렸고 범죄자, 알코올 중독자, 정신 질환자들도 많았습니다. 학교 교육은 제대로 이루어지지 않아 청소년 의 비행도 심각한 수준이었으며 이 섬에 산다는 것은 불행한 삶을 예 약하는 것과도 같았습니다.

1954년 미국 본토에서 소아과 의사, 정신과 의사, 사회복지사, 심리 학자 등이 다양한 학문적 관심을 가지고 이 섬에 도착했습니다. 그리고 1955년에 이 섬에서 태어난 신생아 전부(833명)를 대상으로 종단 연구 를 시작하였습니다. 사실 1954년부터 임신한 산모는 모두 연구대상이 되었습니다. 그들의 정보는 엄마 배 속에 있을 때부터 산모의 건강, 가 족관계, 직업, 성격 등 모든 사항이 장시간의 인터뷰를 통해 수집되었습 니다. 이 연구는 아이들이 30세가 넘을 때까지 계속되었고 무려 90% 가까운 698명이 조사 대상으로 끝까지 남았습니다.

자료 분석을 담당했던 심리학자 에미 워너는 전체 연구대상 가운데 가장 열악한 환경에서 자란 고위험군 201명을 면밀하게 검토했습니다. 그런데 이 중 3분의 1인 72명은 고위험군이라는 특성과 상관없이 마치 유복한 가정에서 태어난 것처럼 훌륭한 청년으로 성장했습니다. 에미 워너가 40년에 걸친 연구를 정리하면서 발견한 회복탄력성의 핵심적 인 요인은 결국 인간관계였습니다.

어려운 환경 속에서도 제대로 성장한 아이들이 예외 없이 지니고 있 던 공통점이 하나 발견되었는데, 그것은 아이의 입장을 무조건 이해해 주고 받아 주는 어른이 적어도 그 아이의 인생 중에 한 명은 있었다는 것입니다. 그 사람이 엄마, 아빠 혹은 할머니, 할아버지, 삼촌, 이모 등 누구이건 아이가 언제든 기댈 언덕이 되어 주었던 사람이 적어도 한 사람은 있었던 것입니다. 어린 시절 가족들로부터 헌신적인 사랑과 신뢰를 받고 자란 사람은 회복탄력성이 높은 것으로 나타났습니다.

회복탄력성이 높은 사람은 다른 사람으로부터 존중받고 성장한 사람입니다. 그리고 자기를 존중하는 사람입니다. 회복탄력성이 높은 사람은 매사에 긍정적이고 적극적이며 문제를 두려워하지 않습니다. 최근의 많은 연구에 의하면 직원의 능력을 인정하는 형식으로 나타나는 존중이 경영의 수익성에 명백하게 영향을 미치는 것으로 나타났습니다.

시장조사를 전문으로 하는 회사인 잭슨 오거나이제이션이 다양한 회사 31개에 종사하는 직원 2만 6천 명을 설문조사한 연구(종업원에 대한 인정과 수익성 : 그 상호관계)에 의하면[13] 직장의 직원들은 단순히 직장 만족도만 높아가지고는 생산성이 오르지 않는다고 합니다. 직장 만족과 직장에서의 심리적 웰빙이 짝을 이룰 때 수익성이 오른다고 합니다. 자기 자본 수익률은 직원의 우수성을 효과적으로 인정해 주는 회사가 그렇지 않은 회사의 3배 이상 높았고, 자산 수익률에서도 직원들의 우수성을 인정해 주는 회사가 그렇지 않은 회사의 3배 이상 높았습니다. 그리고 영업이익률에서도 직원들의 우수성을 인정해 주는 회사가 그렇지 않은 회사의 3배 이상 높았습니다.

존중은 생각만 해도 건강에 도움이 됩니다.[14] 사람들이 존중을 생각할 때 몸이 보이는 반응은 심장이 규칙적이고 안정적으로 박동하여 건강해지고 면역체계가 강화되며 신경계통의 기능이 부드러워지고 호르몬 분비가 균형을 이루어 정서적·정신적·육체적 건강이 향상됩니다. 그리고 존중을 생각하거나 느끼고 있을 때 뇌의 다양한 부위가 활발하게 움직입니다. 이런 이유는 뇌도 피의 흐름에 크게 의존하기 때문입니다. 피가 뇌에서 잘 순환되면 산소와 영양이 원활하게 공급되는 것이기 때문에 기능이 활성화되는 것입니다.

인간관계에서의 존중은 에너지의 양자물리학에서 보여 준 진동원리 그 자체입니다. 현대 경영학의 대가인 피터 드러커는 현대사회의 이상적 인간형을 지식 근로자로 정의하고 "남을 경영하기에 앞서 자신을 먼저 경영해야 한다"라고 했습니다. 지식 근로자가 단순노동자와 다른 것은 많은 인간관계의 연결선상에 있다는 점입니다. 현대인들은 일상에서 수시로 존중이라는 진동에 영향을 주는 주체이기도 하고 영향을 받는 객체이기도 하다는 것을 잊어서는 결코 안 되겠습니다.

/ 6 /

어떻게
배려配慮할 것인가

내가 대접받고 싶은 대로 남을 대접하라

어느 날 망나니 늑대가 무슨 바람이 불었는지, 학 부인을 식사에 초대했습니다. 학 부인이 늘 친절을 베풀어 준 데 대해 조금이나마 보답하고 싶다는 것입니다. 평소에 욕심 많고 버릇없는 늑대지만 무척 갸륵한 일이다 싶어, 별로 기대하지는 않았지만, 학 부인은 서둘러 늑대의 집으로 갔습니다. 늑대가 어떤 것을 내놓을지 몹시 궁금했던 것입니다.

"차린 것은 없지만……." 늑대의 말 그대로 음식은 단 한 가지밖에 없었는데, 부엌에서 뭔지 몰라도 맛있는 스프 냄새가 솔솔 났습니다. 학 부인은 망나니 늑대치고는 제법이라고 속으로 잔뜩 기대를 하며, 테이블에 앉아 목을 길게 빼고 기다렸습니다.

"자, 오래 기다리셨습니다." 마침내 식탁에 오른 스프를 보고 학 부인은 놀랐습니다. 늑대가 가지고 온 것은, 납작한 접시 표면이 살짝 덮일 정도의 스프가 아닙니까. 늑대는 날름날름 접시를 핥을 수 있으니 상관없지만, 학 부인은 가련한 신세가 되었습니다. 아무리 먹으려 해도, 길고 뾰족한 부리로 콕콕 접시를 찍기만 할 뿐 먹을 수가 없었습니다.

"아니, 입맛에 맞지 않습니까? 괜찮으시다면 한 접시 더 드세요."

망나니 늑대는 이렇게 말하면서, 자기는 몇 번씩 접시에 덜어 맛있다는 듯이 늘름늘름 핥아 먹었습니다. 학 부인은 아무것도 먹지 못한 채 냄새만 맡고 있어야 했습니다.

얼마쯤 지나, 이번에는 학 부인이 망나니 늑대를 식사에 초대했습니다. 별것 아니지만 지난번 초대에 대한 보답이라 하니, 조심성이 많아 거절할 줄 알았던 늑대답지 않게 떡하니 찾아왔습니다. 찾아와서는 성의가 고마워 사양하지 않기로 했다는 인사말까지 한 늑대는 자리에 앉아 기다리는데, 도대체 학 부인이 무엇을 만들고 있는지 궁금해져서 살짝 부엌을 들여다보니, 놀랍게도 늑대가 무척이나 좋아하는 고기 스튜가 아닙니까! 친절한 학 부인이 먹음직스러운 고기를 먹기 좋게 잘라 끓이고 있는 것입니다.

자기도 모르게 얼굴에 웃음이 번져서 자리에 돌아온 늑대는 이제나 저제나 군침을 삼키며 기다리고 있었는데 마침내 학 부인의 목소리가 들리는 것이었습니다. "오래 기다리셨죠?" 그런데 이게 웬일입니까? 학 부인이 가져온 스튜를 보고 늑대는 깜짝 놀라고 말았습니다. 글쎄 맛있는 요리를 학처럼 목이 가느다란 긴 항아리에 담아 온 것입니다. 늑대의 입은 들어가지 않고 혀도 닿지 않게 말입니다. "자 많이 드세요." 상냥한 학 부인의 목소리에 늑대의 군침은 눈물로 변하고 말았다고 합니다.[1]

'늑대와 학'이라는 이솝 우화의 내용입니다. 누구한테나 적용되는 지혜를 담고 있는 경구驚句를 설명하는 우화는 도덕적 명제나 인간 행동의 원칙을 예시해 주는 이야기입니다. 상대방을 식사에 초대해 놓고는 상대방을 눈곱만큼도 배려하지 않는 늑대와 학의 이야기는 실제로 우리 인간들의 이야기라는 것입니다.

우리 사회를 한번 둘러봅시다. 옛날에도 그랬는지 모르겠지만 요즘 들어 배려심이 너무 부족해진 것 같습니다. 다른 사람이 자기보다 앞서면 참질 못합니다. 무슨 수를 쓰더라도 상대방을 제압하고 앞서려고 합니다. 남이 아니라 형제 간에도 자기보다 나은 것을 용납하지 못합니다. 형님 먼저 아우 먼저는 이미 먼 옛날의 전설이 되고 말았습니다. 형님 앞에서 동생 자랑을 하면 형이 못마땅하게 생각하고 동생 앞에서 형 자랑하면 동생이 눈살을 찌푸리는 것이 오늘날의 현실입니다.

우리 속담에 '사촌이 논을 사면 배가 아프다'라는 말이 있듯이, 형제 간이나 사촌 간에도 배려를 하지 못하는데 하물며 남에게는 어떻겠습니까? 배려심이 부족하다 보니 자기 잘못에 대해서는 매우 관대하지만 다른 사람의 잘못에 대해서는 조금의 용서나 이해도 없이 매몰차게 다그칩니다. 자기는 남한테 조금도 배려하지 않으면서 남들이 자기한테 배려하지 않으면 여지없이 세상이 각박해집니다. 인정이 없어서 못 살겠다고 투덜댑니다. 참으로 어처구니없는 일입니다.

子貢問曰 有一言而可以終身行之者乎 子曰 其恕乎 己所不欲 勿施
於人

자공子貢이 물었다. 한마디로 죽을 때까지 실행할 만한 말씀이 있
습니까? 선생님께서 말씀하셨다. 있다면 아마도 서恕이겠지. 자기
가 하고 싶지 않는 것은 남한테도 시키지 말라는 것이지.[2]

공자의 제자인 자공이 세상을 살면서 죽을 때까지 지킬 만한 한마
디 말씀이 있느냐는 물음에 공자가 서恕라는 글자 하나가 있다고 대답
하는 대목입니다. 죽을 때까지 지킬 만한 한마디와 관련해서 『논어』이
인里仁 15에서 증자曾子는 충서忠恕라고 말했는데, 여기서는 서恕라고 한
것입니다.

서는 자신의 마음과 남의 마음을 같이하는 것입니다. 자신이 싫어하
는 것은 남도 싫어하고 자신이 좋아하는 것은 남도 좋아한다는 것입니
다. 그러므로 서를 실천하는 사람은 자신이 싫어하는 일을 남에게 시키
지 않으며 자신이 좋아하는 일을 남에게 권합니다. 자신이 싫어하는 일
을 남에게 시키고 자신은 좋아하면서 남에게 하지 못하게 하면 남은 듣
지 않겠지요. 자신이 하고 있는 것이 서를 실천하는 것이 아니면서 남
의 마음을 일깨울 수 있는 사람은 없습니다.[3]

자기를 미루어 남을 헤아릴 줄 아는 서야말로 남들과 더불어 이 세
상을 살아가는 데 가장 필요한 자세라는 것입니다. 『대학』에서는 서를
혈구지도絜矩之道로 표현합니다.

君子 有諸己而后求諸人 無諸己而后非諸人

군자는 자신에게 선함善이 있은 뒤에 남한테도 선함을 요구하고,

자신에게 악함惡이 있지 않은 뒤에 남의 악함을 비난한다.[4]

다산 정약용은 서를 추서推恕와 용서容恕로 구분합니다. 추서는 『논어』에서 '자기가 하기 싫은 일은 남한테도 시키지 말라'고 한 '기소불욕 물시어인己所不欲 勿施於人'과 『중용』에서 '나에게 베푸는 것을 원치 않는 것을 또한 남한테 베풀지 마라'고 한 '시저기이불원 역물시어인施諸己而不願 亦勿施於人'과 같은 것으로, 하지 말라는 물勿에 중점을 둡니다. 용서는 『대학』에서 말하는 '유저기이후구저인 무저기이후비저인有諸己而后求諸人 無諸己而后非諸人'과 같은 것으로, '~하라'는 뜻의 구求와 '비난하다'는 뜻의 비非에 중점이 있습니다.

추서는 스스로를 닦는 것으로 자신의 선을 실행하는 것이고, 용서는 남을 다스리는 것으로 남의 악을 너그럽게 받아들이는 것입니다.[5] 하나는 선에 대한 배려이고, 다른 하나는 악에 대한 배려라고 할 수 있겠습니다.

사람의 마음은 누구나 비슷합니다. 자기가 하고 싶지 않은 일은 다른 사람도 하고 싶어 하지 않습니다. 누구나 '기소불욕 물시어인'하는 자세가 필요합니다. 그런데 어떤 사람은 '기소불욕 시어인己所不欲 施於人'합니다. 자기는 하고 싶지 않은 일을 절대 안 하면서 남한테는 시키는 것입니다. 그래서는 안 됩니다. 누구나 타인을 배려해야 합니다. 그래야

만 함께 잘 살아갈 수 있습니다. 자신은 다른 사람들을 이해하거나 배려하려고 하지 않으면서 다른 사람들은 자기를 이해하거나 배려해 주기를 바랍니다. 이 얼마나 모순된 일입니까?

이 세상에 공짜는 없습니다. 내가 먼저 다른 사람에게 베풀지 않으면 다른 사람도 나에게 베풀지 않습니다. 내가 먼저 남을 배려해야 남도 나를 배려하는 것입니다.

베푸는 삶의 놀라운 효과

여행을 다니다 보면 각 지역마다 명문가名門家 이야기가 있습니다. 명문가는 사회적 신분이나 지위가 높고 학식과 덕망을 갖춘 훌륭한 집안을 가리키는 말입니다. 부와 권력이 있다고 이 이름을 다 얻을 수 있는 것은 아닙니다. 대대로 정승 판서를 지내고 만석꾼의 부를 누렸다고 해도 주변의 덕망과 존경을 얻지 못한 집안은 명문가의 반열에 오를 수 없습니다. 물질 가치보다는 그 집안사람들이 어떻게 살았느냐 하는 것으로 명문가를 판가름할 수 있는 것인데, 전라남도 구례에 있는 운조루雲鳥樓가 좋은 본보기입니다.

운조루는 구름 속의 새처럼 숨어 사는 집이라는 뜻으로, 오미동 유씨 집안 사랑채 누마루의 당호입니다. 조선 영조 52년인 1776년에 낙안 군수였던 삼수공三水公 유이주柳邇冑가 지은 운조루는 호남 지방을 대표하는 양반 가옥으로 두 가지 커다란 자랑거리를 가지고 있습니다. 두 가지 모두 자기 자신보다는 남들을 생각하고 배려하는 모습입니다.

첫째는 타인능해他人能解라는 글이 새겨진 커다란 쌀뒤주입니다. '누구든 이 쌀독을 열 수 있다'는 뜻이 새겨진 쌀뒤주로 흉년이 들 때 굶주린 사람들을 구제하기 위한 것입니다. 운조루의 큰 사랑채와 중간 사랑채 사이의 중간 문을 들어서면 왼쪽에 커다란 가마솥이 보이고 오른쪽에 커다란 통나무를 파서 세 가마니의 쌀을 담을 수 있게 만든 뒤주가 있습니다. 쌀뒤주에는 두 개의 구멍이 있는데, 한 구멍에 꽂혀 있는 나무를 돌리면 다른 구멍에서 쌀이 쏟아져 나왔다고 합니다.

유이주는 한 달에 한 번씩 뒤주에 쌀을 다시 채울 것을 명했고, 행여나 쌀이 뒤주에 남아 있으면 집안사람을 크게 꾸짖었다고 합니다. 운조루는 대략 200여 석의 쌀을 소출했는데 그 가운데 30여 석을 이웃을 위해 내놓았다고 합니다. 쌀뒤주는 대대로 종부가 관리했는데 쌀뒤주가 놓인 자리가 눈여겨볼 만합니다. 쌀을 얻기 위해 온 사람들이 혹시 불편할까봐 주인들과 쉽게 마주칠 가능성이 낮은 곳에 뒤주를 둔 것입니다. 실제 대문간에서 중간 문으로는 직선코스로 갈 수 있고 거리도 멀지 않습니다. 비록 쌀뒤주를 개방했지만 마을 사람들은 가능하면 이 뒤주의 사용을 자제했고 자신들보다 더 힘든 이웃을 배려했다고 합니다.

두 번째 자랑거리는 이 집만의 특징인 굴뚝입니다. 운조루에는 첨탑과 같이 하늘 높이 쌓아 올린 멋들어진 굴뚝이 없습니다. 모든 굴뚝이 전혀 예상치도 못했던 곳에 눈에 잘 띄지도 않게 숨어 있습니다. 운조루의 굴뚝은 모두 위를 향하지 않고 마당을 향하도록 배치했습니다. 굴뚝이 높아야 연기가 잘 빠진다는 것을 집주인이나 목수가 몰라서 낮게 만든 것이 아닙니다. 굴뚝을 낮게 만든 것은 밥 짓는 연기가 멀리 퍼지는 것을 막자는 것이었습니다. 끼니를 거르는 사람들이 이 집의 굴뚝 연기를 보면서 더욱 소외감을 느끼지 않도록 배려한 것이라고 합니다. 작은 것에도 자신의 부를 과시하지 않고 어려운 이웃을 배려하는 아름다운 마음을 느낄 수 있습니다.

늘 남을 아끼고 사랑하는 부자가 아들을 낳아 잔치를 벌이기로 했습니다. 사실은 아들을 위해서가 아니라 동네 사람들을 초청해서 대접하고 싶었기에 일부러 벌이는 잔치인지라 식구들 가운데 한 명이 "이번 잔치에는 가난한 사람을 상석에 앉히시지요"라고 말하자, 아버지가 아니라며 말합니다. "가난한 사람은 잘 먹기 위해 온다. 그들에게는 골방에 자리를 마련해 주어 눈치 보지 말고 마음껏 먹게 해라. 부자는 먹으러 오는 게 아니라 대접받고 싶어 오는 것이다. 그러니 보이는 자리에 상석을 마련하여라. 그래서 둘 다 만족해서 돌아가게 해야 한다." 얼마나 아름다운 마음 씀씀이입니까? 내 생각대로 살기보다는 먼저 상대방의 처지를 생각해 주는 배려만큼 아름다운 힘을 발휘하는 것도 없습니다.

미국 100달러 지폐의 인물이 된 벤자민 프랭클린(Benjamin Franklin, 1706~1790)의 가로등 이야기도 좋은 본보기 입니다. 미국의 존경받는 정치가이기도 했던 프랭클린은 자기가 살고 있는 도시 필라델피아의 시민들에게 선한 일을 하고 싶은 마음에 예쁘게 생긴 등을 집 앞에 세운 기둥 위에 올려놓았습니다. 동네 사람들은 이상하게 생각했습니다. 등불은 집 안에서 쓰임새가 있는 물건인데 쓸데없이 왜 밖에다 두는지 의아해했습니다. 집 밖에 두는 것은 낭비라는 것인데, 한 주가 지나고 한 달이 지나자 사람들은 뭔가 깨닫기 시작했습니다. 집 밖에 등불을 켜놓자 밤길을 다니는 사람들이 넘어지지 않았습니다. 그리고 멀리서도 방향을 알 수 있었습니다. 그제야 사람들은 하나둘씩 문밖에 등불을 두기 시작했고, 그때부터 밤거리가 환하게 되었습니다. 거리의 가로등 역사가 시작된 것입니다.

미시간 대학의 한 연구진은 노인 부부 423쌍을 대상으로 남을 돕는 습관과 수명 사이에 어떤 관계가 있는지 지켜봤습니다. 여기서 돕는 일이란 친구, 이웃, 가족 들의 집안일이나 아이 돌보기, 시장 보기처럼 일상생활의 자잘한 일들이었습니다. 조사가 이루어진 5년 동안 134명이 숨졌는데, 숨진 노인들은 대부분 남을 돕는 데 인색한 사람들이었습니다. 평소 남들을 잘 도와주지 않는 노인들의 사망률이 잘 도와주는 노인들보다 두 배 이상 높았습니다. 특이한 것은 남들로부터 도움만 받고 자기 자신만 챙기며 지내는 노인들의 건강은 전혀 좋아지지 않았다는 것입니다. 미시간 대학의 연구진이 실시한 조사 결과에 따르면, 남한테 받기만 하는 사람치고 건강하게 오래 사는 사람은 드물었습니다. 남한테 주기만 하는 사람들이 물질로는 손해 보는 것 같지만 실제로는 이득을 본다는 것입니다.

남들을 위해 봉사활동을 하는 것이 규칙을 정해 운동하는 것보다 건강에 더 이로운 효과를 갖는다는 연구도 있습니다. 과학자들이 캘리포니아주 마린 카운티의 55세 이상 주민 2,025명을 5년 동안 조사해보니 두 곳 이상에서 봉사활동을 하는 사람들은 사망률이 보통 사람들보다 63%나 낮았습니다. 규칙을 정해 운동하는 사람들은 44% 낮았고, 매주 교회나 친교 모임 같은 곳에 나가는 사람들은 29% 낮았습니다. 또한 육신을 떠난 영혼이 영계에 올라가서도 사랑을 얼마나 베풀었느냐를 기준으로 심판을 받는다는 말도 있습니다. 모두가 상대방을 배려하고 베푸는 행위가 소중하다는 이야기일 것입니다.

사랑의 기술

사전을 보면 배려는 '도와주거나 보살펴 주려고 마음을 쓰는 것'입니다. 배려는 상대방을 생각해서 불편하지 않게 해 주는 것으로 두 가지 경우가 있습니다. 하나는 자신이 먼저 상대방이 불편해할 것이라고 생각해서 배려하는 경우이고, 다른 하나는 상대방한테서 어떤 요청이 들어왔을 때, 곧 상대방이 불편함을 느낀다고 호소했을 때 필요한 조치를 취하는 것입니다. 어떤 경우든 배려는 모두 상대방을 위해 내가 생각하고 행동하는 것입니다.

누군가를 도와주거나 보살펴 주려고 여러모로 마음을 쓰는 배려는 참으로 아름다운 일입니다. 그러나 간혹 자기중심주의에 빠진 배려로 말썽과 오해가 생기는 경우도 있습니다. 이솝 우화에서 늑대와 학이 자기만을 생각하는 바람에 상대방의 기분을 상하게 만드는 것과 같은 일은 우리 주변에서도 흔히 볼 수 있습니다. 상대방의 취향을 묻지 않고 자신의 스타일대로 커피를 타 준다거나, 승용차를 운전하면서 동승자는 생각하지 않고 자신이 좋아하는 음악을 트는 것은 모두 배려라는 가면을 쓰고 있지만 조금만 들여다보면 배려가 아닌 이기심이라는 것을 알 수 있습니다. 나름대로 배려했다고 생각하는 것이 상대방에 대한 배려이기보다 자기만족으로 끝날 수도 있습니다.

그렇다면 진정한 배려는 무엇일까요? 진정한 의미의 배려는 독일의 심리학자이자 사회학자인 에리히 프롬(E. Fromm, 1900~1980)의 사랑은 '말과 일치된 행동'으로 나타나야 한다는[6] 주장에서 파악할 수 있습니다.『사랑의 기술』로 잘 알려진 에리히 프롬이 말하는 사랑은 인간관계를 유지하는 데 가장 기본 요소가 되는 보살핌과 관심, 책임, 존경, 그리고 앎을 주는 것입니다.

사랑은 보살핌으로 시작됩니다. 보살핌이 사랑의 시작이라는 것은 자식에 대한 엄마의 사랑에서 가장 분명하게 나타납니다. 엄마가 어린 자식을 충분히 돌보지 않는다면, 그래서 자식에게 젖을 주지 않고, 목욕시켜 주지 않으며, 몸을 편안하게 해 주지 않는다면, 그녀가 아무리 사랑을 외친다 하더라도 우리는 진실한 사랑이라고 감동하지 않을 것입니다. 사랑은 우리가 사랑하는 대상의 생명과 성장에 대해 관심을 적극적으로 갖는 것입니다. 관심이 없으면 사랑도 없습니다.

보살핌과 관심은 책임을 전제로 합니다. 책임이 없는 관심은 감시에 지나지 않습니다. 책임은 타인의 요구에 대해 대응하는 것입니다. 오늘날 책임은 외부에서 부과된 의무로, 하기 싫어도 해야만 하는 것으로 이해됩니다. 일종의 부담스러운 짐이라는 것입니다. 하지만 참된 의미의 책임은 완전히 자발적인 행위로, 스스로 나서서 다른 사람의 요구에 대응하는 것입니다. 다른 사람의 요구가 표현되었든 표현되지 않았든, 책임은 그러한 요구에 응답할 수 있고, 그러한 요구를 들어줄 준비가 돼 있다는 뜻입니다. 형제를 사랑하는 사람은 형제의 일을 형제만의 일이 아니라 자기 자신의 일로 여기고, 자기 자신에게 하는 것과 똑같이 그들에게도 책임감을 느낍니다. 이런 의미의 책임은 어머니와 어린아이의 경우 주로 어린아이의 신체적인 욕구를 돌보아 주는 것으로 나타나고, 성인들 사이에서는 주로 다른 사람의 정신적인 욕구를 들어주는 것으로 나타납니다.

책임은 존경을 전제로 합니다. 존경이 없다면, 책임은 쉽게 지배와 소유로 타락할 수 있습니다. 존경respect은 '바라보다'는 뜻을 가진 말 respicere에서 나온 단어라는 것에서 알 수 있듯이 어떤 사람을 있는 그대로 보고, 그의 독특한 개성을 있는 그대로 받아들이는 것입니다. 존경은 다른 사람이 그 자신으로서 성장하고 발달하기를 바라는 것입니다. 내가 사랑하는 사람을 이용하기 위해서가 아니라 그 사람 자신을 위해서, 그리고 그 사람 나름의 방식으로 성장하고 발달하기를 바라는 것이 참된 의미의 존경입니다. 존경에는 착취라는 것이 없습니다. 내가 누군가를 사랑하는 것은 내가 이용할 대상으로써의 그가 아니라 '있는 그대로의 그'와 내가 하나 되는 것입니다. 존경은 내 자신이 독립된 존재로 남의 도움 없이 똑바로 서서 걸을 수 있을 때만, 그리고 누군가를 지배하거나 착취하지 않을 때만 가능합니다.

존경은 앎을 전제로 합니다. 누군가를 존경하려면 먼저 그를 잘 알아야 합니다. 제대로 알지 못한 채 이루어지는 보호와 책임은 분별없는 짓이고, 보호와 관심에 이끌리지 않는 앎은 공허합니다. 앎은 사물의 겉에 머물지 않고 핵심으로 파고들어 가는 것입니다. 앎은 자기 자신에 대한 관심을 초월해서 다른 사람을 그 사람의 관점에서 볼 수 있을 때만 가능합니다. 어떤 사람이 화가 났을 때 그것을 겉으로 드러내지 않아도, 나는 그가 화내고 있음을 압니다. 그러나 나는 그보다 더 깊게 알 수도 있습니다. 그가 불안하고 근심하며, 외로움과 죄책감을 느끼고 있는 것을 알기 때문에 나는 그의 노여움이 더 깊은 어떤 것을 드러낸 것임을 알 수 있습니다. 나는 그가 근심하고 당황하는 것을 알기 때문에 그가 화를 내기보다는 괴로워하고 있다는 것을 알 수 있습니다.

보살핌과 관심, 책임과 존경, 앎은 서로 의존하는 것으로 성숙한 인격에서만 찾을 수 있는 태도들입니다. 곧 자신이 타고난 힘을 생산적인 방향으로 계발하고, 자신이 노력하는 것만을 가지려고 하며, 자신이 전지전능하다는 자아도취에서 벗어나고, 오로지 순수한 생산 활동을 통해서 얻은 내면의 힘에 바탕을 둔 겸손을 터득한 사람만이 진정한 의미의 보살핌과 관심, 책임과 존경, 앎을 통해 성숙한 형태의 사랑을 할 수 있습니다.

경쟁과 배려의 균형

배려는 사람과 사람으로 연결된 사회를 유지하는 데 반드시 필요한 요소입니다. 다른 사람의 처지와 입장을 충분히 헤아리고 보살펴 주는 배려야말로 사회생활을 하는 사람이라면 누구나 갖추어야 할 덕목입니다. 사람들 사이에 배려심이 결여된 사회는 한순간도 유지될 수 없습니다. 그런 배려를 어떻게 해야 할까요? 부처님의 행적을 기록한 잡보장경雜寶藏經에 무재칠시無財七施라는 이야기가 나옵니다.[7]

어떤 이가 석가모니를 찾아와 말했습니다.

"저는 하는 일마다 제대로 되는 일이 없습니다. 도대체 무슨 이유 때문에 그러는 것일까요?"

"그것은 네가 남에게 베풀지 않았기 때문이니라."

"저는 아무것도 가진 것이 없는 빈털터리입니다. 남에게 줄 것이 있어야 주지 뭘 준단 말입니까?"

"그렇지 않느니라. 아무리 재산이 없더라도 줄 수 있는 일곱 가지는 누구한테나 있는 것이니라. 네가 이 일곱 가지를 행하여 습관이 붙으면 너에게 행운이 따르리라."

"그것이 무엇입니까?"

석가모니는 재물이 없이도 베풀 수 있는 무재칠시를 다음과 같이 알려 주었습니다.

첫째, 화안시和顏施는 얼굴에 화색을 띠고 부드럽고 정다운 얼굴로 남을 대하는 것입니다.

둘째, 언시言施는 말로 얼마든지 베풀 수 있으니 사랑의 말, 칭찬의 말, 위로의 말, 격려의 말, 부드러운 말을 하라는 것입니다.

셋째, 심시心施는 따뜻한 마음, 존경하는 마음, 사랑하는 마음으로 상대방을 대하는 것입니다.

넷째, 안시眼施는 호의를 담은 눈길로 사람을 보는 것처럼 눈으로 베푸는 것입니다.

다섯째, 신시身施는 남의 짐을 들어 준다거나 일을 돕는 것처럼 몸으로 베푸는 것입니다.

여섯째, 좌시座施는 내 자리를 상대방에게 양보하거나 빈자리를 알려주어 편안하게 앉도록 해 주는 것입니다.

일곱째, 찰시察施는 굳이 묻지 말고 상대방이 처한 상황과 마음을 헤아려서 도와주는 것입니다.

꼭 물질이 아니더라도 배려할 것이 얼마든지 있다는 것입니다. 이기심의 극치를 보이는 무질서와 폭력, 지나친 경쟁과 술수 같은 것들이 판을 치고 있는 세상에서 무재칠시 이야기는 너무나 한가한 소리로 들릴지도 모릅니다. 그러나 가만히 생각해 보면, 각박한 조직이나 사회를 만드는 것도 우리이고 사랑이 넘치는 조직이나 사회를 만드는 것도 우리입니다. 우리는 과연 어떤 조직과 사회를 만들어야 할까요?

오늘날 우리 사회는 개인 간의 갈등과 조직 간의 갈등이 심각한 수준인데, 이런 갈등의 대부분은 상대방에 대한 배려 부족에서 초래됩니다. 명예나 권력이나 부를 더 가진 강자가 적게 가진 약자에게 배려를 하지 못해 생긴 갈등이 많습니다. 조직 간 갈등의 경우 정규직과 비정규직, 도급 또는 원청 업체와 아웃소싱이라는 이름으로 이루어지는 하청 또는 용역 업체 간의 갈등을 보면 모두가 그런 것은 아니지만 대체로 힘들고 험한 일을 비정규직 또는 용역업체에서 하는 경우가 많습니다.

최근 여러 노동현장에서 인건비 절감과 원청의 근로자 책임 완화를 위해 많이 운영하고 있는 하도급 업체에서 산재사건이 많이 발생하고 있습니다. 이는 원청이 위험하거나 유해한 작업에 대해서 주로 하청을 주고 있는 것이 현실이기 때문입니다. 최근 3년간 80% 이상의 안전사고가 하청 업체 근로자에게 발생한 점을 볼 때, 더 이상 간과해서는 안 될 문제로 대두되고 있습니다. 특히 최근 있었던 모 조선 업체의 하청 업체 근로자 사망사건에서도 볼 수 있듯이 중대 재해·사고가 발생하면, 그 피해는 고스란히 피해자와 유족, 그리고 하청 업체에게만 돌아가고 있습니다. 원청은 해당 작업에 대해서 하청을 주면, 그 업무에 대한 안전책임은 하청 업체가 지기 때문에 원청에 비해 상대적으로 경영상의 여건이 부족한 하청 업체는 근로자에 대한 안전보호 조치를 미흡하게 할 수밖에 없습니다.

이런 현상은 제도 문제인 것처럼 보이지만 사실 누가 이러한 불공평한 제도를 만들었습니까? 우리가 만들었습니다. 자연의 섭리가 무엇인가를 한마디로 표현하기는 어려운 일이겠으나 '균형'이라고 정의해 보고자 합니다. 어김없이 반복되는 우주의 질서와 사람들이 느끼는 계절의 변화를 비롯하여 인간이 느끼지 못하는 부분까지도 균형이 유지되고 있기 때문에 자연현상은 변함없이 지속되고 있는 것입니다.

자연현상만 그런 것이 아닙니다. 사람들의 생활도 균형을 유지하고 있어야 건강하게 지낼 수 있습니다. 상하, 좌우, 내외가 균형을 유지할 때가 최고의 건강한 상태라고 할 수 있는데, 개인에게뿐만 아니라 타인과의 인간관계에서도 균형은 중요합니다. 대인 관계에서의 균형이란 경쟁과 배려의 균형입니다. 비행기의 좌측과 우측에 날개가 있기 때문에 앞으로 날아오를 수 있고 새들도 같은 원리로 날아다니듯이 인간관계에서도 경쟁과 배려는 건전하게 살아갈 수 있는 양 날개입니다.

우리 사회는 해방 이후 정치적으로 자유민주주의를, 경제적으로 자본주의를 표방하고 민주화와 산업화를 기치로 반세기 이상 열심히 일하면서 경제적으로 풍요로운 생활을 이룩하게 되었습니다. 열심히 일하는 과정에서 경쟁을 잘살기 위한 필요조건으로 생각하게 되었고 바쁘게 사는 것을 미덕으로 생각하게 되었으며 생산성과 효율 극대화를 최고의 선으로 여기게 되었습니다. 그러다 보니 어느 순간에 우리 사회는 목적적 가치와 수단적 가치가 전도되어 돈이 가장 소중한 우상이 되어 버렸고 돈이 안 되는 것은 가치가 없는 것으로 여기게까지 되었습

니다. 인간에게 있어서 최고의 가치는 생명이라고 할 수 있겠으나 현실
은 인간소외 현상을 경험하는 것입니다. 이러한 각박한 현실을 극복할
수 있는 방법은 딱 한 가지, 배려하는 마음을 회복하는 것입니다.

/ 7 /

어떻게
소통疏通할 것인가

조조의 실수

얼마 전 아주 끔찍한 일이 벌어졌습니다. 서울에 있는 한 아파트에서 열세 살밖에 안된 중학생이 자기 집에 불을 질러 할머니, 아버지, 어머니 그리고 여동생 등 네 명을 숨지게 한 것입니다.[1]

경찰과 이웃 주민에 따르면, 아버지가 의류 관련 사업을 했기에 부유한 가정에서 자란 그 학생은 사진을 찍거나 춤추는 것을 좋아해서 예술계 고등학교를 가고 싶어 했습니다. 하지만 아버지가 판검사가 되라고 강요하는 바람에 갈등의 골이 깊어졌습니다. 아버지가 "놀지만 말고 공부하라"며 욕하고 때리는 일이 잦아지자, 불만이 극도에 이르러 그만 자기 집에 불을 지른 것입니다. 아버지만 없으면 다른 가족들과 더 행복하게 살 수 있을 것이라는 생각에서 말입니다.

"맑은 성격을 가진 아이로 동아리 활동도 열심히 하고, 운동을 좋아했다. 평소 문제를 일으키거나 결석하는 일도 없는 평범한 아이가 어떻게 이런 일을 저질렀는지 그저 황당할 뿐이다."

그가 다니는 중학교의 교감 선생님이 한 말입니다. 맑은 성격의 평범한 아이가 끔찍한 일을 저질렀다는 것입니다. 어이없게도 말입니다. 왜 그랬을까요? 왜 아이는 가족을 모두 죽이는 끔찍한 일을 저질렀을까요? 이런 생각을 하다, 문득 떠오른 단어가 '소통'이었습니다. 아버지와 아들 사이에 소통만 있었다면, 그리고 가족들 사이에 소통만 제대로 되었더라면, 이런 끔찍한 일은 벌어지지 않았을 것이라는 생각 말입니다.

우리가 즐겨 읽는 소설 『삼국지』의 주인공 가운데 조조(曹操, 155~220)만큼 유명한 사람도 없습니다. 그는 황건적 난을 평정하는 데 공을 세웠고, 동탁이 죽은 뒤에는 헌제를 옹립하여 실권을 장악하다가, 끝내는 삼국시대 위魏나라를 세운 인물입니다. 당唐나라 제2대 황제로 후세 제왕들의 모범이 되었던 태종太宗 이세민(李世民, 599~649)은 「위나라 태조를 기리는 글祭魏太祖文」에서 그를 이렇게 평가했습니다.

"위나라 무제가 된 조조는 뛰어난 무예와 재능을 갖춘 인물이다. 나라가 혼란에 빠졌을 때 나라를 지탱하는 큰 기둥으로, 조금도 흔들리지 않는 모습으로, 천하를 평정한 공은 그 어느 누구보다도 뛰어나다."

중국 최고의 시성詩聖이라 불렸던 두보(杜甫, 712~770)도 「단청인증조장군패丹靑引贈曹將軍覇」에서 조조를 영웅이라고 하면서 그의 문학적 재능을 높이 샀습니다.

"위나라 무제의 자손들은 지금 서민이 되어 한미한 집안이 되었네. 영웅 할거시대는 이미 지나갔지만, 무제의 문체와 풍류는 아직도 남아 있네."

우리는 조조보다 유비를 더 치는 경향이 있지만, 사실 중국 역사에서 조조는 난세를 평정하고 중국 북부 지방을 통일하여 위나라를 세운 위대한 영웅입니다. 그랬던 조조에 대한 평가가 남송南宋시대에 들어서면서 180도 바뀝니다. 당시 남쪽 지방에서 여진女眞의 금金나라와 몽골의 압박으로 고통을 받던 남송이 마치 삼국시대의 촉蜀나라를 연상시키는 처지였기 때문에, 자신과 비슷한 촉나라의 손을 들어 주면서 촉나라를 압박했던 위나라를 깎아내렸기 때문입니다.

"역사란 역사가와 역사적 사실들의 끊임없는 상호작용으로써, 현재와 과거의 끊임없는 대화이다"라고 한 카(E. H. Carr, 1892~1982)의 주장을 생각나게 하는 대목이 아닐 수 없습니다.[2] 어쨌든 이런 경향이 그대로 희곡과 민담에 파고들면서 사람들 뇌리에 조조는 음험하고 속 좁은 간웅奸雄으로 자리 잡기 시작했는데, 실제로 조조가 음험하고 잔인한 간웅이라는 이미지를 각인시킨 사건이 있었습니다. 그만 소통의 부재로 의로운 사람을 죽인 아주 끔찍한 짓을 저지른 것입니다.

어느 날 조조는 동탁을 암살하려던 계획이 실패해 도망치던 길에 만난 진궁陳宮과 함께 여백사呂伯奢 집으로 숨어들어 갑니다. 여백사는 조조 아버지와 의형제를 지낸 사이라 조조를 아주 반갑게 맞이하였고 하인들한테 음식을 장만하라고 시킨 뒤 술을 사러 나갔는데, 그만 끔찍한 일이 벌어지고 맙니다.

피로에 지쳐 누워 있는 조조에게 칼 가는 소리와 함께 "묶어 놓고 죽이는 게 더 쉬울 거야" 하는 소리가 들리는 겁니다. 놀란 조조는 자신을 해치려는 것으로 알고 먼저 손을 써야겠다며 집 안에 있던 사람들을 모두 죽였습니다. 그런데 이게 웬일입니까? 하인들을 다 죽이고 주위를 둘러보니 돼지가 밧줄에 묶여 있는 것입니다. 그제야 일이 크게 잘못됐다는 걸 안 조조는 급히 도망가다가, 길에서 마주친 여백사마저 죽이고는 경악할 만한 말을 내뱉습니다. "내가 천하를 저버릴 수는 있어도, 사람들이 나를 저버리는 것은 용서할 수 없다."[3]

참으로 끔찍하고 잔인한 짓입니다. 조조는 이 일 때문에 두고두고 못된 놈이라는 욕을 먹는데, 가만히 따져 보면 이런 끔찍한 일의 원인도 소통의 부재라고 할 수 있습니다. 어린 중학생이 자기 집에 불을 질러 온 가족을 죽인 것처럼, 조조도 소통의 부재로 친아버지와 다름없는 여백사의 일가족을 죽인 것입니다.

노부부의 불통

오늘날 한국은 인터넷을 비롯해 세계 최고 수준의 소통 기술을 가진 나라로 인정받고 있습니다. 세계 최고라는 미국의 애플사가 삼성을 기술 문제로 고소하고 고발할 정도로 말입니다. 그런데 아이로니컬하게도 한국은 인간관계에서 소통의 부재와 미숙함 때문에 많은 어려움을 겪고 있습니다. 최신 휴대폰으로 쉬지 않고 대화를 하지만, 정작 진정한 정情을 나누는 사람들은 점점 줄어 가고 있습니다. 수많은 가정들이 다닥다닥 붙어 있는 아파트에 살면서도 사람들 사이에 마음의 벽은 점점 더 두터워집니다. 그야말로 '군중 속의 고독'인 것입니다. 그러다 보니 술과 담배를 가장 많이 마시고 피우며, 스트레스를 가장 많이 받는 사회가 돼 버렸습니다. 가족은 가족대로 소통할 줄을 모르니 이혼율은 높아 가고, 자녀들은 방황합니다. 모두가 소통이 제대로 이루어지지 않기 때문입니다.

우리 인간은 엄마 배 속에서 세상으로 나온 뒤부터 죽을 때까지 끊임없이 관계를 맺으며 살아가야만 합니다. 누구나 살아 있는 동안 쉬지 않고 누군가와 소통을 시도하며 살아갑니다. 끊임없이 눈빛을 주고받고, 말을 나누며, 스킨십을 통해 무언가를 나누며 살아갑니다. 우리 인간은 혼자서는 살 수 없는 사회적 동물이기 때문입니다.

1995년 프랑스의 패션잡지 「엘르」의 편집장 장 도미니크 보비Jean-Dominique Bauby는 뇌간 아래의 모든 신경이 죽어 버리는 뇌간 뇌졸중에 걸렸습니다. 뇌간 위에 있는 대뇌는 멀쩡해서 숨을 쉬고 의식도 멀쩡하지만, 몸을 하나도 움직일 수 없는 전신마비가 된 겁니다. 이른바 감금증후군locked-in syndrome이라고 합니다. 그는 침대에 누운 채 오로지 왼쪽 눈꺼풀 하나만을 움직이는 방식으로 자기 의사를 전달했습니다. 눈꺼풀만이 그가 마음대로 움직일 수 있는 신체기관이었기 때문입니다. 오로지 눈꺼풀만을 움직여 신호를 보내는 방식으로 무려 20만 번 이상 눈꺼풀을 움직여 『잠수복과 나비』라는 자서전을 완성하면서 이렇게 선언했습니다.

"1997년 3월 9일, 장 도미니크 보비는 자신을 옥죄고 있던 잠수복을 벗고, 한 마리 나비가 되어 날아갔다."

인간의 진정한 삶과 자유가 소통에 있다는 메시지를 남기고, 그는 이렇게 나비가 되어 날아간 것입니다. 전신마비였지만 눈꺼풀을 움직이는 방식으로 소통했고, 마지막 생명력을 쏟아부은 노력 끝에 그는 세상 사람들에게 『잠수복과 나비』라는 아름다운 이야기를 전하게 된 것입니다. 소통에 대한 인간의 욕구가 얼마나 강렬한 것입니까?[4]

인간은 누구나 소통을 원합니다. 소통이 안 되면, 답답하고 괴로워 어떻게든 막힌 것을 뚫으려 노력합니다. 그러나 문제는 소통이 제대로 되지 않고 있다는 것입니다. 많은 사람들이 제대로 되지 않는 소통 때문에 답답하고 괴로워한다는 것입니다. 심지어는 오랫동안 알고 지내던 사람과 대화를 나누고 있는 순간에도 자신의 진심이 상대방에게 온전히 전달되는 것인지, 또는 상대방의 마음을 자신이 제대로 이해하고 있는지 확신이 서지 않아 괴로워할 때가 많습니다.

어느 노부부가 40여 년의 결혼생활을 이혼으로 끝내는 법정에서 나와 통닭집으로 들어갔다. 그래도 그냥 헤어지는 게 섭섭해 마지막으로 통닭 한 마리를 같이 먹기로 한 것이다.

통닭집에 들어선 노부부는 그들이 평소 좋아했던 통닭 한 마리를 시켰다. 주문했던 통닭이 그들 앞에 놓이자, 할아버지가 먼저 날개를 하나 집어 할머니에게 주었다. 그러자 할머니가 화를 버럭 내며 "40년을 같이 살았으면서도, 이때까지 내가 뭘 좋아하는지도 모르냐, 나는 다리를 좋아하잖아"라고 말했다. 이에 할아버지도 벌떡 일어나며 "특별히 생각해서 내가 제일 좋아하는 날개를 줬는데, 그것도 모르고 화를 내느냐?"며 화를 냈다.

화가 난 부부는 서로 잠시 노려보다, 통닭을 먹어 보지도 못한 채, 통닭집에서 나와 버리고 말았다.

소통 부재에 따른 어려움을 설명할 때 종종 인용되는 이야기입니다. 할아버지는 그래도 마지막 선물이라며 할머니에게 자신이 특별히 좋아하는 날개를 주었습니다. 그런데 할머니는 할아버지에게 닭다리가 욕심나니까 자신에게는 맛없는 날개를 준다고 화를 냈고, 할아버지는 할아버지대로 마지막까지 자신의 마음을 몰라준다고 화를 낸 것입니다.

참으로 답답한 노릇입니다. 하지만 현대인의 대인 관계에서는 이런 일들이 흔하게 나타납니다. 친구와 직장동료 심지어는 가족들 사이에서도 말입니다. 뭐가 문제일까 하고 곰곰이 생각해 봐도 답답하기만 할 뿐입니다. 그래서 마음에서 우러나온 진심이 통할 수 있는 소통 방법을 끊임없이 찾는 것입니다.

소통과 인간관계

국어사전을 보면, 소통이란 '막히지 아니하고 잘 통함' 또는 '뜻이 서로 통해 오해가 없음'이라고 나와 있습니다. 뻥 뚫린 도로에서 차량들이 시원하게 달리는 것처럼 막히지 않고 잘 통하는 것이 소통이고, 인간관계에서 오해가 없이 서로의 뜻이 잘 통하는 것이 소통입니다. 사람들 사이에 뜻이 통해 오해가 없이 일이 막히지 않고 잘 풀리는 것이 소통이라는 것입니다.

이런 의미의 소통은 내가 원하는 것을 상대방이 알아듣고 행동으로 옮길 때, 그리고 상대방이 원하는 것을 내가 알아듣고 행동으로 옮길 때 제대로 이루어집니다. 볼 수 있는 것도 보지 않으려 하고, 들을 수 있는 것도 듣지 않으려 하면서, 저마다 자기의 주장과 처지만 내세운다면, 소통은 결코 이루어지지 않습니다. 소통은커녕 끔찍하고 어이없는 일들만 벌어집니다. 어린 중학생이 자기 집에 불을 질러 일가족 네 명의 생명을 앗아 가게 한 것처럼 말입니다.

사람은 자신이 진정으로 이해받을 때 가장 행복하다고 합니다. 또 그런 까닭으로 인간관계 때문에 커다란 고통을 겪기도 하는 것입니다. 어느 조사에 따르면, 우리나라 직장인들 가운데 80%가 인간관계 때문에 고민을 하고, 65%가 이직 사유로 인간관계를 꼽았다고 합니다. 그만큼 인간관계를 잘 풀기 위한 소통이 필요하다는 것입니다. 진정한 인간관계를 위한 소통의 중요성은 아무리 강조해도 지나치지 않습니다.

소통이란 사물이 막힘없이 잘 통하는 것입니다. 물이 흐르지 않고 고여 있으면 썩는다고 합니다. 공기도 순환이 안 되면 오염되어 건강에 좋지 않다고 합니다. 이처럼 건강한 자연현상이 유지되려면 순환과 소통이 필수입니다. 자연현상만 그런 것이 아니라 인간생활에서도 소통이 잘 되어야 건강한 관계가 유지됩니다. 소통이 안 되면 개인이나 조직생활은 말할 것도 없고 국가 간에도 문제가 발생하게 됩니다.

고대사회에서는 통신 기술이 없었기 때문에, 나라 간의 소통에서 각국의 입장을 대신 전하는 사신使臣이라는 직책과 역할이 존재했습니다. 만에 하나 나라에 찾아온 사신을 죽이는 것은 사신을 보낸 나라에 선전포고를 하는 것과 같은 의미였습니다. 심지어 전쟁이 시작된 상황에서도 암묵적인 룰이 존재했는데, 바로 서로의 사신을 죽이지 않기로 한 것입니다. 아무리 긴장감이 고조된 관계에서라도 소통의 창은 열어두어야 한다는 점을 강조하는 부분인데, 실제로도 대화를 포기하는 순간부터 그 전쟁은 수많은 희생을 치르는 것이 불가피하였기 때문이었습니다.

가끔씩 사소한 일이 엄청 큰일로 번지는 사태를 보게 됩니다. 일이 그렇게 되어 버리는 것은 대부분 소통 부재에서 비롯되는 경우가 많습니다. "난 모르겠고, 어쨌든 내 잘못 아니니까 알아서 해"라고 주장하는 식이지요. 서로가 이렇게 주장하다 보니 상황이 수습되기보다 회생 불가능한 정도까지 악화되는 것입니다. 지극히 개인주의 관점에서 바라봤을 때 이는 별 문제가 아닌 것 같아 보이지만, 장기적으로 봤을 때

한 공동체(혹은 관계)를 멍들게 만드는 주범이 바로 소통의 단절입니다.

소통의 단절이라는 것은 왜 생겨날까요? 첫째는 의견의 차이로 불화가 발생하고, 둘째는 다툼이 시작되고 서로의 주장을 고집합니다. 셋째는 상대의 의견을 비난하기 시작합니다. 감정이 논리를 압도하는 것입니다. 넷째는 대화를 해 봐야 화만 나니까 한쪽에서 대화를 거부하고, 다섯째는 다른 한쪽이 소통을 회복해 보려 하지만 실패하며, 여섯째는 소통이 단절되고, 관계가 결렬됩니다.

앞에서 사신의 예를 들었듯이 문제는 한쪽에서 대화 거부를 시작한 부분입니다. 접점을 찾지 못하면 부딪히면서 한 걸음씩 양보하는 게 정석인데, 그것을 포기하는 순간 수습할 수 있었던 가능성은 소멸됩니다. 물론 애초에 수습 불가능할 정도로 큰일이었다면 모르겠지만, 그런 일들은 애초에 흔하지 않습니다. 대부분의 경우 작은 일인데도 의견이 좁혀지지 않고 불씨를 키운 것은 절반이 우리의 자존심이요, 남은 절반은 작은 것조차 양보하지 못한 우리의 끝도 없는 욕심입니다.

우리는 왜 소통 단절이라는 극단의 수단을 선택할까요? 크게 두 가지 이유가 있다고 생각합니다. 하나는 눈에 보이는 논쟁이 사라지면 분쟁이 해결된 것이라고 생각하는 것이고, 다른 하나는 애초에 상대방이 무슨 말을 하려고 하는지에 대해 관심이 없는 것입니다. 이 두 가지 이유 가운데 두 번째가 핵심인데, 이는 첫 번째 이유와 직결되기도 합니다.

우리가 분쟁을 해결할 때에 자주 저지르는 실수로, 보이는 논쟁을 해결하고 싶은 욕구가 너무 큰 나머지 상대방이 무슨 말을 하고 싶은

지에 대해서는 전혀 관심이 없어질 때가 많습니다. 요약하자면 이런 상황이지요. "그래 내가 잘못했으니까 그만하자. 네 설명을 듣기도 귀찮고 너에게 설명해 주고 싶지도 않아." 물론 이 말을 그대로 다툼 중에 사용하면 상대에게 체면 따위는 주지 않고 핵폭탄을 날리는 격이고, 보통은 "미안, 내가 잘못했네" 정도로 끝납니다. 하지만 문제는 여기서부터입니다. 다툼은 끝나지만 문제의 본질은 해결되지 않았습니다. 소통을 임시로 차단함으로써 순간의 평화를 얻었지만 불씨는 꺼지지 않았고 시한폭탄을 심어 둔 격이 되었습니다. 과연 이런 식으로 해결한 분쟁은 의미가 있을까요?

의사소통의 네 가지 기술

의사소통은 사람과 사람, 사람과 기계, 기계와 기계 사이에 이루어지는 정보의 이전 과정이지만 좁은 의미로는 사람과 사람 사이의 정보, 의사, 감정이 교환되는 것을 말합니다.[5] 사람의 의사나 감정의 소통은 '가지고 있는 생각이나 뜻이 서로 통함'이라는 의미를 지니고 있습니다. 인간이 사회생활을 하기 위해서 가장 필수적으로 가지고 있어야 하는 능력입니다.

상호 간 소통을 위해 사용되는 매체는 말口語과 글文語은 물론 몸짓, 자세, 표정, 억양, 노래, 춤 등과 같은 비언어적 요소들까지 다양합니다.

즉 의사소통은 두 사람 이상이 언어, 비언어 등의 수단을 통하여 의견, 감정, 정보를 전달하고 피드백을 받으면서 상호작용하는 과정입니다. 현대의 경우 인터넷의 발달로 직접적인 소통 외에도 '네이버'와 '다음' 같은 포털 사이트, '페이스북' 같은 소셜 네트워크 서비스로도 불특정 다수와의 의사소통을 이룰 수 있습니다.

우리가 의사소통을 하는 것은 첫째로 자신과 타인, 주위 세계를 알고 가르치고 배우기 위해서이고, 둘째로 타인과 관계를 맺고 유지하기 위해서입니다. 셋째로 타인에게 영향력을 행사하기 위해서이고, 넷째로 타인과 같이 놀고 즐기기 위해서입니다.

의사소통은 정확성과 함께 '의미성'이라는 관점에서 판단되어야 합니다. 무수한 사실적 정보의 홍수 속에서 의미 있는 정보를 발굴하고 적시에 전달하는 것은 의사소통 관리의 핵심적 과제입니다. 그러나 제대로 된 의사소통은 말처럼 쉬운 것이 아닙니다. 의사소통이 잘못되면 본의 아니게 동상이몽同床異夢의 오해를 사기도 하고 마음에 상처를 주기도 합니다. 반면 의사소통이 잘되면 상대방과 동고동락同苦同樂의 입장으로 바뀌어 불가능을 가능으로 만들어 낼 수 있기도 합니다.

그렇다면 일상적으로 반복하는 의사소통의 요소들 중에서 관찰, 경청, 질문, 칭찬 등을 좀 더 알아보겠습니다.

관찰이 의사소통에서 얼마나 중요할까요? 대화에 있어서 관찰만 잘해도 상당부분 먹고 들어갑니다. 당신 앞에 처음 만나는 상대가 있다고 합시다. 그 상대와 대화를 시작해 보려고 합니다. 어떤 얘기를 하실 건

가요? 이름, 사는 곳, 나이, 직장, 학교 등등 이런 것들로 시작하실 겁니다. 그 얘기가 끝나면 어떤 이야기를 하실 건가요? 막막하신가요? 갑자기 대화가 멈추었나요? 이런 경우를 막기 위해서 필요한 것이 관찰을 통한 정보의 수집입니다. 관찰을 통해서 정보를 모아 두면 그 정보를 막히는 대화의 순간에 꺼내어 활용할 수 있습니다. 누구와 대화를 하든 관찰하는 것을 게을리하지 마시기 바랍니다. 처음에는 상대방의 외모, 행동, 물건, 생활태도, 몸동작, 옷차림, 능력, 인간관계 등을 중점적으로 관찰해 보시기 바랍니다. 가능하면 장점을 찾아내시기 바랍니다. 그리고 대화에서 활용해 보시기 바랍니다.

필자의 어린 시절 시골집에서 본 기억 하나를 소개하고자 합니다. 초여름 모심을 무렵이나 가을 추수철이면 큰 함지박에 생선을 담아 팔러 다니는 생선 장수 아주머니들이 있었습니다. 제 어머니에게 생선 장수는 "아주머니 생선사세요"라고 합니다. 그러면 저의 어머니는 기계적으로 "안 사요"라고 하면서 하시던 일만 하였습니다. 그러면 생선 장수는 "힘들어서 그러니 잠깐만 쉬어 갑시다"라고 말하며 토방에 함지박을 내려놓고 휴식을 취합니다. 그리고는 앉아서 주위를 둘러본 후 "강아지가 잘생겼다. 마당가에 핀 꽃이 예쁘다. 집 안이 깨끗한 것 보니 살림을 잘하시는 것 같다" 등의 말을 합니다. 듣기 싫지 않은 어머니는 '생선 장수는 어디서 왔는지? 생선은 어떻게 생겼는지? 가격은 얼마인지?' 등을 물으며 대화가 시작되어 결국에는 생선을 사는 경우를 종종 보았습니다. 생선 장수 아주머니의 관찰을 통한 소통 노력이 결국 생선 판매 성공으로 이어졌던 것입니다. 지금 생각해 보면 생선 장수 아주머니는 의사소통에서 관찰과 칭찬의 달인이었다는 생각이 들 정도입니다.

관찰도 반복적으로 하다 보면 실력이 늘어납니다. 외모도 말이 외모지 관찰 포인트가 너무 많습니다. 남성과 여성에 따라 복장과 신체의 특징 및 몸동작 등으로 세분할 수 있고, 소지하고 있는 액세서리와 소장하고 있는 물건에 대해서도 다양한 관찰 내용이 있을 것입니다. 생활 태도나 행동방식에 있어서도 다른 사람과 차별화된 관찰 포인트가 다양하고 능력이나 인간관계에서도 관찰할 내용은 무궁무진합니다.

경청은 의사소통뿐만 아니라 인간관계까지도 좌우할 만큼 중요합니다.[6] 의사소통을 구성하는 요소 중에서 가장 중요하다고 해도 과언이 아닙니다. 사람들은 보통 어떻게 하면 말을 잘할까에 대해서 관심이 많습니다. 그래서 웅변 학원도 다니고 스피치 학원도 다닙니다. 경청 학원은 없지만 사실상 말을 잘하는 것보다 잘 듣는 것이 더 의사소통에 효과적입니다.

삼성그룹의 창업주인 고 이병철 회장이 자신의 후계자를 정하던 1970년대 후반의 일입니다. 자신의 셋째 아들인 이건희 현 회장을 후계자로 정한 뒤 이병철 회장은 직접 휘호揮毫를 써서 건네주었는데, 그때 휘호로 쓴 글자가 '경청傾聽'이었다고 합니다. 남의 말을 귀 기울여 들으라는 것입니다. 그때부터 이건희 회장은 자신의 말은 극도로 아끼고 남의 말을 귀 기울여 듣는 데 각별히 신경을 썼다고 합니다. 경청은 자연스레 이건희 회장의 좌우명이 되었고, 그렇게 경청하는 자세가 오늘날 삼성을 세계 일류기업으로 이끈 중요한 원천 가운데 하나라는 것이 삼성 내부의 평가라고 합니다.

"탁월한 CEO는 잘 듣는 법을 아는 사람이다"고 한 주피터 미디어 매트릭스 그룹 회장인 커트 아브라함슨Kurt Abrahamson의 말처럼, 누구나 듣기의 중요성을 강조합니다. 조직의 효과적인 경영은 물론 원만한 인간관계를 위해서 듣기가 필수라는 점에서 경청이야말로 유능한 지도자가 갖는 비장의 무기 가운데 하나라고 말합니다.

듣기는 놀라운 능력을 발휘하는 가장 현명한 투자라고 할 수 있습니다. 투자 비용이 거의 들지 않으면서 얻는 것은 셀 수 없을 정도로 많기 때문입니다. 우리가 귀를 기울여 젊은이들의 말을 들음으로써 젊은 층의 취향과 향후 문화의 변화를 예측할 수 있고, 80세 노인의 말을 통해 시행착오를 거치지 않고도 인생의 진리를 터득할 수 있는 것처럼 말입니다. 아니 단순히 다른 사람의 말을 들어 주는 것만으로도 그를 격려할 수 있으니, 경청이야말로 얼마나 훌륭한 도구이며 달콤한 열매입니까?

하지만 말이 좋아서 경청이지, 남의 말을 귀 기울여 듣는 것이 그렇게 쉬운 일은 아닙니다. 특히 사회에서 높은 자리에 앉거나 중요한 위치에 있는 사람일수록 듣는 것보다는 말하는 것을 즐기는 법입니다. 듣기는 아무 소리도 내지 않는 것이고, 실체도 없으며, 기록에 남지도 않는 반면에 말하기는 소리가 들리고, 사람들의 관심을 끌 수 있으며, 기록으로 남을 수도 있기 때문입니다.

조선 중기 사림土林의 중심인물로 정치개혁을 주도했던 조광조가 정치개혁을 실패했던 이유 가운데 하나는 그가 말을 너무 즐겨 하는 다변가多辯家였기 때문이라고 합니다. '조선왕조실록'에서 조광조가 임금에게 경서를 강의하던 경연經筵에서 말을 독차지하여 '한번 말을 꺼내면 하루 종일 계속되어 차츰 조광조의 집요함에 실증을 느낀 중종이 낯빛을 찡그리고 싫어하는 기색이 완연하였다'고 전할 정도로 말이 너무 많은 것이 조광조의 치명적인 약점이었다는 것입니다. 말을 하기보다 듣는 것이 그만큼 어렵다는 것이지요.

송나라의 태종은 이방李昉에게 칙명을 내려 『태평어람』을 편찬하게 하는데, 이 책에는 이런 말이 있다고 합니다.

"정신은 감정을 통해 나타나고, 마음은 입을 통해 드러난다. 복이 생기는 것도 그 징조가 있고, 화가 생기는 데도 그 단서가 나타난다. 그러므로 함부로 감정을 드러내거나 지나치게 수다를 떨어서는 안 된다. 병은 입으로 들어가고 화는 입에서 나오는 것이므로 군자란 항상 입을 조심하지 않으면 안 된다."

중요한 위치에 있는 사람일수록 말을 많이 하고, 나머지 사람들은 그저 묵묵히 들어 주는 것이 문화처럼 되어 버린 이 시대에, 대그룹의 총수가 '경청傾聽'을 인생의 좌우명으로 삼고 있다는 신문기사에서 문득 이 나라의 희망을 읽는다면 너무 지나칠까요?

바람 소리를 듣거나 마을의 개가 짖는 소리를 듣는 것처럼 무심히 듣는 것hearing과 말하는 사람의 의도가 무엇이고 핵심 내용이 무엇인가를 파악하고자 듣는 것listening은 다릅니다. 후자가 경청입니다. 듣는 것은 소리라는 음파가 속귀의 귀청을 울리는 물리현상이지만 경청은 소리를 감지하는 몸의 귀가 아니라 감정을 알아차리는 마음의 귀를 갖는 것입니다.

상대방이 말할 때 최고의 대접은 상대방의 숨소리까지 들으려는 적극적인 경청 자세입니다. 상대방이 말을 할 때 '난 이미 다 알고 있는 사실이야', '난 그런 정보 필요 없어'라는 생각으로 대충 들으려는 자세가 은연중에 발동하는 경우가 많습니다. 그러나 이미 자기가 알고 있는 정보라 할지라도 상대방의 입장에 따라 전혀 새로운 정보를 합성하거나 조합할 수도 있다는 사실을 망각해서는 안 됩니다. 당신이 필요 없다고 생각했던 정보가 타인에 의해 분석되어지는 것을 듣다 보면 귀중하게 활용할 가치가 있는 정보로 평가되기도 하는 까닭에 섣부른 판단으로 흘려들어서는 안 됩니다.

입으로는 친구를 잃고, 귀로는 친구를 얻는다는 말이 있습니다. 자기 말만 앞세우는 사람에게서는 친구가 떠나가고 남의 말을 잘 들어주는 사람에게는 친구들이 모인다는 말입니다. 하지만 상대방의 말을 경청한다는 것은 결코 쉬운 일이 아닙니다. 구체적인 경청의 다섯 가지 방법을 소개합니다.

첫째는 말하는 사람을 향하여 머리만 돌리거나 귀만 열지 말고 몸을 정면으로 하고 듣는 것입니다. 둘째는 말하는 사람의 눈 주위를 응시하고 듣는 것입니다. 눈동자를 직시하지 말고 위로는 눈썹부터 아래로는 인중 사이를 고르게 안배하여 보면서 들으면 됩니다. 셋째는 말하는 내용에 따라 '아아~, 응응~' 등으로 반응을 하면서 듣는 것입니다. 넷째는 말하는 내용을 중간에 요약하여 역으로 질문('간단히 말하자면 이런 내용이라는 것이죠?')하면서 듣는 것입니다. 다섯째는 공감되는 이야기 등에 손뼉을 치거나 무릎을 치면서 긍정적 피드백을 해 주는 것입니다. 이렇게 들어 주면 말하는 사람은 경청해 준 사람에게 긍정적 감정이 쌓여 인간관계도 개선되는 효과가 있습니다.

질문은 의사소통에서 얼마나 중요할까요? 질문도 매우 중요합니다. 질문을 잘하면 상대방의 생각을 자극하고 상대방의 마음을 열게 하며 때로는 상대방을 통제하는 효과도 있습니다. 질문을 함으로써 유익한 정보나 문제 해결의 답을 얻을 수도 있습니다. 질문을 받는 사람은 귀를 기울이게 되고 답을 하면서 스스로 설득되거나 답을 찾을 수도 있습니다. 그러나 의사소통에서 이렇게 유용한 질문도 잘못된 방식으로 하면 자칫 오해를 낳기도 하고 관계가 틀어지기도 합니다.

질문을 분류하는 방법에는 여러 가지가 있겠으나 상대방의 생각을 자극하고 마음을 열고 사고의 새로운 지평을 열 수 있느냐 없느냐에 따라 다음의 세 가지 유형으로 분류할 수 있습니다.

첫째는 개방형 질문을 하면 좋습니다. 개방형 질문이란 상대방이 "예" 또는 "아니오"로 답할 수 있도록 하는 것이 아니라 장황하게 말할 수 있도록 질문하는 것입니다. 개방형 질문과 반대 개념의 질문이 폐쇄형 질문입니다. "점심식사를 했습니까?"라고 질문했다면 이는 폐쇄형 질문으로 그 답을 "예"나 "아니오"로 대답할 수밖에 없습니다. 그러나 "오늘 점심메뉴는 어떠했습니까?"라는 개방형 질문을 던지면 상대방이 먹고 느낀 대로 장황하게 설명해 줄 것입니다.

둘째는 중립형 질문을 하는 것이 좋습니다. 중립형 질문과 반대되는 질문이 일명 유도 질문으로 개인 의견이나 가치관이 담긴 질문을 하는 것입니다. 본인의 생각을 갖고 있으면서 상대방의 의향을 묻는 것이지요. 사람은 누구나 다 알 수 없기 때문에 상대방에게 질문하여 도움을 받을 수 있습니다. 순수한 마음으로 중립형 질문을 하면 대답한 사람도 보람을 느끼게 되지만, 알고 있는지를 떠보는 질문이나 본인 생각을 강요하기 위한 과정으로 하는 질문은 관계를 악화시키는 질문이라고 할 수 있습니다. 예컨대 "저녁식사를 어떤 메뉴로 할까요?"는 중립형 질문이 되겠지만 "저녁식사로 삼겹살에 소주 한잔 어떻습니까?"는 가치관이 담긴 질문입니다. 후자의 경우 직장상사가 하는 질문이었다면 틀림없이 그 답은 "좋습니다"가 될 것입니다. 그러나 그때의 "좋습니다"가 진심에서 우러난 답은 아닐 수 있습니다.

셋째는 대안 탐색형 질문을 하면 좋습니다. 어떤 문제를 해결해야 하는 상황에서나 일이 벌어진 상황에서 "어떻게 하면 좋을까?" 또는 "어떻게 하면 이 일을 해결할 수 있을까?" 하는 질문입니다. 그러나 문제가 발생한 상황에서 책임 추궁형 질문은 "왜 이런 문제가 생긴 거야?"라고 묻는 겁니다. 전자는 같이 힘을 모아 문제를 해결하고 싶은 마음이 들지만, 후자는 서로를 탓하는 분위기가 느껴집니다. 대안 탐색형 질문은 인간관계를 좋게 하는 효과를 낳습니다.

필자의 경험상 질문을 할 때 효과적인 쿠션 효과를 소개하면 다음과 같습니다. "내가 잘 몰라서 질문하는데" 또는 "모르면 알려 주고 싶어서 묻는 것인데" 하면서 질문을 하면 상대방이 성의껏 답을 해 줍니다. 그렇게 하면 인간관계에 금이 갈 일이 없습니다. 그리고 우리말에 일상적 습관적으로 "왜?"라는 말이 많은데, 왜를 "어떻게?"라는 말로 바꾸어 쓰면 질문을 받는 사람에게 마음의 부담을 줄여 주는 효과가 있습니다. 수업시간에 지각한 학생에게 왜 지각했느냐고 하지 않고 어떻게 지각을 하게 됐느냐고 했을 경우 답변 태도가 달라집니다.

칭찬도 의사소통에서 매우 중요한 요소입니다. "이 지구상의 사람들 중 98퍼센트가 칭찬에 목말라하다가 잠이 든다"는 말이 있습니다. 그만큼 남녀노소 모든 사람들이 칭찬받고 싶어 하는데, 칭찬은 윗사람이 아랫사람에게 또는 관리자가 관리 대상에게 하는 것으로 인식하는 경우도 있습니다. 한때 『칭찬은 고래도 춤추게 한다』라는 책의 제목이 유행어가 된 적도 있을 만큼 칭찬의 힘은 대단한 것입니다. 그러나 칭찬도 옳은 방법과 표현으로 했을 때는 매우 효과적이지만 잘못된 방법과 표현으로는 역효과를 낼 수도 있습니다.

블랜차드Ken Blanchard는 칭찬 십계명을 이렇게 제시합니다.[7] 첫째, 칭찬할 일이 생겼을 때 즉시 칭찬하라. 둘째, 잘한 점을 구체적으로 칭찬하라. 셋째, 가능한 한 공개적으로 칭찬하라. 넷째, 결과보다 과정을 칭찬하라. 다섯째, 사랑하는 사람을 대하듯 칭찬하라. 여섯째, 거짓 없이 진실한 마음으로 칭찬하라. 일곱째, 긍정적인 눈으로 보면 칭찬할 말이 보인다. 여덟째, 일이 잘 풀리지 않을 때 더욱 격려하라. 아홉째, 잘못된 일이 생기면 관심을 다른 방향으로 유도하라. 열째, 가끔씩 자기 자신을 칭찬하라.

칭찬은 긍정적인 눈을 통해 사실을 보고 이를 근거로 구체적으로 하라는 것입니다. 그러나 조직 관리자들에게 칭찬을 권하면 칭찬할 거리가 없다며 시큰둥한 반응을 보이는 경우가 있습니다. 과연 그럴까요? 필자는 소년 시절에 작은 교회에 처음 가서 "범사에 감사하라"는 설교를 듣게 되었습니다. 예배가 끝나고 작은 교회 목사는 준비한 다과를 권하며 "범사에 감사하느냐?"고 질문을 하였습니다. 내가 "특별히 감사할 게 없다"라고 했더니, 그 목사는 소년의 눈높이에 맞는 비유를 하며 감사를 설명했습니다. 화장실에 가서 소변볼 때 "하나님, 소변이 나올 곳으로 소변이 나오게 해 주셔서 감사합니다" 그리고 대변볼 때 "하나님, 대변이 나올 곳으로 대변이 나오게 해 주셔서 감사합니다" 이렇게 감사를 하는 것이라고 말입니다.

그때는 대소변이라는 말에 민망하기도 하고 쑥스럽기도 하여 대충 넘겼습니다. 그러나 어쩐지 그 이야기가 지금까지 뇌리에 맴돌고, 그동안 살아오면서 병원에 가 보면 그 당연하다고 생각되는 배설이 원활하지 못하여 병원 신세를 지는 환자들도 많은 것을 알았습니다. 당연한 것에 대한 감사가 진정한 감사이듯이 칭찬거리가 없는 것에서 칭찬거리를 찾아 너무나도 당연한 것을 칭찬하는 것이 진정한 칭찬 아닐까요?

같이 생활하는 조직의 구성원들이 제자리를 지키며 역할을 하는 것만으로도 칭찬의 대상이라고 생각하면서 조직을 관리한다면 훌륭한 리더의 자질을 갖추었다고 할 수 있을 것입니다.

오늘날 소통의 경로는 너무나 많습니다. 그러나 풍요 속의 빈곤을 경험하고 있는 것도 사실입니다. 가족끼리 밥상을 앞에 놓고도 휴대폰을 통해 누군가와 각자 소통을 하느라 가장 소중한 가족 간에 진정한 소통이 없는 경우를 생각해 볼 수 있습니다. 그리고 소통의 방법을 몰라 동상이몽으로 살아가는 경우도 많습니다. 진정한 소통은 앞에서 알아본 관찰과 경청, 질문과 칭찬을 제대로 하면서 입과 귀로부터 가슴과 가슴으로, 더 나아가 영혼과 영혼이 소통하는 경지로 발전해 가도록 하는 것입니다.

/ 8 /

어떻게
협동協同할 것인가

기러기가 주는 교훈

겨울철에 우리나라를 찾아오는 철새 가운데 기러기가 있습니다. 대략 10월 중순부터 북쪽에서 내려와 다음해 3월 중순까지 지내다가 다시 북쪽으로 돌아가는 철새입니다. 겨울 철새의 대표가 되는 새라고 하겠는데, 기러기의 이동과 생활을 관찰한 연구자들은 기러기들이 인간들에게 몇 가지 교훈을 주는 내용이 있다고 합니다.[1]

첫째, 기러기는 생존을 위해 아주 먼 거리를 마다하지 않고 비행합니다. 환경에 적응하지 않으면 죽을 수밖에 없기 때문에 해와 별을 좌표삼아 일만 킬로미터 이상을 날아 삶의 터전을 옮긴다는 것입니다. 일만 킬로미터라면 서울에서 부산을 10회 왕복한 거리라고 하니 엄청난 거리를 날아다니는 것입니다.

둘째, 기러기는 장소를 이동하기 위해 날아갈 때 언제나 브이 자(V 자) 대형을 이루어 비행합니다. 사람이 보기에 멋있자고 그러는 것이 아닙니다. 그렇게 함으로써 공기의 저항을 30퍼센트 정도 줄이면서 멀리까지 비행할 수 있기 때문이라고 합니다. 말하자면 에너지를 줄여 비행의 효율을 높이자는 것입니다.

셋째, 브이 자 편대를 이루고 가면서도 서로 계속 위치를 바꾸어 비행합니다. 공기저항을 가장 많이 받은 선두의 기러기와 공기의 저항이 적어 힘을 축적한 후미에 있던 기러기의 역할을 교대함으로써 힘을 안배할 수 있기 때문에 지치지 않고 멀리 비행할 수 있다고 합니다.

넷째, 상호 간에 계속 격려하면서 비행합니다. 선두에 있는 기러기나 중간에 있는 기러기나 후미에 있는 기러기를 구분할 것도 없이 모두가 격려의 소리를 끊임없이 지른다고 합니다. 우리 귀에는 끼룩, 끼룩 하고 들리지만 풀이하자면 잘하고 있으니 힘내라는 격려의 소리라고 합니다.

다섯째, 환자 기러기가 발생하면 동료 기러기가 같이 땅에 내려앉아 완치될 때까지 기다렸다가 다른 기러기 편대에 합류하여 비행합니다. 동료의 아픔이나 불행을 그냥 지나치지 않고 생사를 같이하는 공동체 정신을 발휘한다는 것입니다.

우리는 기러기를 때가 되면 왔다가 때가 되면 날아가는 겨울 철새로만 생각할 수 있지만, 해마다 변함없이 그 먼 거리를 이동하는 기러기들의 모습을 연구하면 배울 점이 참 많은데, 그 가운데 하나가 모두가 함께하는 협동입니다. 협동하는 것만큼 무서운 힘을 발휘하는 것은 없습니다. 기러기들한테도 협동이 저렇게 큰 힘을 발휘하는데 우리 인간들한테는 얼마나 큰 힘을 발휘하겠습니까? 게다가 오늘날처럼 다양한 구성요소들이 복잡하게 얽혀 있는 사회에서는 협동만큼 절실한 덕목도 없습니다.

오늘날에는 제각기 살아 나갈 방도를 꾀하는 각자도생各自圖生과 저마다 멋대로 행동함으로써 전체와의 조화나 타인과 협력을 고려하지 않는 각자위정各自爲政이 마치 생존전략이나 되는 것처럼 널리 퍼져 있지만 상부상조하는 협동만큼 아름다운 일은 없고 협동만큼 큰 힘을 발휘하는 것도 없습니다.

貧窮困厄 親戚相救 婚姻死喪 隣保相助
가난하고 어렵고 곤궁하고 재앙을 당하는 사람이 있으면 친척들이 서로 도와라. 혼인이 있거나 상조가 있으면 이웃 간에 서로 도우라.[2]

우리 조상들이 어린이들에게 한자를 가르치기 위해 엮은 기초 한문 교과서인 『사자소학四字小學』에 나오는 말입니다. 어렵고 힘들 때 서로 도우라는 것을 우리 조상들은 글자를 처음 배우는 어린아이 때부터 가르쳤습니다. 그만큼 상부상조하는 협동이 중요하다는 것입니다.

아주 오래 전부터 우리 조상들은 농경생활을 기반으로 살아왔기 때문에 이웃 간에 힘을 모아 함께 일하는 경우가 많았습니다. 농사뿐만 아니라 마을 사람들의 크고 작은 일에 서로 관심을 가지고, 마치 자신의 일처럼 서로 상부상조하며 살았던 아름다운 전통이 있었던 것입니다. 계와 향약, 두레와 품앗이가 좋은 보기들입니다. 계는 친목을 꾀하면서 경제생활의 도움을 받는 모임이고, 두레는 마을 단위의 공동 노동 조직이며, 품앗이는 서로 일손을 도와주는 것입니다. 그리고 향약은 조선시대에 만들어진 향촌의 자치규약으로 지방자치단체의 향인들이 다음과 같은 덕목을 지키며 살아가자는 약속입니다.

德業相勸 過失相規 禮俗相交 患難相恤
좋은 일은 서로 권하고, 잘못은 서로 규제한다. 예의로 서로 사귀고, 어렵고 힘든 일이 생기면 서로 돕는다.

협동의 힘을 제대로 내려면

협동은 어떤 목적과 목표를 달성하기 위해 개인이나 집단의 힘을 합치는 것입니다. 서로 사랑하는 두 남녀가 만나서 가정을 꾸리거나 몇몇 학생들이 스터디 그룹을 만드는 일부터 수많은 공무원들이 모여 공공업무를 처리하는 정부 활동까지 협동은 여러 가지 형태로 이루어집니다. 하지만 어떤 형태로 이루어지든 협동은 모두 똑같은 특성을 갖고 있습니다. 그것이 무엇일까요? 혼자서는 할 수 없는 일을 달성하기 위해 여러 사람들의 마음과 힘을 하나로 모으는 것이고, 여러 사람들이 모여 힘을 합치다 보니 서로가 서로를 긍정하는 상호 의존성이 필요하다는 것입니다. 『순자』 왕제王制에는 다음과 같은 말이 나옵니다.

> 君者舟也 庶人者水也 水則載舟 水則覆舟 此之謂也 故君人者 欲
> 安則莫若平政愛民矣 欲榮則莫若隆禮敬士矣 欲立功名則莫若尙
> 賢使能矣 是君人者之大節也
> 임금은 배이고 일반 백성들은 물이다. 물은 배를 뜨게도 하지만 그 물이 배를 뒤엎기도 한다고 했으니, 이것을 가리켜 한 말이다. 그러므로 임금 되는 이가 편안하기를 바란다면 정사를 공평하게 하고 백성을 사랑하는 것보다 좋은 일은 없고, 영광되기를 바란다면 예의를 높이고 선비를 공경하는 것보다 좋은 일은 없으며 공명 세우기를 바란다면 현명한 이를 받들고 유능한 이를 부리는 것보다 좋은 일은 없다. 이것이 임금 되는 이가 지켜야 할 중요한 원칙이다.[3]

권력을 자기 마음대로 휘두를 것 같은 임금은 물 위에 떠 있는 배와 같은 존재입니다. 자기가 가고 싶으면 어느 방향으로든 갈 수 있습니다. 하지만 그것도 백성인 물이 받쳐 줄 때입니다. 백성인 물이 받쳐 주지 않으면 아무리 권력을 틀어쥐고 있는 임금이라도 자기 마음대로 할 수 없는 것입니다. 물은 배를 띄울 수도 있지만 뒤집어엎어 버릴 수도 있습니다. 임금이 민심을 얻으면 순항하지만 민심을 잃으면 뒤집어질 수밖에 없습니다. 아무리 권력이 막강한 배라도 반드시 물이 있어야 움직입니다. 아무리 저 하나 잘났다고 해도 그 잘났음을 받아 주는 상대가 없으면 공허한 몸부림에 지나지 않습니다. 세상은 나 혼자 살 수 있는 것이 아닙니다. 혼자서는 단 하루도 살지 못하는 것이 세상입니다. 내가 있고 네가 있고 우리 모두가 함께 협동할 때 비로소 살아갈 수 있는 것이 세상인심입니다.

독일의 극작가이자 시인이던 베르톨트 브레히트(Bertolt Brecht, 1898~1956)가 '아침저녁으로 읽기 위하여'라는 시를 통해 노래했던 것처럼 우리 모두는 서로를 필요로 하는 사랑이 없으면 살아갈 수 없는데, 서로를 필요로 하는 사랑이야말로 협동의 완성입니다.

내가 사랑하는 사람이

나에게 말했다.

그대가 필요하다고.

그래서

나는 정신을 바짝 차리고

길을 걸으면서

빗방울조차 두려워한다.

그것에 맞아 죽어서는 안 되겠기에.

사랑은 이제까지 혼자이던 내가 둘이 되는 것입니다. 나 하나만 생각하면 되던 것이 나보다는 상대방을 먼저 생각하게 되는 것입니다. 아무렇게나 살고 싶어도 아무렇게나 살지 못하고, 죽고 싶어도 내 맘대로 죽지 못하는 것이 사랑이고 협동입니다. 나는 더 이상 나만의 내가 아니고 우리 속의 나이기 때문입니다. 협동은 서로가 서로를 긍정하는 공동의 목표가 존재하며, 집단에 속한 모든 구성원들이 목표를 성취해야 그 자신의 목표도 이룰 수 있다는 것을 인식하여 서로 힘을 합치는 것입니다. 모두가 다른 이들이 성공을 하지 못하면 그들 자신도 성공할 수 없다는 것을 알고 있기에 서로 협력하고 노력하는 것입니다.

力不若牛走不若馬而牛馬爲用何也 曰 人能羣 彼不能羣也 人何以能羣 曰分 分何以能行 曰義 故義以分則和 和則一 一則多力 多力則彊 彊則勝物 故宮室可得而居也 故序四時 裁萬物 兼利天下 無它故焉 得之分義也

사람이 힘은 소만 못하고, 달리기는 말만 못하지만, 소나 말이 사람한테 부림을 당하는 것은 무슨 까닭인가? 사람은 뭉칠 수 있고, 소나 말은 뭉칠 수 없기 때문이다. 사람은 어떻게 해서 뭉칠 수 있는가? 분별할 수 있기 때문이다. 어떻게 분별할 수 있는가? 도의에 따르면 된다. 도의에 맞게 분별하면 화합되고, 화합되면 하나가 된다. 하나가 되면 힘이 많아지고, 힘이 많아지면 강해지며, 강해지면 무엇이든지 다 이겨 내는 것이다. 그러므로 가옥을 얻어 살 수 있는 것이다. 그러므로 네 계절에 맞추어 만물을 다루고 천하를 아울러서 이롭게 한다는 것은 다른 까닭이 없다. 분별과 도의를 지킬 수 있기 때문이다.[4]

사람이 짐승들보다 힘이 약한데도 짐승들을 지배하는 것은 무슨 까닭입니까? 개개인으로 치면 한없이 약한 존재이지만 서로 힘을 합쳐 협동하며 여럿이 사회생활을 해 나가기 때문입니다. 사람들이 사회생활을 할 수 있는 것은 자기들의 신분을 구별하여 각자 분수를 지키며 살아갈 줄 알기 때문이고 질서가 유지되는 것은 사람들이 의로움에 입각하여 저마다 할 일을 구분해서 협력하기 때문입니다.

人生不能無羣 羣而無分則爭 爭則亂 亂則離 離則弱 弱則不能勝物

사람이 태어나 모여 살지 않을 수 없으며, 사람이 모여 살면서 분별이 없으면 다투게 되고, 다투면 어지러워지며, 어지러워지면 흩어지고, 흩어지면 약해지며, 약해지면 무엇이든 다 이겨 낼 수 없는 것이다.[5]

'혼자 가면 빨리 갈 수 있지만 함께 가면 멀리 갈 수 있다'라는 말이 있습니다. 지금부터 반세기 전까지만 해도 세계 최빈국 수준에 있던 나라가 선진국으로 도약하기까지의 치열한 경쟁 속에서는 각자도생이 통했을지 몰라도 진정한 선진국으로 가기 위해서는 국민 모두의 협동이 필요합니다. 어떻게 해야 할까요? 공자는 말합니다.

子曰 君子和而不同 小人同而不和
선생님께서 말씀하셨다. 군자는 화이부동和而不同하고 소인은 동
이불화同而不和한다.[6]

화이부동이 협동 정신의 핵심 가치임을 보여 주는 대목입니다. 참된
의미의 협동은 화이부동으로 이루어집니다. 동同하고 화和하지 않는 게
아니라 화和하고 동同하지 않는 게 참된 의미의 협동 정신입니다.

'화'는 상대방의 생각이 나와 다를지라도 화합을 이루기 위해 자신
의 주관을 지키면서 상대방의 생각도 존중해 주는 것을 말합니다. '동'
은 이익을 추구하기 위해 자신의 주관을 버리고 완전히 상대방에게 동
화되는 것을 말합니다. 군자는 자신의 중심 사상으로 좌우의 모순된 의
견을 조화시키면서도 자신의 중심 사상은 초연하여 흔들리지 않습니
다. 하지만 소인은 다릅니다. 소인은 남의 영향을 잘 받을 뿐만 아니라
영향을 받아도 사람마다 품고 있는 뜻이 다릅니다. 그래서 이해관계 대
목에 이르면 의견이 충돌하고 서로 함께 지내도 어울리지 못해 자연스
럽게 부화뇌동하지만 화합하지 않는 상태로 바뀌어 버립니다.[7]

군자는 서로의 생각을 조절하여 화합을 이루기는 하지만 이익을 얻
기 위해 주관을 버리고 상대방에게 뇌동하지는 않습니다. 소인은 이익
을 얻기 위하여 주관을 버리고 상대방에게 뇌동하기는 하지만 서로의

생각을 조절하여 화합을 이루지는 못합니다.

　중국 춘추시대春秋時代 때 일입니다. 제齊나라 임금인 경공景公이 사냥을 하고 돌아오자 재상인 안자晏子가 천대遄臺에서 모시고 있었는데, 대부인 양구거梁丘據가 제일 먼저 말을 달려 왔습니다. 임금은 그런 양구거를 흐뭇한 모습으로 바라보며 "오로지 거據만이 나와 화和를 이루는구나"라고 하니, 안자가 "거據도 동同할 뿐입니다. 어찌 화和가 되겠습니까?"라고 말했습니다. 화가 아니라 동이라는 겁니다. 그러자 경공은 머쓱해진 얼굴로 "화와 동이 다른 것이오?"라고 물었고, 안자는 화와 동이란 분명 다른 것이라며 다음과 같이 말합니다.

　화和는 마치 국을 끓이는 것과 같습니다. 물과 불, 식초와 젓갈, 소금과 매실을 써서 생선이나 고기를 삶을 때 우선 땔나무로 끓입니다. 이어서 요리사가 간을 조화시켜 맛을 맞추는데, 모자란 것은 더 넣고 지나친 것은 덜어 냅니다. 이에 윗사람이 그 국을 먹으면 마음이 평온해집니다. 임금과 신하 사이도 똑같습니다. 임금이 옳다고 해도 옳지 못한 게 있으면 신하가 그 옳지 못한 것을 아뢰어서 그 옳음을 이루고, 임금이 옳지 못하다고 해도 옳은 게 있으면 신하가 그 옳음을 아뢰어서 그 옳지 못한 것을 제거합니다. 이렇게 해서 정치가 공평하여 예禮에 어긋나지 않으며 백성들은 다투는 마음이 없어지는 것입니다. 지금 양구거는 그렇지가 않습니다. 임금이 옳다고 하면 양구거도 옳다고 하고, 임금이 그르다고 하면 양구거도 그르다고 합니다. 마치 물에 물을 타는 것과 같으니 누가 그것을 먹을 수 있겠습니까? 마치 금 하나만으로 연주하는 것과 같으니 누가 그것을 들을 수 있겠습니까? 동同이 옳지 못한 것이 이와 같습니다.[8]

협동의 핵심 가치인 화는 동과 다릅니다. 화는 서로 다름을 인정하는 것이고, 동은 하나의 가치에 매몰된 것입니다. 화는 사리에 거슬리고 어그러지는 마음이 없는 것이요, 동은 알랑거리고 아첨하는 뜻이 있는 것입니다. 화이부동은 나와 다른 가치를 인정하고, 억지로 나의 가치만을 주장하지 않는 것이니, 원효元曉가 말하는 융이이불일融二而不一, 곧 서로 다름을 융합하되 다름 가운데 어느 하나를 주장하지 않는 경계를 말합니다. 다름을 염두에 두지 않으면, 화가 아니라 동일 뿐입니다.

화하기 위해서는 다름에 대한 이해와 인정이 있어야 합니다. 다름을 인정하지 않을 때 거기에는 강요와 폭력이 있게 됩니다. 이것이 동의 논리인데 동으로는 참된 질서를 건설하지 못합니다. 거기에는 껍데기 협동이 있을 뿐입니다. 화가 다름을 염두에 둔 것이므로 우리는 '차이에 대한 인정과 조화'가 화가 깃든 협동이라고 말할 수 있습니다. 조화는 천상과 지상, 땅과 바다, 자연과 인간 사이의 교호交互로도 표현할 수 있습니다. 조화가 차별 없는 평등의 원칙을 초래하지는 않습니다. 조화란 서로 다른 수많은 것들의 오케스트라이기 때문입니다.

"화합하면 만물을 생겨나게 할 수 있지만, 똑같은 것들끼리는 계속 발전해 갈 수 없다"라는 말이 있습니다. 옛날엔 서로 다르고 서로 반대되는 것만이 화해를 만들어 낼 수 있고, 완전히 같은 것들은 그저 단조로운 것만 형성한다고 생각했습니다. 예를 들어 오음五音이 조화를 이루어 음악이 되는데, 만약 모두 같은 음이라면 아예 계속 들을 수 없는 것과 같습니다.

밥도 오미五味가 조화를 이루어야 맛이 있습니다. 만약 매일 생선과 고기를 푸짐하게 차려 놓고 먹는다면 금방 질릴 것입니다. 차이성의 원칙이 없다면 리얼리티 자체뿐만 아니라 조화도 끝없이 단조롭고 재미없는 것에 지나지 않을 것입니다.[9] 화이부동이야말로 진정한 의미의 협동을 위한 핵심 가치입니다.

줄탁동시의 마음으로

'일인은 만인을 위하여 만인은 일인을 위하여!one for all and all for one!'

협동조합이나 보험회사 같은 곳에서 흔히 볼 수 있는 구호입니다. 이 말의 출처는 정확하지 않으나 두 가지 설이 있습니다. 하나는 영국의 엘리자베스 여왕이 했다는 것이고, 다른 하나는 프랑스 국왕이 했다는 것입니다.

영국의 엘리자베스 여왕이 어느 날 생명보험에 가입했습니다. 생명보험은 불의의 사고나 질병에 대비하여 경제적으로 준비하는 제도이기 때문에 신하가 생각하기에 여왕은 굳이 가입할 필요가 없는 것처럼 보였습니다. 여왕한테는 모든 것이 보장되었기 때문입니다. 그런데도 여왕이 생명보험을 가입하자 그 신하가 이유를 물으니 여왕이 이렇게 대답했습니다. "만인이 나를 위해 노력을 하니 나도 만인을 위해 작은 힘을 보태는 것이다."

한편, 프랑스 작가 뒤마Alexandre Dumas의 소설 『삼총사Les Trois Mousquetaires』가 있습니다. 영화로도 널리 알려진 작품으로 주인공인 아토스와 아라미스 그리고 포르토스 삼총사가 국왕을 위해 헌신하는 내용인데, 소설의 내용 가운데 '프랑스 국왕은 국민을 위하고 프랑스 국민은 국왕을 위한다'라는 말이 나옵니다. 바로 이 말에서 '일인은 만인을 위하여 만인은 일인을 위하여!'라는 말이 유래됐다고도 합니다.

'일인은 만인을 위하고 만인은 일인을 위하여!'라는 말을 하지 않더라도 우리의 삶은 이미 그 이상으로 서로에게 봉사하고 기여하며 살고 있습니다. 사람은 원래 그렇게 살도록 되어 있다고 생각합니다. 산에 있는 나무들도 경쟁과 협동을 하며 살아가고 들에 풀들도 마찬가지로 경쟁과 협동을 삶의 원칙으로 살아갑니다. 이처럼 모든 생명체는 상호 간에 유기적으로 연결되어 생태계를 이루고 있는 것입니다.

우리나라는 자본주의를 경제활동의 축으로 삼고 반세기 이상을 지내 오면서 많은 발전을 이루었습니다. 눈부신 경제발전을 이루는 과정에서 자연스럽게 경쟁만이 살길이고 이기는 것만이 유일한 길이라는 생각을 하게 되었습니다. 이렇게 가치관이 변하면서 진정한 의미의 협동 정신을 잃어 가고 있습니다. 한편 산업화 과정에서 직업과 직장에 따라 이합집산의 삶을 살게 되면서 전통적인 상부상조와 협동은 현실적으로 불가능하게 되었습니다. 이의 해결책이 보험(협동조합)입니다. 현대 생활에서 법적, 제도적으로 상부상조와 협동 정신을 발휘할 수 있도록 만들어진 것이 보험(협동조합)입니다. 우리나라에 보험(협동조합)이 전파되기 시작한 지 반세기가 넘었습니다. 자본주의가 낳은 걸작이 보험이라고 말하기도 합니다.

도입 초기에는 인식이 부족하여 무용론을 주장하는 사람들도 있었지만 이제는 우리 생활의 필수품으로 인식하게 되었습니다. 그러나 필요하다는 인식의 이면에서는 바람직하지 않은 현상이 나타나고 있으니 이 좋은 제도를 악용하려는 사람들이 늘어나는 현상입니다. 본인의 상태를 거짓으로 고지하여 가입하고 거짓으로 보험금을 청구하는 일명 역선택으로 인한 부작용입니다. 이것은 상부상조와 협동이라는 원래의 취지와 상반되는 행위입니다.

여왕이나 국왕만이 일인이 만인을 위하고 만백성이 일인을 위하는 것이 아니라 우리 모두가 일인으로서 만인을 위하는 마음으로 살아야 하겠습니다. 나의 작은 행위가 다른 사람과 사회에 봉사하고 기여하는 일임을 자각하고 살아가는 것이 중요합니다. 실제로 각자의 직업과 직분에 충실하다면 만인을 위해 봉사하는 삶을 사는 것입니다. 기차를 운행하는 기관사가 열차를 안전하게 운행해 준다면 일인이 만인을 위해 봉사한 것이고 양심적으로 정성껏 농사를 지어 사람들에게 판다면 일인이 만인을 위하는 삶입니다. 이렇게 볼 때 내가 하는 모든 일들이 한편으로는 나를 위하면서 다른 한편으로는 남을 위하는 일입니다. 단 정직한 자세로 임할 때만 그렇습니다.

僧問鏡淸 學人啐 請帥啄 淸云 還得活也無 僧云 若不活 遭人怪笑 淸云 也是草裏漢

어느 날 한 스님이 경청鏡淸 화상和尙에게 "저는 대오개발大悟開發 할 준비가 되어서 껍질을 깨뜨리고 나가려는 병아리 같으니, 화상 께서 껍질을 쪼아 깨뜨려 주십시오. 이끌어 주시면 곧 절대 경지 에 뛰어나갈 수 있습니다'라고 말했다. 경청 화상이 '과연 그래 가 지고 살 수 있을까, 없을까?'라고 말하자, 그 스님은 '만약 살지 못 하면, 화상이 세상 사람들의 웃음거리가 되겠죠'라고 했다. 경청 이 말했다. "이 멍청한 놈!"[10]

경청鏡淸 도부(道怤, 868~936)라는 선사禪師가 있었습니다. 그는 중국 절강성 소흥부에 있는 월주越洲 경청사鏡淸寺에 있었기 때문에 경청이 라 불렸습니다. 역대 부처와 조사들의 어록과 행적을 모은 책『경덕전 등록景德傳燈錄』에서 "도부 선사의 가르침은 너무 높아서 사람들이 그 끝을 헤아릴 수가 없다"고 평가받은 그는 "늘 수행하는 사람은 줄탁동 시啐啄同時의 안목을 가지고 있어야 한다, 줄탁동시가 작용해야만 비로소 수행승이라 할 수 있다"고 가르친 것으로 유명합니다.

　줄탁으로 줄여 쓰기도 하는 줄탁동시의 줄은 병아리가 알에서 나오려고 신호를 보내는 소리이고, 탁은 병아리가 알에서 태어날 시기를 알고 어미 닭이 껍질을 쪼는 것이니, 줄탁동시는 병아리가 알에서 깨어나기 위해서는 알 속에 있는 병아리와 밖에 있는 어미 닭의 호흡과 기합이 동시에 맞아떨어져야 한다는 것입니다. 내부 역량과 외부 환경이 적절히 조화되어야 생명이라는 가치가 창조된다는 것으로 안팎으로 협동이 잘 이루어져야 한다는 말입니다.

　스승과 제자의 관계도 마찬가지입니다. 때에 맞춰 병아리가 안에서 쪼고 어미 닭이 밖에서 쪼는 것처럼 교학상장敎學相長이 자연스럽게 이루어질 때 사제지간이 순조롭게 완성되는 겁니다. 최근 학교나 직장에서는 멘토링mentoring이라는 제도를 많이 활용하고 있습니다. '멘토mentor'라는 용어는 기원전 8세기경 그리스의 시인 호메로스Homeros의 서사시 오디세이아Odyseia에 나오는 인물 이름입니다.

　이타카 왕이었던 오디세우스가 트로이 전쟁에 출정하면서 친구인 멘토르Mentor에게 아들의 교육을 부탁했습니다. 멘토르는 오디세우스가 트로이 전쟁에서 돌아오기까지 무려 10여 년 동안 오디세우스의 아들에게 친구, 선생, 상담자, 때로는 아버지의 역할까지 하면서 훌륭하게 성장시켰습니다. 이후 멘토라는 이름은 지혜와 신뢰로 한 사람의 인생을 이끌어 주는 지도자를 의미하게 되었습니다.

　우리 사회의 여러 갈등 중에 세대 갈등은 자녀 세대가 부모 세대를 이해하지 않거나 부모 세대가 자녀 세대를 인정하지 않기 때문에 노출되는 현상입니다. 한마디로 두 세대 간의 이해 부족이 원인이라고 할 수 있습니다. 우리 사회의 부모 세대와 자녀 세대를 객관적으로 보면 두 세대 모두 할 말이 많을 수밖에 없습니다. 부모 세대는 베이비부머 세대이고 자녀 세대는 IMF 세대이기 때문입니다.

베이비부머들은 경제적으로 어려운 어린 시절을 겪으면서 강인한 의지와 노력으로 일가를 이루어 낸 세대입니다. 온갖 어려움 속에서도 잘살아 보겠다는 일념으로 성공을 향해 불철주야 노력한 사람들입니다. 베이비부머들에게는 일과 돈 그리고 직업적 성공과 출세가 생각의 대부분을 채우고 있었습니다. 그리고 뜻밖의 IMF 사태도 온 몸으로 극복하면서 오늘에 이르렀습니다. 이러한 베이비부머인 부모 세대 입장에서는 자녀 세대의 달라진 가치관을 이해하기 힘듭니다. 과거 세대에 비하면 여러 가지 조건들이 좋아졌음에도 불구하고 부모의 기대에 미치지 못하는 자녀 세대들의 삶의 자세에 대해 실망스러워합니다.

자녀 세대는 아주 어린 시절에 IMF 사태를 간접 체험하였거나 체험하지 못한 세대라고 할 수 있습니다. IMF 사태는 우리 경제와 기업 그리고 직장문화를 완전히 바꾸어 버렸습니다. 1997년의 IMF 사태를 기준으로 그 이전에는 일본식 기업 경영과 정규직의 종신 고용이 주된 패러다임이었다면, 그 이후는 미국식 기업 경영과 정규직 및 비정규직, 이른 명예퇴직이 주된 패러다임으로 바뀌었습니다. 작업환경이 바뀜에 따라 사람들의 가치관도 바뀌는 것은 당연한 결과입니다. 70~80년대 산업사회에서 보여 준 고학력과 고임금의 등식은 자녀들에게 고등교육의 필요성을 부채질하였고 대학 진학률은 80%를 넘어 세계 1등을 기록하였습니다. 그러나 대졸자를 필요로 하는 일자리는 계속 늘어나지 않았습니다. 다시 말하면 고학력 인재의 공급과잉현상이 나타나게 되었습니다.

대부분의 나라는 사회에서 필요한 인재군(人材群 : 엘리트 그룹)을 연령대별로 5%~15%정도 관리하는 편인데 우리나라는 특별한 대책 없이 고등교육 기회만 확대한 결과이기도 합니다. 이러한 상황에서 자녀 세대들은 눈높이에 맞는 구직을 하는 과정에서 수많은 좌절을 경험하고 있습니다. 동일 연령의 대졸자 취업률은 40% 선이니 대학 졸업자의 절반 이상이 실업을 경험하는 것입니다. 자녀 세대가 볼 때 부모 세대는 취직이 쉬웠던 좋은 시절로 생각하며 스스로를 불행한 세대로 규정하기도 합니다. 부모 세대는 취직이 안 되는 것을 자녀 세대의 노력 부족이나 눈높이를 탓합니다. 자녀 세대는 그러한 부모 세대의 태도에 공감할 수 없습니다.

우리 사회는 최근 많은 베이비부머들이 퇴직 대열에 합류하고 있습니다. 그들은 그동안 각자의 분야에서 전문성을 갖추고 국가사회발전에 크게 기여했던 사람들입니다. 그러나 퇴직 순간부터 무용지물 취급을 받기 일쑤입니다. 우리 사회가 선진국의 문턱을 넘어서려면 부모 세대와 자녀 세대의 진심 어린 이해와 협동이 이루어져서 세대 갈등이 해소되어야 합니다.

지금의 자녀 세대는 계란 속에서 여기저기 쪼아 대는 병아리와 같습니다. 부모 세대는 어미 닭의 마음으로 줄탁동시를 해야 하며 진정한 멘토의 역할을 해야 합니다. 한편 자녀 세대는 부모 세대의 노력과 이루어 낸 업적에 대해 그냥 쉽게 이루어진 것이 아님을 겸손하게 인정하고 부모 세대의 지혜를 배워야 합니다.

각주풀이

1장
교육의 본질

1 인성교육, 무엇이 문제인가

1   양지혜, 日경제지, '한국은 숨 쉬는 것처럼 거짓말하는 나라…세계 제일의
    사기 대국', 「조선일보」, (2016년 6월 15일자)

2   『노자』, 58.

3   한비, 『한비자 1』, 이운구 옮김, 한길사, 2002, 287쪽.

4   『맹자』, 고자하告子下.

5   푸페이룽, 『맹자 교양 강의』, 정광훈 옮김, 돌베개, 2012, 197~199쪽.

6   『맹자』, 공손추상公孫丑上.

7   폴 라파르그, 『자본이라는 종교』, 조형준 옮김, 새물결, 2014, 15쪽.

8   『논어』, 헌문憲問 25.

9   성백효, 『현토신역 논어집주』, 한국인문고전연구소, 2013, 613쪽.

10 순자, 『순자』, 김학주 옮김, 을유문화사, 2001, 42쪽.

11 금독禽犢이 금수禽獸를 뜻하는 것으로 보고, 소인은 학문해도 금수처럼 된다
    고 해석하는 사람도 있습니다.(순자, 『순자』, 김학주 옮김, 을유문화사, 2001,
    42쪽.)

2 무엇을 위한 인성교육인가

1   백기완·문정현, 『두 어른』, 오마이북, 2017, 91쪽.

2   순자, 『순자』, 김학주 옮김, 을유문화사, 2001, 41쪽.

3   신영복, 『담론』, 돌베개, 2015, 19~20쪽.

4   프리드리히 니체, 『우상의 황혼』, 박찬국 옮김, 아카넷, 2015.

5   신창호, 『교육이란 무엇인가?』, 동문사, 2012, 29쪽.

6 사마천, 『사기열전 1』, 신동준 옮김, 위즈덤하우스, 2015, 351쪽.

7 우재호, 『맹자』, 을유문화사, 2011, 656쪽.; 신정근, 『맹자 여행기』, H2, 2016, 87쪽.

8 김용옥, 『맹자, 사람의 길 上』, 통나무, 2012, 20쪽.

9 신정근, 『맹자 여행기』, H2, 2016, 88쪽.

10 리링, 『집 잃은 개』, 김갑수 옮김, 글항아리, 2012, 202쪽.

11 유향, 『열녀전』, 이숙인 옮김, 예문서원, 1996, 72쪽.

12 주희·유청지, 『소학』, 김성원 옮김, 집문당, 1991, 294쪽.

13 『맹자』, 진심상盡心上 20.

14 『맹자』, 진심상盡心上 21.

15 『맹자』, 이루하離婁下 28.

16 『맹자』, 이루상離婁上 04.

17 성백효, 『현토신역 맹자집주』, 한국인문고전연구소, 2014, 422쪽.

18 이기동, 『맹자 강설』, 성균관대학교 출판부, 2005, 608쪽.

19 김용옥, 『맹자, 사람의 길 下』, 통나무, 2012, 748쪽.

20 『맹자』, 등문공하滕文公下 02.

21 이혜경, 『맹자』, 서울대학교 철학사상연구소, 2004, 142쪽.

3 교육이란 무엇인가

1 김용옥, 『대학·학기 한글역주』, 통나무, 2009, 231~232쪽.

2 네이버 지식백과, 「교육심리학 용어사전」, 한국교육심리학회.

3 『논어』, 양화陽貨 03.

4 子曰 我非生而知之者 好古敏以求之者也 『논어』, 술이述而 19.

5 『논어』, 계씨季氏 09.

6 리링, 『집 잃은 개』, 김갑수 옮김, 글항아리, 2012, 976쪽.

7 『논어』, 태백泰伯 17.

8 學自外入 至熟乃可長久 정약용, 『논어고금주』, 이지형 옮김, 도서출판 사암,

2010, 314~315쪽.

9   『논어』, 술이述而 08.

10 성백효, 『현토신역 논어집주』, 한국인문고전연구소, 2013, 295쪽.

11 리링, 『집 잃은 개』, 김갑수 옮김, 글항아리, 2012, 364쪽.

12 진경환, 『집 잃은 개를 찾아서 1』, 소명출판, 2015, 399~400쪽.

13 정약용, 『논어고금주』, 이지형 옮김, 도서출판 사암, 2010, 510쪽.

14 『중용』 20.

15 순자, 『순자 1』, 이운구 옮김, 한길사, 2006, 63~64쪽.

16. 한자 문화권에서 사용된 교육教育이란 글자의 자세한 풀이에 대해서는 신창
    호, 『교육이란 무엇인가?』, 동문사, 2012, 19~22쪽을 참조할 것.

17 신창호, 『교육이란 무엇인가?』, 동문사, 2012, 21쪽.

18 許愼, 『說文解字注』, 段玉裁 注, 天工書局, 中華民國 85, 127쪽.

19 포리스트 카터, 『내 영혼이 따뜻했던 날들』, 조경숙 옮김, 아름드리미디어,
    2014, 25쪽.

20 포리스트 카터, 『내 영혼이 따뜻했던 날들』, 조경숙 옮김, 아름드리미디어,
    2014, 27~28쪽.

21 포리스트 카터, 『내 영혼이 따뜻했던 날들』, 조경숙 옮김, 아름드리미디어,
    2014, 27~28쪽.

22 민중서림 편집국, 『한한대자전』, 민중서림, 2002, 1095쪽.

23 許愼, 『說文解字注』, 段玉裁 注, 天工書局, 中華民國 85, 744쪽.

24 『맹자』, 이루하離婁下 07.

25 주희, 『맹자』, 임동석 옮김, 학고방, 2004, 357쪽.

26 『맹자』, 진심상盡心上 38.

27 이기동, 『맹자 강설』, 성균관대학교 출판부, 2005, 626쪽.

4 인성교육이란 무엇인가

1   방립천, 『중국철학과 인성의 문제』, 박경환 옮김, 도서출판 예문서원, 1998,
    24쪽.

2   『맹자』, 이루하離婁下 19.

3   재레드 다이아몬드, 『왜 인간의 조상이 침팬지인가』, 노승영 옮김, 문학사상, 2015, 25~29쪽.

4   데즈먼드 모리스, 『털 없는 원숭이』, 김석희 옮김, 영언, 2003, 15쪽.

5   블레즈 파스칼, 『팡세』, 하동훈 옮김, 문예출판사, 2003, 187쪽.

6   아리스토텔레스, 『영혼에 관하여』, 유원기 옮김, 도서출판 궁리, 2005, 132~141쪽.

7   아리스토텔레스, 『니코마코스 윤리학』, 천병희 옮김, 도서출판 숲, 2013, 39~40쪽.

8   순자, 『순자 1』, 이운구 옮김, 한길사, 2006, 225~226쪽.

9   순자, 『순자』, 김학주 옮김, 을유문화사, 2013, 287쪽.

10   빅터 프랭클, 『삶의 의미를 찾아서』, 이시형 옮김, 청아출판사, 2005, 55쪽.

11   마르쿠스 아우렐리우스, 『자성록』, 박민수 옮김, 열린책들, 2011, 74~75쪽.

12   심心은 우리 몸의 피를 순환시키는 순환계의 중추기관인 심장心臟의 모습을 나타낸 글자로, '마음'이라는 뜻으로 쓰입니다. 심장은 글자 그대로 마음心을 담은 내장臟이라는 뜻입니다. 옛날 사람들은 마음이 심장에 있다고 생각했기 때문입니다. 생生은 풀이나 나무의 싹이 솟아나는 모양을 본뜬 글자로, '생겨나다, 살다'라는 뜻을 나타냅니다.

13   『중용』01.

14   명命은 명령令뿐 아니라 목숨을 뜻할 때도 있고, 운명을 뜻할 때도 있으니, 천명지위성天命之謂性은 하늘이 내려 준 마음을 받아 목숨이 붙어 있는 생명이 태어나고, 그렇게 태어난 생명은 일정한 주기와 순환을 이루며 살아가는 운명에 따른다는 뜻도 됩니다.(심법섭, 『중용, 공존과 소통 그리고 인성을 세우는 진리』, 평단, 2014, 26쪽.)

15   김용옥, 『중용 한글역주』, 통나무, 2011, 226쪽.

16   『논어』, 양화陽貨 02.

17   배병삼, 『한글세대가 본 논어 2』, 문학동네, 2010, 365쪽.

18   子貢曰 夫子之文章 可得而聞也 夫子之言性與天道 不可得而聞也 『논어』, 공야장公冶長 12.

19   이혜경, 『맹자, 진정한 보수주의자의 길』, 그린비, 2008, 149~150쪽.

20   『맹자』, 진심하盡心下 24.

21 이우재, 『이우재의 맹자 읽기』, 21세기북스, 2012, 823쪽.

22 이혜경, 『맹자, 진정한 보수주의자의 길』, 그린비, 2008, 151~152쪽.

23 『맹자』, 공손추상公孫丑上 06.

24 『맹자』, 고자상告子上.

25 『맹자』, 고자상告子上 07.

26 『맹자』, 공손추상公孫丑上 06.

27 『맹자』, 등문공상滕文公上 04.

2장
교육에 필요한 덕목과 실천 방법

1 어떻게 예禮를 실천할 것인가

1   태묘는 개국시조의 사당을 말합니다. 주나라 성왕成王이 주공을 노나라에 봉하고, 주공의 아들 백금伯禽을 보내 다스리게 했기 때문에 노나라에서는 주공을 개국시조로 받들어 주공의 사당을 태묘라 합니다. 노나라 임금魯公의 사당은 세실世室이라 하고, 나머지 공자들群公의 사당은 궁宮이라 부릅니다. 태묘대제는 모두 천자天子의 예禮에 따르는 것으로 평민들은 들어갈 수가 없습니다. 공자가 태묘대제에 참여했다는 사실은 그가 평민 신분이 아니었다는 것으로, 노나라 사구가 되었던 52세 이후의 일인 것 같습니다.(박헌순 역주, 『논어집주』, 한길사, 2010, 181쪽.

2   子入大廟 每事問 或曰 孰謂鄹人之子知禮乎 入大廟 每事問 子聞之曰 是禮也 『논어』, 팔일八佾 15.

3   에티켓의 유래는 루이 14세 때 베르사유 궁전에서 용변 보는 곳을 안내하는 표지판에서 비롯되었다는 설도 있습니다. 당시 베르사유 궁전에서는 날마다 연회가 열렸는데, 화장실이 없어 방문객들이 건물 구석이나 정원 풀숲

또는 나무 밑에서 용변을 보았습니다. 이에 궁전의 정원 관리인이 정원을 보호하기 위해 용변 보러 가는 길을 안내하는 표지판을 세웠는데, 그렇게 루이 14세의 명령에 따라 세워진 표지판을 에티켓이라고 불렀고, 그런 에티켓에 따라 용변 보는 행위를 가리켜 '예의를 지키다'라는 뜻으로 썼다는 겁니다. 「네이버 지식백과」.

4 프랑스에서 확립된 에티켓은 영국의 왕실과 1831년까지 에스파냐 왕실에서도 궁정 예법으로 준수되었지만, 그 뒤에 진전된 민주화의 영향으로 단순화되었습니다.

5 오늘날 에티켓은 식사나 의복에서 관혼상제冠婚喪祭라는 의례까지 일상생활 전반에서 남을 대할 때 가져야 하는 마음가짐이나 태도를 뜻하는데, 종종 매너와 똑같은 뜻으로 쓰입니다. 에티켓이 곧 매너이고 매너가 곧 에티켓이라는 겁니다. 하지만 엄격하게 따지면, 에티켓과 매너는 서로 다릅니다. 에티켓은 인간관계에서 마땅히 지켜야 할 규범 또는 사람이 마땅히 해야 할 도리를 말하고, 매너는 에티켓을 지키는 방식으로 사람마다 가지는 독특한 몸가짐이나 습관을 말합니다. 이를테면, 남의 방에 들어갈 때는 노크해야 한다는 것은 에티켓이고, 노크를 하는 방법이나 습관은 매너라는 겁니다. 노크도 하지 않은 채 남의 방문을 불쑥 여는 것은 에티켓이 없는 것이고, 노크를 하되 눈살을 찌푸릴 정도로 시끄럽게 하는 것은 매너가 나쁜 것입니다. 에티켓은 지키느냐 어기느냐에 따라 에티켓이 '있다', '없다'로 평가되는 것이고, 매너는 어떻게 지키느냐에 따라 매너가 '좋다', '나쁘다'로 표현됩니다. "저 사람은 에티켓을 잘 지킨다"라는 말은 성립되지만 "저 사람 에티켓이 좋다"라는 말은 잘못입니다. "저 사람은 매너가 나쁘다"라는 말은 성립되지만 "저 사람 매너가 없다"라는 말은 잘못입니다. 에티켓을 지키지 않으면 예의 없는 사람이고, 매너가 부족하면 센스 없는 사람입니다.

6 형성자는 글자의 반은 뜻을 나타내고, 반은 음音을 나타내는 한자를 말합니다. 회의자가 뜻을 나타내는 형부와 형부가 합쳐진 한자라면, 형성자는 뜻을 나타내는 형부와 음을 나타내는 성부가 합쳐진 글자입니다. '날 일日'과 '달 월月'이 합쳐져 '밝을 명明'이 되는 식의 회의會意는 뜻이 쉽게 이해되지만, 원래 합쳐지는 글자를 가지고는 글자의 소리를 알 수 없다는 단점이 있습니다. 그래서 생각해 낸 것이 뜻을 나타내는 글자와 소리를 나타내는 글자를 합쳐 새로운 글자를 만드는 방법인 형성形聲입니다. '큰 바다 양洋'은 뜻 부분의 '물 수水'와 음 부분의 '양 양羊'이 합쳐진 글자이고, '구리 동銅'은 뜻을 나타내는 '쇠 금金'과 음을 나타내는 '같을 동同'이 합쳐진 글자입니다. 형성자는 형부와 성부로 구성돼 있기 때문에 글자의 소리와 뜻을 가장 잘 표시할 수 있는 자형입니다.

7 『설문해자說文解字』에 따르면, 예禮의 '시示'는 '귀신 신神'에서 따온 글자이고, '풍성할 풍豊'은 그릇에 곡식을 가득 담은 모양입니다.

8 고린도 전서 13: 1~3, 대한성서공회, 「신약전서」, 2001, 265쪽.

9 『논어』, 팔일八佾 04.

10 임방의 자字는 자구子丘로 노나라 사람입니다. 『공자가어孔子家語』 제자해弟子解와 『사기史記』 중니제자열전仲尼弟子列傳에 임방이라는 이름이 나오지 않으나 『촉례전도蜀禮殿圖』에 공자 제자로 기록돼 있어, 공자의 제자인지 아닌지는 확실하지 않습니다. 다만 예를 중심 주제로 다루는 『논어』의 팔일八佾 편에 두 번이나 나오는 것으로 보면, 공자의 제자이면서 예를 제대로 배우려고 힘쓴 끝에 예의 달인이 되어 공자한테도 인정받고, 노나라 사람들한테도 존경받은 인물이 아니었나 싶습니다.

11 『중용』, 20장.

12 『중용』, 20장.

13 이현주, 『이현주 목사의 대학 중용 읽기』, 도서출판 삼인, 2006, 282쪽.

14 『논어』, 위정爲政 03.

15 원한식, 『논어 리더십』, 전주대학교 출판부, 2004, 131~132쪽.

16 김근, 『예禮란 무엇인가』, 서강대학교 출판부, 2012, 75~76쪽.

17 신정근, 『논어』, 한길사, 2012, 169쪽.

2 어떻게 효孝를 실천할 것인가

1 일연, 『사진과 함께 읽는 삼국유사』, 리상호 옮김, 까치, 2009, 457~459쪽.

2 『논어』 위정爲政 21.

3 『서경書經』 주서周書 군진君陳.

4 서정기, 『새 시대를 위한 서경 하』, 도서출판 살림터, 2003, 368~369쪽.

5 범립본, 『명심보감』, 신동준 옮김, 인간사랑, 2013, 80쪽.

6 리링, 『논어, 세 번 찢다』, 황종원 옮김, 글항아리, 2011, 143~150쪽.

7 이기동, 『시경 강설』, 성균관대학교 출판부, 2007, 491쪽.

8   김용옥, 『효경 한글역주』, 도서출판 통나무, 2009, 324쪽.

9   『논어』, 이인里仁 21.

10   『논어』, 위정爲政 07.

11   양성준, 『청소년을 위한 논어』, 두리미디어, 2009, 33~34쪽.

12   추적, 『명심보감』, 백선혜 옮김, 홍익출판사, 2012, 42쪽.

13   추적, 『명심보감』, 백선혜 옮김, 홍익출판사, 2012, 43쪽.

14   추적, 『명심보감』, 백선혜 옮김, 홍익출판사, 2012, 43쪽.

3 어떻게 정직正直을 실천할 것인가

1   찰스 포드, 『마음을 읽는 거짓말의 심리학』, 우혜령 옮김, 이끌리오, 2006.

2   김형희, 『한국인의 거짓말』, 추수밭, 2016. ; 그레고리 하틀리·마리안 카린치, 『거짓말의 비밀』, 김상태 옮김, 북노마드, 2011.

3   『논어』, 옹야雍也 17.

4   『논어』, 공야장公冶長 23.

5   Niklas Luhmann, Trust and Power, John Wiley and Sons, 1979, 4.

6   김명근, 『이기적 논어 읽기』, 개마고원, 2015, 262쪽.

7   최익용, 『이것이 인성이다』, 행복에너지, 2016.

8   박성수 외, 『나는 정직한 자의 형통을 믿는다』, 규장, 2004.

9   린 업쇼, 『정직이 전략이다』, 김부현 옮김, 미다스북스, 2011.

4 어떻게 책임責任을 다할 것인가

1   타이타닉호 침몰 사건은 네이버 지식백과와 위키백과에 있는 자료들을 종합 재구성한 것임.

2   진실의 힘 세월호 기록팀, 『세월호, 그날의 기록』, 진실의 힘, 2016.

3   416 세월호참사 국민조사위원회, 『세월호참사 팩트체크: 밝혀진 것과 밝혀

야 할 것』, 북콤마, 2017, 43쪽, 71쪽.

4 테드 윌리, 『CHOICE, 지금 당신의 선택이 당신의 내일이다』, 최소영 옮김, 주
   식회사 한언, 2006, 25~26쪽.

5 테드 윌리, 『CHOICE, 지금 당신의 선택이 당신의 내일이다』, 최소영 옮김, 주
   식회사 한언, 2006, 23~24쪽.

6 진순신, 『이야기 중국사 1』, 박현석 옮김, 도서출판 살림, 2011, 102~103쪽.

7 여불위, 『여씨춘추 1』, 김근 옮김, 민음사, 1993, 134쪽.

8 여불위, 『여씨춘추 1』, 김근 옮김, 민음사, 1993, 134쪽.

9 한규석, 『사회심리학의 이해』, 학지사, 2010, 140~141쪽.

10 『논어』, 위령공衛靈公 20.

11 『논어』, 위령공衛靈公 14.

12 정약용, 『논어고금주 4』, 이지형 옮김, 도서출판 사암, 2010, 344~355쪽.

13 『맹자』, 이루상離婁上 04.

14 홍자성, 『채근담』, 김성중 옮김, 홍익출판사, 2005, 79쪽, 251쪽.

15 스유엔, 『상경』, 김태성·정윤철 옮김, 더난출판, 2002.

16 최해진, 『경주 최 부자 500년의 신화』, 뿌리깊은나무, 2006.

5 어떻게 존중尊重할 것인가

1 에모토 마사루, 『물은 답을 알고 있다』, 홍성민 옮김, 더난출판, 2008.

2 송인섭, 『송인섭 교수의 공부는 전략이다』, 다산 에듀, 2007.

3 황상, 『임술기壬戌記』

4 황상, 『임술기壬戌記』

5 정민, 『미쳐야 미친다』, 푸른역사, 2010, 183쪽.

6 황상, 『임술기壬戌記』

7 황상, 『임술기壬戌記』

8 정민, 『삶을 바꾼 만남』, 문학동네, 2012, 35~36쪽.

9 황상, 『치원유고巵園遺藁』, 여회주삼로輿衷主三老.

10   성백효, 『현토신역 대학·중용집주』, 한국인문고전연구소, 2016, 107쪽.

11   김리하 글, 이영림 그림, 『무시해서 미안해』, 스콜라, 2017.

12   김주환, 『회복탄력성』, 위즈덤하우스, 2011.

13   노엘 넬슨, 『존중』, 민훈기 옮김, 부글북스, 2006.

14   노엘 넬슨, 『존중』, 민훈기 옮김, 부글북스, 2006.

6 어떻게 배려配慮할 것인가

1   이솝, 『이솝우화전집』, 고산 옮김, 동서문화사, 2007, 56~57쪽.

2   『논어』, 위령공衛靈公 23.

3   이기동, 『대학·중용 강설』, 성균관대학교 출판부, 2006, 81쪽.

4   『대학』, 전傳 09.

5   이우재, 『이우재의 논어 읽기』, 21세기북스, 2013, 679쪽.

6   에리히 프롬, 『사랑의 기술』, 정성호 옮김, 도서출판 범우사, 2016, 54~60쪽.

7   『잡보장경』, 몽산 관일 옮김, 두배의 느낌, 2008.

7 어떻게 소통疏通할 것인가

1   안홍석, 아버지 꾸중에 중학생 방화…가족 4명 사망, 「연합뉴스」, 2010년 10월 21일자.

2   E. H. 카, 『역사란 무엇인가』, 김택현 옮김, 까치, 1998, 50쪽.; 뤄지푸, 『삼국지 인물과 계략을 말하다』, 양성희·이지은 옮김, 아리샘, 2009, 76쪽.

3   쉬여우, 『삼국지로 배우는 직장 성공학』, 황보경 옮김, 비즈 포인트, 2006, 144쪽.

4   하지현, 『소통의 기술』, 미루나무, 2010, 27~28쪽.

5   한국표준협회 NCS연구회 편, 『의사소통능력』, 박문각, 2015.

6   존 새비지, 『심층 경청 기술』, 장보철 옮김, 베다니출판사, 2011.; 조 지라드 외, 『사람을 움직이는 대화의 기술』, 김용환 편역, 버들미디어, 2005.

7   켄 블랜차드 외, 『칭찬은 고래도 춤추게 한다』, 조천제 옮김, 21세기북스, 2003.

8 어떻게 협동協同할 것인가

1   켄 블랜차드·셀든 보울즈, 『겅호!』, 조천제·최치영 옮김, 21세기북스, 2001.

2   『四字小學』, 성백효 편역, 전통문화연구회, 2017.

3   순자, 『순자 1』, 이운구 옮김, 한길사, 2006, 212쪽.

4   순자, 『순자』, 김학주 옮김, 을유문화사, 2013, 286~287쪽.

5   순자, 『순자』, 김학주 옮김, 을유문화사, 2013, 288쪽.

6   『논어』, 자로子路 23.

7   남회근, 『알기 쉬운 논어강의』, 송찬문 옮김, 씨앗을 뿌리는 사람, 2002, 867~868쪽.

8   좌구명, 『춘추좌전 3』, 신동준 옮김, 한길사, 2006, 241~242쪽.

9   배병삼, 『한글세대가 본 논어 2』, 문학동네, 2010, 167~168쪽.

10   『벽암록』, 안동림 옮김, 현암사, 2010, 133쪽.

참고문헌

노자老子, 논어論語, 대학大學, 맹자孟子, 서경書經, 중용中庸.

그레고리 하틀리·마리안 카린치(2011), 거짓말의 비밀, 김상태 옮김, 북노마드.

김근(2012), 예禮란 무엇인가, 서강대학교 출판부.

김리하 글·이영림 그림(2017), 무시해서 미안해, 스콜라.

김명근(2015), 이기적 논어읽기, 개마고원.

김용옥(2009), 대학·학기 한글 역주, 통나무.

김용옥(2009), 효경 한글 역주, 통나무.

김용옥(2011), 중용 한글 역주, 통나무.

김용옥(2012), 맹자 사람의 길 上, 통나무.

김용옥(2012), 맹자 사람의 길 下, 통나무.

김주환(2011), 회복탄력성, 위즈덤하우스.

김형희(2016), 한국인의 거짓말, 추수밭.

남회근(2002), 알기 쉬운 논어강의, 송찬문 옮김, 씨앗을 뿌리는 사람.

노엘 넬슨(2006), 존중, 민훈기 옮김, 부글북스.

데즈먼드 모리스(2003), 털 없는 원숭이, 김석희 옮김, 영언.

뤄지푸(2009), 삼국지 인물과 계략을 말하다, 양성희·이지은 옮김, 아리샘.

리링(2011), 논어 세 번 찢다, 황종원 옮김, 글항아리.

리링(2012), 집 잃은 개, 김갑수 옮김, 글항아리.

린 업쇼(2011), 정직이 전략이다, 김부현 옮김, 미다스북스.

마르쿠스 아우렐리우스(2011), 자성록, 박민수 옮김, 열린책들.

몽산 관일 번역(2008), 잡보장경, 두배의 느낌.

민중서림 편집국(2002), 한한대자전, 민중서림.

박성수 외(2004), 나는 정직한 자의 형통을 믿는다, 규장.

박헌순 역주(2010), 논어집주, 한길사.

방립천(1998), 중국철학과 인성의 문제, 박경환 옮김, 도서출판 예문서원.

배병삼(2010), 한글세대가 본 논어 2, 문학동네.

백기완·문정현(2017), 두 어른, 오마이북.

범립본(2013), 명심보감, 신동준 옮김, 인간사랑.

블레즈 파스칼(2003), 팡세, 하동훈 옮김, 문예출판사.

빅터 프랭클(2005), 삶의 의미를 찾아서, 이시형 옮김, 청아출판사.

사마천(2015), 사기열전 1, 신동준 옮김, 위즈덤하우스.

416 세월호 참사 시민기록위원회 작가 기록단(2015), 금요일엔 돌아오렴, 창비.

416 세월호 참사 국민조사위원회(2017), 세월호 참사 팩트체크 : 밝혀진 것과 밝혀야 할 것, 북콤마.

서정기(2003), 새 시대를 위한 서경 下, 도서출판 살림터.

성백효(2013), 현토신역 논어집주, 한국인문고전연구소.

성백효(2014), 현토신역 맹자집주, 한국인문고전연구소.

성백효(2016), 현토신역 대학·중용집주, 한국인문고전연구소.

성백효 편역(2017), 四字小學, 전통문화연구회.

송인섭(2007), 송인섭 교수의 공부는 전략이다, 다산 에듀.

순자(2001), 순자, 김학주 옮김, 을유문화사.

순자(2013), 순자, 김학주 옮김, 을유문화사.

순자(2006), 순자 1, 이운구 옮김, 한길사.

쉬여우(2006), 삼국지로 배우는 직장 성공학, 황보경 옮김, 비즈 포인트.

신약전서(2001), 마태복음 22:39.

신약전서(2001), 고린도전서 13:1~3.

신영복(2015), 담론, 돌베개.

신정근(2012), 논어, 한길사.

신정근(2016), 맹자여행기, H2.

신창호(2012), 교육이란 무엇인가?, 동문사.

스유엔(2002), 상경, 김태성·정윤철 옮김, 더난출판.

아리스토텔레스(2005), 영혼에 관하여, 유원기 옮김, 도서출판 궁리.

아리스토텔레스(2013), 니코마코스 윤리학, 천병희 옮김, 도서출판 숲.

안동림(2010), 벽암록, 현암사.

양성준(2009), 청소년을 위한 논어, 두리미디어.

에리히 프롬(2016), 사랑의 기술, 정성호 옮김, 도서출판 범우사.

에모토 마사루(2008), 물은 답을 알고 있다, 홍성민 옮김, 더난출판.

여불위(1993), 여씨춘추 1, 김근 옮김, 민음사.

원한식(2004), 논어 리더십, 전주대학교 출판부.

우재호(2011), 맹자, 을유문화사.

유향(1996), 열녀전, 이숙인 옮김, 예문서원.

이기동(2005), 맹자 강설, 성균관대학교 출판부.

이기동(2006), 대학·중용 강설, 성균관대학교 출판부.

이기동(2007), 시경 강설, 성균관대학교 출판부.

이솝(2007), 이솝우화전집, 고산 옮김, 동서문화사.

이우재(2012), 이우재의 맹자 읽기, 21세기북스.

이우재(2013), 이우재의 논어 읽기, 21세기북스.

이현주(2006), 이현주 목사의 대학 중용 읽기, 도서출판 삼인.

이혜경(2004), 맹자, 서울대학교 철학사상연구소.

이혜경(2008), 맹자, 진정한 보수주의자의 길, 그린비.

일연(2009), 사진과 함께 읽는 삼국유사, 리상호 옮김, 까치.

재레드 다이아몬드(2015), 왜 인간의 조상이 침팬지인가, 노승영 옮김, 문학사상.

정민(2010), 미쳐야 미친다, 푸른역사.

정민(2012), 삶을 바꾼 만남, 문학동네.

정약용(2010), 논어고금주, 이지형 옮김, 도서출판 사암.

조 지라드 외(2005), 사람을 움직이는 대화의 기술, 김용환 편역, 버들미디어.

존 새비지(2011), 심층 경청 기술, 장보철 옮김, 베다니출판사.

좌구명(2006), 춘추좌전 3, 신동준 옮김, 한길사.

주희(2004), 맹자, 임동석 옮김, 학고방.

주희·유청지(1991), 소학, 김성원 옮김, 집문당.

진경환(2015), 집 잃은 개를 찾아서 1, 소명출판.

진순신(2011), 이야기 중국사 1, 박현석 옮김, 도서출판 살림.

진실의 힘 세월호 기록팀(2016), 세월호, 그날의 기록, 진실의 힘.

찰스 포드(2006), 마음을 읽는 거짓말의 심리학, 우혜령 옮김, 이끌리오.

최익용(2016), 이것이 인성이다, 행복에너지.

최해진(2006), 경주 최 부자 500년의 신화, 뿌리깊은나무.

추적(2012), 명심보감, 백선혜 옮김, 홍익출판사.

켄 블랜차드·셀든 보울즈(2001), 겅호!, 조천제·최치영 옮김, 21세기북스.

켄 블랜차드 외(2003), 칭찬은 고래도 춤추게 한다, 조천제 옮김, 21세기북스.

테드 윌리(2006), CHOICE, 지금 당신의 선택이 당신의 내일이다, 최소영 옮김, 주식회사 한언.

포리스트 카터(2014), 내 영혼이 따뜻했던 날들, 조경숙 옮김, 아름드리미디어.

폴 라파르그(2014), 자본이라는 종교, 조형준 옮김, 새물결.

푸페이룽(2012), 맹자 교양 강의, 정광훈 옮김, 돌베개.

프리드리히 니체(2015), 우상의 황혼, 박찬국 옮김, 아카넷.

하지현(2010), 소통의 기술, 미루나무.

한국표준협회 NCS연구회 편(2015), 의사소통능력, 박문각.

한규석(2010), 사회심리학의 이해, 학지사.

한비(2002), 한비자 1, 이운구 옮김, 한길사.

홍자성(2005), 채근담, 김성중 옮김, 홍익출판사.

E. H. 카(1998), 역사란 무엇인가, 김택현 옮김, 까치.

許愼(中華民國 85), 說文解字注, 段玉裁 注, 天工書局.

Niklas Luhmann(1979), Trust and Power, John Wiley and Sons.